Frances Schoenberger

# Barfuß in Hollywood

## Mein Leben inmitten der Stars

Krüger Verlag

2. Auflage: November 2005
Originalausgabe
Erschienen im Krüger Verlag, einem Unternehmen
der S. Fischer Verlag GmbH, Frankfurt am Main
© S. Fischer Verlag GmbH, Frankfurt am Main 2005
Satz: Pinkuin Satz und Datentechnik, Berlin
Druck und Einband: GGP Media GmbH, Pößneck
Printed in Germany 2005
ISBN 3-8105-1929-4

# Inhalt

»We must be willing to get rid of the life we've planned
so as to have the life that is waiting for us.«
*Joseph Campbell*


Für meine Mutter
Fannerl Gangkofer
und
meine Tocher
Daisy Montfort

# 1
## Kind der Liebe

Hilary Swank steht auf der Damentoilette des Beverly Hilton Hotels und schiebt ihr Dekolleté zurecht. Sie scheint die betont desinteressierten Blicke der anderen Frauen hier nicht zu bemerken – die meisten sind Besucher der *Golden Globe*-Verleihung, die es immer kaum fassen können, Hollywoods größten Stars so nahe zu kommen. Vor mir wartet Uma Thurman in der Schlange, hinter mir Kate Winslet. Als Hilary mich im Spiegel entdeckt, wirft sie mir ihr strahlendes Lächeln zu und ruft: »Frances, wo warst du bei meiner *Million Dollar Baby*-Pressekonferenz? Du hast mir gefehlt ... ich brauche doch deine Unterstützung.« Ich bin nämlich seit 25 Jahren eines von 90 Mitgliedern der so genannten »Hollywood Foreign Press«, der Auslandspresse in Los Angeles, die jährlich die *Golden Globes* an die Besten von Hollywood vergibt.

Von allen Berühmtheiten, die mir in den 30 Jahren, die ich jetzt in Hollywood lebe, begegnet sind, ist Hilary Swank am »normalsten« geblieben – eine völlig natürliche, ungekünstelte junge Frau, unbeeindruckt von dem Wirbel, der um sie gemacht wird. »Von wem ist Ihr Kleid?«, spricht sie plötzlich eine Klatschkolumnistin von der Seite an. »Calvin Klein«, antwortet Hilary automatisch. Die gleiche Frage hat sie auf dem roten Teppich bei ihrer Ankunft hier im Hotel schon hundertmal beantwortet. »Und wie nennt sich die Farbe?« »Das weiß ich nicht. Sieht braun aus, oder?«, antwortet sie trocken in ihrer burschikosen Art und wendet sich wieder mir zu: »Komm an meinem Tisch vorbei, Nummer sechs, und sag hallo zu meinem Mann. Der freut sich. Ich kann dir nicht sagen, wie verliebt ich in Chad bin, ich liebe ihn nach 12 Jahren immer mehr.«

Hilary hakt sich bei mir unter und zieht mich mit raus, vorbei an den drei Visagistinnen, die der Kosmetikkonzern L'Oreal bereitgestellt hat, um Stars und Nobodys das Make-up aufzufrischen. »Ich muss zurück«, sagt sie und lacht, »man hat mich gewarnt, nicht zu lange zu verschwinden!« Einmal ist es nämlich der TV-Schauspielerin Christine Lahti passiert, dass sie auf der Toilette war, als sie als Gewinnerin ausgerufen wurde und auf die Bühne sollte. Im Jahr darauf absolvierte sie ihren Auftritt während der Show mit einem Fitzel Klopapier am Stöckelabsatz, was für großes Gelächter sorgte.

Es stimmt schon, dass die *Oscar*-Verleihung viel bedeutender ist, aber beim *Golden Globe* hat man einfach mehr Spaß. Im Vergleich zum *Oscar*, wo man im Kodak Theatre am Hollywood-Boulevard mit mehr als 3200 Gästen in Reih und Glied auf verschiedene Stockwerke verteilt wie im Kino sitzt, ist der *Globe* im Ballsaal des Hilton mit 108 runden Tischen und je 12 Gästen drumherum eine eher intime Veranstaltung. Man isst, trinkt und feiert. Neben mir, vor mir, hinter mir: Mick Jagger, Scarlett Johannson, Clint Eastwood, Lisa Marie Presley, Johnny Depp, Charlize Theron, Prince, Nicole Kidman – die Schönsten und Erfolgreichsten.

Kaum ist Hilary wieder an ihrem Platz angekommen, öffnet auf der Bühne Dustin Hoffman den Umschlag, in dem sich der Name der besten Darstellerin des Jahres verbirgt. Er schaut auf und grinst: »Hilary Swank!«

Leonardo DiCaprio und Cate Blanchett lauschen aufmerksam ihrer Dankesrede. Beide sind nominiert für ihre Rollen in *The Aviator*, dem Film über das Leben des exzentrischen Milliardärs Howard Hughes. Leonardo macht einen angespannten Eindruck. Es ist nicht seine erste Nominierung, aber heute möchte er gewinnen, weil ihm der Film wirklich was bedeutet, mehr als *Titanic*. Es ist sein Traumprojekt, an dem er sieben Jahre gearbeitet hat, bis es endlich auf der Leinwand erschien. Seine Kategorie ist erst ziemlich am Schluss dran – für Leonardo eine Qual, für die Zuschauer die Krönung des Abends. Als Charlize Theron seinen Namen als bester Schauspieler verkündet, holt er tief Luft. Dann fasst er sich erleichtert ans Herz und stürmt auf die Bühne. Er ist nicht mehr der Traumboy aus *Titanic*, sondern ein erwachsener 30-jähriger Mann, für viele jetzt ein Traummann, der eine ergreifende Dankesrede hält. Er fühle sich privilegiert, Teil von Hollywood geworden zu sein, dieser Filmwelt, in der er aufgewachsen ist, sagt er. Der Höhepunkt sei für ihn, mit seinem Lieblingsregisseur Martin Scorsese gearbeitet zu haben. Er hält ihn für den größten Filmemacher aller Zeiten, sagt er mit dieser rührenden Ernsthaftigkeit; unten im Saal lächelt Scorsese wie ein stolzer Papa. Außerdem könne er diese Auszeichnung nicht annehmen, sagt Leonardo, ohne sie »mit meinen wundervollen Eltern zum Dank für ihre liebevolle Unterstützung zu teilen«. Wie lieb, denke ich mir und versuche den Gesichtsausdruck seiner Mutter zu erhaschen.

Ich bin nämlich mit Irmelin DiCaprio befreundet, seit Leo mich vor vielen Jahren mit ihr bekannt gemacht hat. Viele schöne Stunden haben wir in dem Strandhaus in Malibu verbracht, das ihr Leo von seiner ersten großen Gage gekauft hat.

Meine erste Begegnung mit Leonardo war im vornehmen

»Four Seasons«-Hotel in Beverly Hills im März 1997. *Titanic*, der erfolgreichste Film der Geschichte, war noch nicht einmal abgedreht, und Hollywood munkelte von einem Desaster, weil die Produktion sich unendlich hingezogen und 200 Millionen Dollar verschlungen hatte. Ich wollte ihn für den *Stern* zu seinem Film *Romeo und Julia* interviewen. Der schlanke Sunnyboy, der nie eine Schauspielausbildung absolviert hatte, galt schon damals als eines der größten Talente. Monatelang hatte ich mich um diesen Termin bemüht und bei meinen Vorbereitungen erfahren, dass seine Mutter aus Deutschland stammt.

Leonardo kam eine Stunde zu spät ins Zimmer gehumpelt – er hatte sich beim Basketball mit Freunden am Strand von Venice Beach den Fuß verstaucht. Er sah blendend aus und überraschte mich mit seiner Größe; ich hatte ihn mir kleiner vorgestellt, so wie das bei den meisten Superstars der Fall ist, die ich hier treffe – Tom Cruise zum Beispiel ist nicht viel größer als einssiebzig. Wahrscheinlich erinnerte ich ihn an seine Mutter, denn er vertraute mir gleich. Ich hätte den gleichen Akzent wie sie, sagte er. »Sie ist bei einem Bombenangriff in einem Bunker auf die Welt gekommen, ist im Nachkriegsdeutschland aufgewachsen und in den 60er Jahren nach Amerika emigriert. Sie hat viel in ihrem Leben durchgemacht. Sie ist mein Vorbild«, sagte er und versuchte, seine dunkelblonde Mähne straff hinter die Ohren zu stecken. Wie sich später herausstellte, waren Irmelin und ich beide Einzelkämpferinnen und gleich alt, Irmelin vom Kohlenpott, ich aus Niederbayern. In Leonardos sonnengebräuntem Jungengesicht blitzen die unglaublich blauen Augen auf, als er mir von seiner Oma aus Oer-Erkenschwick vorschwärmte, die gerade zu Besuch war. »Oma ist zwar klein, aber sie ist ›absolutely great‹. Sie macht meine Fanpost. Sie liebt das. Tag und Nacht liest sie die Briefe. Dann ist sie ganz aufgeregt.« Er ahmt sie mit hoher Stimme nach: »Leonardo, schau dir diesen Brief an. Der kommt aus Thailand! Ich kann gar nicht glauben, wo man dich überall kennt!«

Am Samstagnachmittag nach diesem ersten Interview war ich zu Hause bei Leonardo eingeladen und durfte Mutter und Oma persönlich kennen lernen. Beim Kaffeeklatsch waren die Damen anfangs sehr zurückhaltend. Es war für sie überraschend, dass er mich als Journalistin in seine Familie einführte. Das Haus im Stadtteil Los Feliz war blitzblank, bunte Blumen im Vorgarten, hinter dem Haus ein Swimmingpool. Nicht luxuriös, gut bürgerlich. Nicht unbedingt die beste Gegend. Er ist seiner Großmutter sehr ähnlich, dachte ich mir. Eine starke Frau, die mit 40 Jahren mit Kind und Kegel vom Ruhrpott nach New York emigrierte und mit siebzig von der Bronx wieder in ihren Heimatort zurückkehrte. Irmelin blieb in Amerika und siedelte nach Los Angeles über, heiratete George DiCaprio. Nach sieben Jahren bekam sie Leonardo Wilhelm DiCaprio (Wilhelm nach seinem deutschen Großvater), und ein Jahr später trennte sie sich von ihrem Mann. Leos Eltern lebten im gleichen Viertel, so musste er weder auf Mama noch auf Papa verzichten.

»Frances«, fragte Irmelin später auf unserem Kaffeekränzchen, »wie bist du denn aufgewachsen?« Und so waren sie wieder da, die Kindheitserinnerungen.

Meine Mutter steht in der Küche im »Gasthof zur Post«, mit einer Wickelschürze, Zigarette im Mundwinkel. Aus riesigen Töpfen dampft es – auf den holzgeheizten Ofenplatten eine gleichmäßige Hitze zu erzeugen war eine Kunst, die sie beherrschte. Der Anlass: eine Dorfhochzeit. Eine bayerische Musikkapelle spielte. Mutti hatte alles im Griff, kommandieren konnte sie gut. Und kochen. Da stand sie im Mittelpunkt der Bewunderung. Fanni Gangkofer, meine Mutter, war die Oberwirtin in Kollbach. Fannerl nannte man sie. Sie war die beste Köchin im weiten Umkreis und wurde oft gebeten, auch auf anderen Hochzeiten, die nicht in unserer Wirtschaft stattfanden, sondern bei der Konkurrenz zu kochen. Da lebte sie auf. Gefragt zu sein tat ihr gut. Und sie war dankbar für jedes bisschen Geld, das sie dazuverdienen konnte.

Als die Älteste musste ich schon als Kind anpacken. Jeden Sonntag um sechs Uhr morgens weckte mich Mutti vor ihrem Weg zur Frühmesse, um die Wirtschaft für den Frühschoppen vorzubereiten. Ich hatte meine Routine: erst mal alle Vorhänge aufziehen, damit Tageslicht reinkam. Dazu hüpfte ich über die Bänke von Tisch zu Tisch. Es stank nach abgestandenem Bier und kaltem Zigarettenrauch. Fenster auf, frische Luft hereinlassen, übergequollene Aschenbecher ausleeren, schmutzige Biergläser von den Tischen einsammeln, verkrustete Brotzeitteller in der Küche zum Abwasch stapeln, die Gläser im Waschbecken in der Schenke spülen und mit dem Geschirrtuch polieren.

Ein Onkel kam schon während der Frühmesse auf sein erstes Bier. Einmal versuchte er mich zu küssen und seine Zunge in meinen Hals zu stecken. Eklig, auf gut bayerisch: mir grauste. Ich hüpfte ihm davon – über die Tische, wie ich das beim Vorhangöffnen geübt hatte. Ein andermal, beim Kirschenpflücken, fummelte er zwischen meinen Beinen. Ich erstarrte vor Scham und war überzeugt, es läge an meiner zu großen Unterhose. Erzählt hab ich das niemandem, vor allem Mutti sollte davon nie erfahren. Fortan nahm ich vor diesem Onkel Reißaus.

Ich deckte für die Familie den Frühstückstisch und setzte

Kaffeewasser auf. Danach machte ich mich mit meinen Geschwistern in unseren besten Sonntagskleidern fesch für die Hauptmesse in der Dorfkirche. Als anständige Familie musste man da gesehen werden, das gehörte dazu wie regelmäßiges Beichten. Im Beichtstuhl hatte ich auch mein peinlichstes Kindheitserlebnis. Ich wollte eine der Ersten sein nach der Schule. Keine Zeit für einen Toilettenbesuch. Um den Drang zu unterdrücken, trippelte ich von einem Bein aufs andere, bis ich endlich dran war. Und als ich mich hinkniete, rauschte es wie ein Wasserfall … Ein andermal war ich allerdings der rettende Engel. Ich bewunderte zu Weihnachten die aufgebaute Krippe mit dem Jesuskind und entdeckte plötzlich Rauch in der Sakristei. Wie eine Verrückte rannte ich um Hilfe und verhinderte einen Kirchenbrand. »Dein langes Gstell ist doch zu was gut«, lobte man mich.

Morgens vor der Schule musste ich zum Gottesdienst. Was würden sonst die Leute sagen? Und erst recht der Pfarrer Bodensteiner. »Sonst kommt doch niemand zu uns ins Wirtshaus, und alle gehen zum Unterwirt«, behauptete Mutti. Meine Schwester Marietta rebellierte: »Ich werde mich nicht frömmelnd stellen, nur damit die zum Saufen kommen …« Mutti konnte dagegen nicht viel sagen: »Dann tut's halt wenigstens mir zuliebe …« Marietta sperrte sich, ich nicht, ich wollte ihr nicht noch mehr Sorgen bereiten. Darauf achtete ich mein ganzes Leben. Ich wollte Mutti glücklich sehen. Ihr Glück empfand ich als meine Lebensaufgabe. Wenn Mutti fröhlich war, konnte ich Kind sein.

Die ersten vier Jahre meines Lebens bin ich bei Oma und Opa aufgewachsen und wurde mit Liebe überschüttet, sagte man mir. Opa war der einzige Mann im Haus. Er war Holzschuhmacher, fertigte für die Bauern Schuhe aus Holz und Leder an für die Arbeit im Stall. Opas Werkstatt war im Erdgeschoss.

An seiner Holzbank schnitzte er verschiedene Größen, mit einer Fräse schabte er die Fußsohlen aus. Darauf nagelte er Filzstoff und dann das Leder. Um sie zum Verkauf anzubieten, hängte er die Holzpantoffel an einem Besenstock der Größe nach aufgereiht ins Schaufenster. Die Holzspäne waren mein Lieblingsspielzeug.

Opa war ein lebhafter Geschichtenerzähler. Er überzeugte mich davon, dass ich, wenn es regnet und zur gleichen Zeit die Sonne scheint und ich mein Ohr in die Regenpfütze tauche, hören könnte, wie der Teufel seine Frau verprügelt – und ich glaubte ihm.

Opa war außerdem Fahrradmechaniker. Ich beobachtete ihn beim Flicken von Fahrradschläuchen, wie er verrostete Ketten auf Vordermann brachte und Klingeln wieder zum Läuten. Dieser Werkstattgeruch macht mich heute noch sentimental.

Faszinierend war Opas Glasauge. Nahm er es heraus, blieb ein hohles Loch in seinem Kopf. Wenn ich ahnungslos eine Schublade aufzog und hysterisch schrie, weil mich sein Glasauge anstarrte, war das ein Heidenspaß für ihn.

Ging ihm die Arbeit in der Werkstatt wegen seiner Einäugigkeit und der Gicht nicht richtig von der Hand, dann konnte er unglaublich fluchen: »Kreiz-Kruzifix-Sakrament-hoi-die-Deifi-und-deine-Oide-zackle-zement-sapalot«. Opa reagierte sich nie an mir ab, er schimpfte mich nie. Er verwöhnte mich mit Spezialitäten, die man sich nach dem Krieg eigentlich nicht leisten konnte: Butter und Schinken für die heimliche Brotzeit in der Werkstatt. Opa gab mir das wunderbare Gefühl, ich sei etwas Besonderes.

Meine Schönberger Oma war die Starke in der Familie, klug und streng. Als Opa ein drittes Kind haben wollte, stellte sie folgende Bedingung: »Nur wenn du aus der Nazi-Partei aussteigst. Da hast du nichts verloren. Das sind alles Bazis.«

Mein Großvater gehorchte und Tante Liane wurde geboren, das hübscheste von den Kindern und nach Resi die jüngste Schwester meiner Mutter. Oma brachte allen drei Nähen und Stricken bei. Näherin war der Beruf jeder Schönbergerin. Damit verdienten alle ihr Geld.

Die Nähstube befand sich über Opas Werkstatt im ersten Stock. Die Nähmaschinen, damals noch mit Trittbrett angetrieben, schnurrten um die Wette. Tante Rosa, Omas verwitwete Schwester, lebte mit im Haus. Sie war Kettenraucherin, hatte ein gefürchtetes Mundwerk und kochte für alle. Sie und Oma hatten eine beneidenswerte Haarpracht – leider mir nicht vererbt. Oma trug ihr dickes gewelltes Haar als Knoten im Nacken, Tante Rosa als kurzen Bubikopf wie ein Mann.

Als ich vier war, heiratete meine Mutter. Aus Trotz. Aber nicht meinen Vater, sondern einen anderen. Es war eine Verzweiflungstat. Mein Vater, Sebastian Niggl, der Bäckermeister aus Fischbachau in Oberbayern, war ihre große Liebe. Für mich war der »Wastl«, wie sie ihn nannte, ein Fremder. Er kam selten zu Besuch. Nach dem Krieg gab es nur das Fahrrad als Fortbewegungsmittel, und es war eine verdammt weite Strecke aus den Bergen von Oberbayern nach Niederbayern. Er hatte meiner Mutter immer wieder das Heiraten versprochen und den Hochzeitstermin ständig verschoben. Meine streng katholische Oma wollte ihre Fannerl mit dem unehelichen Kind aber endlich unter der Haube wissen: »Heirate doch den Blankenöder Schorsch, dann bleibst du in Kollbach, ich kann dir helfen und du mir!«

Der strenge Blick meiner Großmutter hatte eine mächtige Wirkung auf meine liebeskranke Mutter. Der Blankenöder Schorsch, ihr Zukünftiger, konnte meine Mutter mit dem gleichen strengen Blick beherrschen.

Meine Mutter war 28 Jahre alt, als an ihrem Geburtstag am

3. Oktober das Aufgebot bestellt wurde. Bei der Hochzeit war sie auf 50 kg abgemagert. Bei der kirchlichen Trauung trug Mutti ein schwarzes Kleid. Ich ein langes weißes und einen Blumenkranz im Haar. Deswegen war für mich klar, dass ich die wirkliche Braut bin, die echte.

Georg Gangkofer hieß der Bräutigam offiziell. Er war 14 Jahre älter, ewiger Junggeselle und verdiente sein Geld mit Honig aus der Bienenzucht. Nach der Hochzeit zog ich mit Mutti zum Imkermeister in die »Villa«. So hieß im Dorf das zweistöckige Haus mit Erkern und großzügigem Treppenhausaufgang, 1910 gebaut, was man heute noch auf der eisernen Wetterfahne am Erker und am Stuck an der Frontseite sehen kann. Die Bauweise nennt sich Neo-Jugendstil, seltsam unpassend in bayerischer Landschaft. In wochenlanger Arbeit wurden damals die Ziegelsteine mit Ochsenkarren aus Marklkofen angekarrt. Der Stuck wurde von Italienern, die durch Südbayern zogen, in Akkordarbeit geschaffen. Eigentlich ist dieses Haus ohne Keller eine absolute Fehlkonstruktion. Nun steht es unter Denkmalschutz und ist bald nicht mehr bewohnbar.

Mein Stiefvater ist auf einem Bauernhof, gleich neben der Villa, mit acht Geschwistern aufgewachsen. Das Dorf hat er nur für den Krieg verlassen. Das hat ihm gereicht. Nach seiner Rückkehr wollte er nie mehr weg, er hatte genug von der Welt da draußen.

Mutti war das genaue Gegenteil. Ihre glücklichste Zeit war weit weg von zu Hause: ihr Leben in Fischbachau, in der malerischen Schliersee-Gegend in Oberbayern, wo sie als Zimmermädchen beim Unterwirt arbeitete. Von Fischbachau träumte sie bis zuletzt. Dort lernte sie den feschen Wastl in seiner oberbayerischen Tracht kennen und verliebte sich unsterblich. Er hatte eine tiefe Stimme, treue braune Augen und tanzte gern, Schuhplatteln in kurzen Lederhosen.

Ich verachtete meinen leiblichen Vater sein ganzes Leben lang, nannte ihn Schwächling, einen verantwortungslosen, feigen Kerl. Was hat Mutti nur in ihm gesehen? Erst mit 50 verstand ich ihre Vernarrtheit: »Dein Vater war ein Hallodri. Immer Weibergeschichten. Die sind ihm alle nachgelaufen. Anstrengen musste er sich nicht«, erklärte mir mein Onkel Hans. Wastl war ein Frauenheld, ein bayerischer Don Juan.

Mein Vater war 12 Jahre alt und der älteste Sohn, als sich mein Opa mit einem Strick an einem Baum erhängte. In seiner Gutmütigkeit hatte mein Niggl-Opa einen Wechsel für die Schulden seines Freundes unterschrieben, für den er gebürgt hatte. Und nun war tatsächlich der Tag gekommen, wo er dafür gerade stehen sollte. Er sah keinen Ausweg und nahm sich das Leben. Nach dem Selbstmord ihres Mannes kämpfte meine Oma mit ihren vier Kindern ums Überleben.

Meine Mutter hat der Nigglin nie verziehen, dass sie die Hochzeit mit Wastl verhindert hat. Der Grund: ein Onkel aus Muttis Verwandtschaft war aktiv in der NSDAP, und so einen Umgang duldete Frau Niggl nicht. »Er war nicht mal blutsverwandt«, beteuerte Mutti. Als sie noch dazu als Schwangere bei einer Sonntagsmesse zur heiligen Kommunion erschien, war es ganz vorbei: »Was bildet sich dieses Luder ein, erst rumhuren und dann noch auf fromm tun«, schimpfte die Nigglin. Mich wollte sie allerdings haben. 10 000 Mark war ich ihr wert. Mutti lehnte das Angebot entrüstet ab und kehrte zurück nach Niederbayern – todunglücklich mit einem dicken Bauch.

Kurz nach Kriegsende, am 23. September 1945, kam ich im Kreiskrankenhaus in Gangkofen, acht Kilometer von Kollbach entfernt, auf die Welt: Gertraud Franziska Schönberger. Die Geburt war qualvoll für Mutter und Kind: Steißlage.

17

»Du warst 12 ½ Pfund schwer und kamst ganz schwarz auf die Welt, weil du fast erstickt bist.« Oma hatte ihre Fannerl nicht aufgeklärt, sie wusste nicht mal, was es bedeutet, wenn das Fruchtwasser abgeht, und kam für einen Kaiserschnitt zu spät ins Krankenhaus. Ich war Sonntagskind, ein so genanntes Glückskind mit dunkelbraunen, großen Augen, die mir mein Vater vererbt hat.

Mutti war eine tatkräftige, unternehmungslustige junge Frau. Sie wollte raus aus dem Dorf, um sich eine eigene Existenz aufzubauen. Aber das kam für die Schönberger Oma nicht infrage. Die war streng katholisch und wurde fuchsteufelswild: »Du hast ein Kind in die Welt gesetzt, nicht wir. Kümmere dich selbst drum! Du kannst uns doch diese Schande nicht antun, der Wastl hält dich doch nur immer wieder hin.«

Wenn Mutti beim Bäcker Brezeln holte, flüsterten die Weiber im Dorf hinter ihrem Rücken und zeigten mit dem Finger auf mich, den »Bankert«. Ich war eine Schande. Meine Mutter keine ehrenvolle Frau. Ich war nicht gut genug, ein Kind von einem Auswärtigen, der meine Mutter hatte sitzen lassen. Bei jeder Gelegenheit musste sie sich anhören: »Du bekommst nie mehr einen Mann mit deinem Kind.« Mutti hatte alle möglichen Pläne und konnte sie nicht verfolgen, weil sie mich hatte. Dann kam die Währungsumstellung, und all ihr erspartes Geld war nichts mehr wert. Was also sollte sie tun?

Die Hochzeit machte sie wieder zur ehrenhaften Frau. Für mich war es das Ende meiner Kindheit: kein Streicheln, kein in den Arm Nehmen, kein Trösten mehr – damit der Stiefvater nicht eifersüchtig wurde. Endlich hatte ich einen Papa, doch ich existierte nicht für ihn. Er ignorierte mich, sogar am Esstisch. Ich erinnerte ihn zu sehr an den Mann, den meine Mutter liebte. Wenn er sich über mich ärgerte, beschwerte er sich bei Mutti. Es war ihre Aufgabe, mich zu bestrafen – mit

18

Ohrfeigen. Sie war streng mit mir. Ein Jahr später bekam ich ein Schwesterchen, Marietta. Und als ich acht war, kam mein Bruder Georg auf die Welt, als ich 13 war, kam der Nachzügler Max.

Die Familie wurde immer größer, und das Geschäft mit dem Honig ging schlecht. Mutti versuchte es mit der Hühnerzucht, aber bis ihre 200 Küken Eier legen konnten, war der Preis der Eier so gesunken, dass kein Gewinn mehr zu machen war.

Mein Stiefvater war eigenbrötlerisch. Wenn ihm was nicht passte, verzog er sich einfach in sein Bienenhaus in den Wald, überließ alles seiner Frau und redete tagelang nicht mehr mit ihr. Mit der Imkerei konnte er die Familie nicht ernähren. Als Familienoberhaupt versagte er völlig.

Mutti blieb nichts anderes übrig, als die Verantwortung für die ganze Familie zu übernehmen, und packte die Gelegenheit beim Schopf: Sie pachtete als die neue Wirtin den »Gasthof zur Post« von der Röhrl-Brauerei – für jedes Bier, das sie verkaufte, bekam sie einen Bruchteil der Einnahmen. Obwohl der Vorbesitzer das Postamt mit in sein neues Haus nahm, behielt die Wirtschaft weiterhin ihren Namen. Uns Kinder nannte man die »Post-Kinder«.

Als Älteste musste ich immer helfen. Am schlimmsten war der Abwasch. Mutti hasste das Abwaschen. Das war mir und meinem Stiefvater überlassen. Spülmaschinen gab es noch nicht, nicht mal fließendes Warmwasser. Das wurde auf dem Holzofen zum Kochen gebracht und mit kaltem Wasser vermischt. Die Abwaschecke war dunkel, feucht und schimmelig. Stapelweise warteten senfverklebte Brotzeitteller mit vertrockneten Weißwursthäuten oder Resten von Leberkäse und verkrustetem Ei darauf, gespült zu werden. Leere Sauerkraut-Büchsen vom Großmarkt dienten zur Abfalltrennung von Kompost und den Resten für unsere Säue. Ein ekelhafter Geruch! Meine Hände reagierten allergisch gegen die Säure. Ich hatte offene Wunden bis auf die Knochen und einen schrecklichen Juckreiz. Wenigstens war ich für einen Sommer vom ständigen Abwaschen befreit. Einmal kam ein Vertreter vorbei und versuchte Mutti eine Spülmaschine zu verkaufen. »Brauch ich nicht, hab schon eine!«, sagte sie und meinte damit Papa, der gerade wieder einmal im Wald in seinem Bienenhaus verschwunden war.

Die Wirtsstube war unser Wohnzimmer. Am letzten Tisch in der Ecke bügelte Mutti die Wäsche und stopfte die Socken. Dort machte ich meine Hausaufgaben. Die Küche war zu ungemütlich. Wütend wurden wir Kinder, wenn ein Besoffener zum Scherz unsere Schultafel abwischte und wir von vorne anfangen mussten. Neben der Küche befand sich die Speisekammer und daneben die Waschküche mit einer Badewanne. Wir waren es gewohnt, uns im Küchenwaschbecken zu waschen. Am Samstag wurde in der Waschküche aufgeheizt und eimerweise das kochendheiße Wasser in die Badewanne geschüttet. Um Wasser zu sparen, mussten wir immer zu zweit baden. Die ersten Jahre hatten wir nur Plumpsklos. Erst viel später finanzierte die Brauerei appetitlichere Toilettenräume mit Wasserspülung.

Ich schlief direkt über der Gaststube und litt unter Schlafstörungen. Bei jedem aufheulenden Motor wurde ich wach, es war ein ständiges Kommen und Gehen. Nur Opas Ausruf »Herz ist Trumpf« beim Schafkopfen, seinem liebsten Kartenspiel, wenn er siegesgewiss die Spielkarten auf den Tisch donnerte, machte mir nichts aus.

Ein eigenes Zimmer hatte ich nicht. Die Schlafzimmer waren zugleich Fremdenzimmer, die an Straßenarbeiter vermietet wurden, als unsere staubigen Dorfstraßen geteert wurden. Es waren lange Schläuche, ungemütlich eingerichtet. Zwei Betten, ein Schrank, eine Kommode. Im Winter waren die Zimmer so kalt, dass das Eis an den Wänden glitzerte. Mit kalten Füßen konnte ich nicht einschlafen, so nahm ich runde, eiserne Wärmflaschen, die mit kochendem Wasser gefüllt waren, mit ins Bett. Um mir daran die Füße nicht zu verbrennen, trug ich selbstgehäkelte Socken.

Als ich zehn war, bekamen wir das erste Telefon. Fernab vom Gastzimmer in einem ungemütlichen Gangzimmer neben der Gefrieranlage über der Eistruhe. Nun schickten die Bäuerinnen nicht mehr ihre Kinder, um die Väter nach Hause zu holen, sondern benutzten das Telefon. Plötzlich war ich diejenige, die den Kerlen übermitteln sollte, dass sie sich dringend von ihrer Maß zu trennen haben, weil ich zu gerne telefonierte. Die Nummer weiß ich heute noch: 250. Für mich persönlich war das Telefon tabu. Eine Einheit kostete schließlich 16 Pfennige. »Du hast so lange Beine, lauf zu deiner Freundin Trudi, wenn du mit ihr reden willst ...«

Jedes Frühjahr wurde die Wirtsstube frisch gestrichen. Vom Zigarettenrauch waren die weißen Wände braun geworden. Dagegen entwickelte unser Maler, der Obermüller Hans, eine ganz spezielle Tunke aus Kuhscheiße mit Wasser verdünnt für den ersten Anstrich. Danach erst setzte sich die weiße Farbe gegen das hartnäckige Nikotin durch. Mutti wusch und bügelte die Vorhänge und putzte die Fenster auf Hochglanz. Die Farbkleckse rieb ich mit einem Pfennigstück ab. In den Holzfußboden ließ sie Öl ein, das half gegen den unsäglichen Staub beim täglichen Kehren von Straßendreck und Zigarettenkippen.

Wenn Papa ausnahmsweise den Spätdienst übernahm, blieben die Gäste nie lange. Papa hatte nicht das Zeug zum Wirt. Mit seinem strengen Blick war er unbeliebt, er konnte (oder wollte) nicht mit den Leuten. Er war kein redseliger Mensch. Er trank nur Nährbier – Bier für werdende Mütter ohne Alkohol. Manchmal setzte er einen Bierwärmer ins Glas, einen Metallbehälter in der Form einer Wienerwurst mit heißem Wasser gefüllt. Darauf bestanden einige Männer, die ihr Bier lieber warm tranken.

Bei seinen Bienen war Papa glücklich, er besaß über 100 Völker und hatte zwei große Bienenhäuser. Bei der Königinnenzucht konnte ihm keiner in der Region das Wasser reichen. Darüber referierte er bei den Versammlungen der Imker. 75 Jahre lang war er Mitglied des Imkervereins.

Von Papa habe ich die Liebe zur Natur. Seine Bienenzucht faszinierte mich. Wenn eine Königin Reißaus nahm, folgte das halbe Volk. »Schwärmen« nannte man das, und es passierte nur bei heißem Wetter. Da purzelten die Bienen wie aus einer Kaffeemühle aus den verschiedenfarbigen Fluglöchern, die entweder gelb, blau, weiß oder braun gestrichen waren. Wir Kinder standen Wache, um zu melden, aus welchem Volk der Schwarm stammt. Wenn wir einen Bienenschwarm in einem Baum entdeckten, musste Papa mit seinem Imkerhut mit Schleier kommen. Er paffte an seiner Pfeife, um den aufgeregten Schwarm, der sich zu einer Traube gesammelt hatte, in einen Bastkorb zu schütteln. Wenn die Königin mit dabei war, gingen alle brav rein. Das sah beeindruckend aus.

Papa wusste, wie man eine ausgeschlüpfte Jungkönigin einfängt, und die betupfte er mit einer farbigen Marke, um damit ihr Geburtsjahr zu kennzeichnen. Falls die alte Herrscherin schon in die Jahre gekommen war – das erkannte er an der jeweiligen farbigen Marke –, steckte er sie in ein kleines Holzkästchen in der Größe einer Streichholzschachtel. Damit die Königin sich wie inmitten ihres Volkes wohlig und warm fühlte, trug er sie ganz nah an seinem Herz und transportierte auf diesem Weg die noch unbefruchtete Königin von seinem Waldbienenhaus nach Hause.

Honigschleudern war eine Riesenaktion. Wir drehten die Schleuder mit den eingesetzten Honigwaben wie ein Butterfass, bis das letzte Honigtröpfchen rausgelaufen war. Das Schönste war das Auslutschen der Waben. Dabei riskierte man, von einer Biene gestochen zu werden. Gegen Bienenstiche war ich allergisch: ich litt unter dem unerträglichen Juckreiz und bekam gegen die Schwellungen mit Essig getränkte Tücher aufgelegt. Ein Stich auf der Lippe oder auf dem Augenlid war am allerschlimmsten.

Mutti war immer müde. Kein Wunder. Jeden Abend musste sie warten, bis der letzte Säufer nach Hause taumelte. Sie tat mir Leid. Wenn die Besoffenen zu Raufen anfingen und das Messer zogen, wartete sie nicht ab, bis die Polizei auftauchte. Sie holte den Wasserschlauch und kühlte die erhitzten Gemüter mit eiskaltem Wasser ab.

Einen Ruhetag konnten wir uns nicht leisten. Der »Gasthof zur Post« war sieben Tage die Woche geöffnet. Jahraus, jahrein. Keine Zeit für einen Familienausflug. Jedes verkaufte Bier zählte. Ein normales Familienleben kannten wir nicht.

Meine Sommerferien benutzte Mutti für Nachmittagsschläfchen. Das bedeutete für mich: Verantwortung für die Gastwirtschaft, die Schenke und die Geschwister zu übernehmen. In der ersten Schublade am Biertresen war die Kasse mit dem Bargeld. Stammgäste durften anschreiben lassen. Mutti, übermüdet wie sie war, vergaß öfters die Schublade abzuschließen. Dort versteckte sie die Briefe meines Vaters, die ich heimlich mit klopfendem Herzen las. Er klagte über den Sex mit seiner Zenzi, die er dann schlussendlich heiratete – sie brachte Geld mit in die Ehe.

Die meisten meiner Schulfreunde sind ohne Vater aufgewachsen, die waren entweder im Krieg gefallen oder vermisst. Aber meiner lebte und kümmerte sich nicht um mich. »Also wenn dein eigener Papa dich nicht mag, dann muss was nicht stimmen mit dir«, sagte ich mir. In meiner Phantasie entwickelte ich einen Traumvater, der eines Tages kommen und mich von dieser lieblosen harten Wirklichkeit retten würde. Manchmal ging ich zur Post und meldete bei Frau Eberl ein R-Gespräch an. Ich wollte mit ihm sprechen, ich konnte seine Abwesenheit, seine Gleichgültigkeit mir gegenüber nicht verstehen. Am Apparat hatten wir uns dann nichts zu erzählen. Mutti reagierte auf meine Telefonate bitter: »Was glaubst du denn? Er hat mich sitzen lassen, warum soll er Interesse an dir zeigen?«

Opa und Oma zu besuchen, das war meine Zuflucht. Und wo immer es besser schmeckte, blieb ich zum Essen. Am allerliebsten war mir ein Butterbrot mit Honig oder Marmelade. Zu Hause schimpfte man, ich sei wählerisch. Besonders das Geschrei von Mutti nervte: »Das Essen wird kalt. Komm endlich. Ich hab mir so viel Mühe gemacht, und ihr wisst es nicht zu schätzen. Du bist zu heikel. Iss deinen Teller leer; in Afrika sind die am Verhungern.«

Mein Stiefvater dagegen meuterte mit mürrischem Gesicht: »Die frisst zu viel.« Er meinte mich. Das Blut stieg mir in den Kopf, ich wurde hochrot vor Scham. Ich bin doch kein Schwein! Außerdem: Wem soll ich's nun recht machen? Ich war das fünfte Rad am Wagen. Geduldet. Ich sprach ganz leise. Das war mein Trick, gehört zu werden. Ein stilles Mädchen. In meiner Umwelt bellten die Menschen wie Hunde. Ich bekam meine Aufmerksamkeit, indem ich ganz leise redete.

Schon ganz früh wurde mir eingetrichtert, keine Gefühle zu zeigen. »Zeig nicht, wenn du glücklich bist, das macht neidisch und wird gegen dich benutzt«, mahnte meine Mutter. »Und lass dir nicht anmerken, wenn du traurig und unglücklich bist, das freut die Leute.«

Ich wuchs und wuchs, und mit 12 war ich so groß wie heute: 1 Meter 72. Darunter litt ich sehr. Ich zog die Schultern ein, machte einen Buckel, eine gerade Haltung kam nicht infrage. Ich wollte klein und zierlich sein, um beschützt zu werden, und nicht immer die »Alte« und »Große« genannt zu werden.

Ich entwickelte mich nicht zu einer Schönheit. An mir schien nichts zu stimmen. Mein Hintern war zu groß, wie der von der Schönberger Oma. Ich hatte lange Steckerlbeine ohne Waden, wie die von meinem Vater, und lange dünne Finger: »Damit würdest du eine gute Hebamme abgeben!« Und zu große Füße. Mein Busen wuchs spärlich und recht spät. Eine Schande in Bayern, wo »Holz vor der Hüttn« eine wichtige Rolle spielt. Meine Schwester war fünf Jahre jünger und besser bestellt, sie hatte den großen Busen meiner Mutter geerbt. Aus Mitleid kaufte mir Mutti einen Schaumgummi-BH. Wenn die Buben nach mir tatschten, wie nach allen Mädchenbusen, blieb bei mir eine Delle und ein hochroter Kopf.

Jedes Jahr zu Ostern bekam ich neue Schuhe, zwei Nummern zu groß zum Reinwachsen. Passend waren meine Schuhe nie. Deswegen ging ich am liebsten barfuß, da gab es wenigstens keine Blasen.

In der Schule war ich beliebt. Mein Spitzname war entweder »Wirtspatron« oder »Mondgesicht«. Ein hochgeschossenes Mädchen mit rundem Gesicht und dünnen Zöpfen, Seitenscheitel mit einer riesigen Schleife. Manchmal wurde mir schwindlig, und ich fiel ohnmächtig um. Kreislaufstörungen nannte das Dr. Oswald. Wachstumsstörungen. »Das Dirndl wächst zu schnell«, sorgte sich Mutti. Bei Schulprüfungen flüsterte man mir zu: »Traudi, fall vom Stuhl.« Eine gute Taktik, um die Aufpasser abzulenken, Zeit zum Abgucken für meine Klassenkameraden, bessere Chancen für gute Noten. Dadurch steigerte sich mein Beliebtheitsgrad. Im Zeugnis wurde mein »guter Humor« gelobt. Handarbeit lag mir überhaupt nicht, in Religionslehre hatte ich immer eine Eins.

Freizeit mit Freunden war nur möglich, wenn die bereit waren, im Wirtshaushof unter den schattigen Kastanienbäumen zu spielen – es könnte ja ein Gast auftauchen. Zum Zeitvertreib fütterte ich manchmal die Hühner mit Bier und beobachtete, wie sie auf ihren Hühnerbeinchen rumtorkelten und das Gleichgewicht verloren. Das war eine Gaudi. Auch unsere Schweine waren oft besoffen vom abgestandenen Bier. Papa, der Sparsame, kippte jedes nicht leer getrunkene Bierglas in den Saueimer. »Noagerl« hießen die Überreste. Eines Morgens wachten die Schweine, die sonst vor jeder Fütterung erbärmlich schrien und grunzten, nicht mehr auf. »Die sind krank, die haben Rotlauf«, entsetzte sich Mutti. Bis sich herausstellte, dass die Schweine sturzbetrunken waren. Ihr Fleisch soll besonders schmackhaft gewesen sein!

Wir nahmen die Tiere als unsere Spielkameraden. Petzi, Pello und Pingo ließen sich sogar reiten. Genutzt hat ihnen das wenig. Irgendwann wurden auch sie geschlachtet. Auch dafür war Mutti zuständig.

Das Schweineschlachten war immer ein aufregendes Erlebnis. Das Schwein wurde an einem Fuß festgebunden. Ich durfte das Ringelschwänzchen halten. Das brauchte allerdings viel gutes Zureden von Opa, der mir versprach, das bringe Glück! Zur Betäubung schlug Papa dem Schwein mit einem riesigen Holzhammer, mit dem wir sonst Bierfässer anzapften, zielgerecht auf die Schläfen. Die arme Sau schrie wie am Spieß, torkelte und fiel betäubt um. Ab und zu entwickelte ein Schwein die Kraft, schwankend die Flucht zu ergreifen. Opa und Papa hinterher. Nochmal eins auf die Birne. Mit einem langen Messerstich in den Hals brachte Mutti den erlösenden Tod. Mit einem großen Behälter stand sie bereit, um das Blut aufzufangen. Das brauchte man für roten Presssack und Blutwürste. Im Sautrog wurde das tote Vieh mit heißem Wasser überbrüht und die Borsten mit Ketten abgerieben. Die Schweinefüße, »Kraxen« genannt, waren eine Delikatesse und wurden mit der Hand gesäubert. Wenn Mutti das Schwein aufschlitzte und die Gedärme entnahm, verdrückte ich mich. Erst später, wenn das halbierte Schwein zwischen den Bierkästen und Fässern in der Kühlanlage hing, interessierte ich mich wieder dafür.

Aus Blut und Speck machte Mutti Blutwürste, dafür wurde der Darm gebraucht. Das Hirn für Hirnsuppe, der Speck durch den Fleischwolf gedreht und den Würsten zugesetzt. Es gab auch weißen Presssack und Leberwürste. Das Ringelschwänzchen wurde in der Sülze verwendet. Übrig blieb da nichts. Mutti fand für alles eine Verwendung.

Unsere Zusatzeinnahmequelle war die Kegelbahn, gegenüber vom Sägewerk direkt an der Dorfstraße, die wir im Sommer regelmäßig wegen des Staubes mit dem Schlauch nass spritzten. Die Kegelbahn war eine Attraktion im Dorf, weil es sonst nichts gab. Das Kegelaufstellen war für mich die beste Gelegenheit, eigenes Geld zu verdienen. Mit alten, aufgeschnittenen Autoreifen benagelten wir die Holzbahn rundherum als Lärmdämpfer. Am Ende der Bahn war ein dicker Balken angebracht, um die Kugel und die Kegel aufzuhalten. Die Bahn war uneben, und es rumpelte jedes Mal im ganzen Dorf wie bei einem Gewitter. »Fannerl, a Maß!«, johlten die Männer, wenn einer einen »Stier« getroffen hatte, die mittleren drei Kegel. Auf einer Schultafel wurden die Resultate mit Kreide festgehalten.

An Sommernachmittagen war eine meiner Pflichten, Jopa-Eis, Limonade und gekühltes Flaschenbier zu verkaufen. An

Werktagen ging das Geschäft schlecht, Hochsaison für die Bauern. Keine Zeit. Deswegen ließ sich Mutti das »Bier-Hausieren« einfallen. Jeden Montagmorgen. Mit einem kleinen Lastauto, vollgeladen mit Bier und süßen Limos, musste ich von Bauernhof zu Bauernhof ziehen. Mutti brachte mir bei, wie man mit den Bäuerinnen ein kleines Schwätzchen abhält, bevor man zum Geschäft kommt. Um die Bäuerinnen überhaupt zu finden, rannte ich um den Misthaufen vor dem Hof, in die Küche, in den Stall ... Mir lag das Geschäft nicht. Ich konnte kaum abwarten, bis der Lieferwagen endlich leer war. Das passierte aber nur, wenn wir der Konkurrenz zuvorkamen und im Morgengrauen vor ihnen losklapperten.

Das waren meine Sommerferien, und wenn ich aufmuckte, drohte mir Mutti: »Du weißt gar nicht, wie gut du es hast. Hör auf mit der Jammerei, sonst schick ich dich zum Einödbauern. Dann lernst endlich, was arbeiten wirklich heißt.«

Omas letzter Wunsch auf ihrem Totenbett gab meinem Leben eine entscheidende Wende: »Das Dirndl is' g'scheit, schick sie auf eine Schule. Sie muss raus aus dem Dorf. Traudi ist ohne Vater aufgewachsen und sie verdient eine Chance im Leben. Hilf ihr, dass sie es einmal leichter und besser hat als du.« Mutti hielt ihr Versprechen. Oma ist im Juni gestorben, und im September, am Tag des Schulbeginns, setzte meine Mutter mich in der Handelsschule in Landshut im Kloster Seligenthal ab. Ein neuer Lebensabschnitt begann. Zwei Wochen später wurde ich 13. Nun war ich ganz allein.

# 2
## Das Dirndl in der Großstadt

Im Internat war kein Platz mehr für mich. Ausgebucht, schon lange vor Schulbeginn. Darauf war meine Mutter nicht gefasst, als wir einen Tag vor Schulbeginn in Landshut ankamen. Also suchten wir nach einem möblierten Zimmer für mich. Wir hatten keine große Wahl, ich brauchte am gleichen Tag noch ein Dach überm Kopf, Muttis Pflichten riefen.

Mein neues Zuhause entpuppte sich als ein altes, verschachteltes Wohnhaus mit dunklen Gängen und knarrenden Holztreppen, gleich unter der Burg Trausnitz. Ich teilte mir ein Zimmer mit drei Mädchen und schlief mit einer verschrobenen 28-Jährigen im Ehebett. Trudi, meine beste Freundin aus Kollbach, hatte ihren Platz im Internat gesichert, aber dort behagte es ihr nicht, und so zog sie bald danach bei uns ein. Trudi hatte ihr eigenes Bett und konnte sich gegen die Wand kuscheln. Bärbl Lerbinger, eine weitere Schulkameradin aus Niederbayern, hatte sogar ein Einzelzimmer, aber sie musste immer erst durch unseres gehen. Auf dem gleichen Flur trafen sich jeden Montag die Zeugen Jehovas. Unangenehm für alle: Es gab nur eine Toilette.

Einmal die Woche durften wir Untermieterinnen in der Wohnung unserer Vermieterin ein Bad nehmen. Es gab nur einmal Badewasser für alle – wir benutzten es eine nach der andern.

Ich hatte Heimweh. Jedes Wochenende fuhr ich mit Trudi nach Hause nach Niederbayern. Herr Eberl, ihr Vater, chauffierte uns. Meine Mutter hatte keine Zeit dazu, und das wurde mir öfters vorgeworfen.

Mutti war froh und erleichtert, wenn ich übers Wochenende da war. Kaum war ich am Samstagnachmittag angekommen, musste ich Betten machen, Zimmer aufräumen, den Flur bohnern, Sonntagskuchen backen, mich um die Geschwister kümmern und – wie gewohnt – Sonntagmorgen vor der Messe die Wirtschaft säubern. Für die Hausaufgaben war kaum Zeit. Am Montagmorgen brachte uns Herr Eberl wieder nach Landshut. Ich stank nach Bier und Zigarettenrauch. Allerdings war ich bepackt mit Essenswaren: Butter, eine ganze Salami, Streichwurst. Alles, was Mutti in der Eile nur so finden konnte. Als Kühlschrank diente uns eine Holzkiste, die draußen in der frischen Luft auf dem Fenstersims angebracht war.

Trudi wurde von ihrer Mama großzügig mit Taschengeld bedacht. Ihre Art, das Geld wie ein professioneller Bankbeamter vor mir zu zählen, hasste ich. Trudi ging nachmittags gern ins Kino, aber ungern alleine. »Ich hab nicht genug Geld«, jammerte ich. Also zahlte sie mir die Hälfte. Deswegen leistete ich mir manchmal meine geliebten Rollos – Pfefferminz mit Schokolade überzogen. Das verübelte sie mir.

Ich war ein schüchternes Bauerntrampelchen, so schüchtern, dass ich mich in keinen Laden traute. Über dieses Dilemma schrieb ich einmal einen Aufsatz und wurde dafür mit einer Note Eins belohnt, weil er so lebendig war.

Im ersten Schuljahr trug ich, wie das so Brauch war auf dem Land, eine Schürze über dem Taftrock, den ich von Tante Liane geerbt hatte. Aber nur so lange, bis ich das Gespött der anderen Kinder nicht mehr ertragen konnte. Ich war zwar ein Mädchen vom Land, aber ich lernte schnell, mich davon freizumachen.

Mutti hatte nie Zeit für Elternsprechtage und kam nur selten in der Schule vorbei. Ich war verständnisvoll und traurig zugleich. Einen Besuch werde ich aber nie vergessen: Sie kam nach Landshut, um mir meine ersten Stöckelschuhe zu kaufen. Mit ganz niedrigem Absatz, weil ich groß genug war. Damit zu gehen war schon abenteuerlich genug. In Kollbach hatte es kein Vorbild für mich gegeben, wie man mit hohen Schuhen läuft und dabei die Hüften schwingt.

Nach drei Jahren hatte ich die Mittlere Reife der privaten Handelsschule für Mädchen der Zisterzienserinnen Landshut-Seligenthal. In meinem Abschlusszeugnis steht: »Die Schülerin arbeitete fleißig und unverzagt, um sich ein gediegenes Wissen anzueignen. Im Verkehr mit den Mitmenschen war sie freundlich, hilfsbereit und von gutem Humor.«

Meine nächste Station war Frankfurt. Auch das hatte sich Oma am Sterbebett ausgedacht. Ich sollte zu Tante Resi und Onkel Bertl in die Großstadt geschickt werden. Raus aus dem Kaff, raus in die weite Welt. Ich war 16, als mich Mutti zum Bahnhof in Marklkofen brachte. Während der gesamten Zugfahrt ließ ich meine Puppe nicht los. Sie hatte echte Haare, und ich nannte sie Ingrid. Ich hatte Angst und großes Herzklopfen, Ingrid war das Einzige, woran ich mich festhalten konnte. Ingrid war mein schönstes und wichtigstes Weihnachtsgeschenk, an das ich mich erinnere. Sie war neu und nur für mich bestimmt, nicht irgendwas Vererbtes von der Verwandtschaft oder was Praktisches wie ein gestrickter Pullover. Neues Spielzeug war in meiner Kindheit eine Rarität.

Überhaupt fehlen mir schöne Weihnachtserinnerungen. Weihnachten war im Gasthof zur Post nichts für Kinder zum Träumen. Am Heiligen Abend warteten wir sehnsüchtig, bis die letzte Schnapsnase endlich die Kneipe verlassen hatte. Wir mussten geduldig sein an diesem Tag, dem Fest der Liebe. Erst wenn niemand mehr im Wirtshaus war, klingelte das Glöckchen vom Christkindl, und wir durften die Treppe hochstürmen ins so genannte neue Wohnzimmer. Mutti fand meine Idee gut, diesen Raum über der Kneipe, das ehemalige Elternschlafzimmer, für die Familie einzurichten – ohne Biergestank, mit einer gemütlichen Couch, einem warmen Ofen. Nur für uns, die Familie.

Hier stand der Christbaum, mit echten Kerzen. Mutti legte sich erschöpft auf die Couch, und wir stürzten uns auf die Geschenke. Jedes Kind hatte seinen eigenen Platz für die jeweiligen Überraschungen. Meiner war auf der Nähmaschine, die auch als Wickeltisch für meinen jüngsten Bruder Max benutzt wurde. Mit einem Teller gefüllt mit Orangen, Feigen, Süßigkeiten und Weihnachtsplätzchen konnte man immer rechnen. Mutti hatte keine Zeit, die Geschenke zu verpacken: »Warum auch, das Papier reißt ihr doch nur ab, und wir stecken es in den Ofen.«

Mit 14 erlebte ich einen Schock: da wartete doch tatsächlich Aussteuer auf mich: Bettwäsche und Handtücher – damit etwas im Schrank ist, wenn ich heirate. Dazu hatte ich überhaupt keine Beziehung, ich machte ein langes Gesicht, und es kostete große Kraft, nicht zu weinen.

Meine Puppe Ingrid im Arm beruhigte mich und linderte meine Angst vor der großen Reise nach Frankfurt, die Panik vor dem Umsteigen, zwischen den Zügen verloren zu gehen. Ich wollte Kind sein, ich wollte nicht erwachsen sein und hatte Angst vor meinem neuen, ungewissen Leben.

Tante Resi war die Einzige in der Familie, die es in die weite Welt geschafft hatte. Onkel Bertl war Optiker und hatte einen Fotoladen in der Eschersheimer Landstraße. Die Wohnung befand sich in der Baustraße 4. Diese Adresse hab ich nie in meinem Leben vergessen. Für mich war kein Platz mehr in der Wohnung im 4. Stock. Da lebten schon die rumänischen Eltern von Onkel Bertl. Und die drei Kinder Evi, Max und Hansi. Später kam noch das Baby Peter dazu. Ich wurde im Dachboden in der Abstellkammer untergebracht. Mutti hatte eine altmodische Schlafzimmereinrichtung aus Kollbach frisch streichen und für mich nach Frankfurt transportieren lassen. Das Zimmer war ein langer Schlauch mit einem kleinen Fenster. Wenn ich mich rauslehnte, konnte ich auf die Krone eines Kastanienbaumes blicken. Im Winter war es bitterkalt. Es gab keine Heizung. Und zur Toilette musste ich nachts raus auf den dunklen Gang. Auf dem Flur lebte auch eine alte Frau, in ihrer Einsamkeit war sie mir unheimlich.

Zu meinen Aufgaben gehörte es, jeden Tag die Kohle zum Heizen vom Keller in den 4. Stock zu schleppen. Danach stieg ich in die Straßenbahn und fuhr mit dem vorgekochten Essen zu Onkel Bertl. In seinem Optikergeschäft erledigte ich die Buchhaltung (heute noch ein Rätsel für mich, wie ich dazu fähig war), putzte die Schaufenster blitzblank, bohnerte den Boden und durfte ab und zu im weißen Kittel im Laden Sonnenbrillen und Filme verkaufen.

Ich fühlte mich schrecklich alleine, kannte niemanden in meinem Alter. In meiner Freizeit entdeckte ich die Vorteile einer Großstadt: Schwimmen im Hallenbad, den Jugend-Club der Caritas, die Tanzschule, um Walzer, Foxtrott und Manieren zu lernen. Endlich traf ich Gleichaltrige. Alle lebten noch mit ihren Eltern. Nur ich nicht, und deswegen wurde ich entweder bemitleidet oder bewundert.

Onkel Bertl musste mich ein- oder zweimal die Woche auf die Kaufmännische Berufsschule schicken, damit ich den Kaufmannsgehilfenbrief als Einzelhandelskaufmann mit Fotoausbildung absolvieren konnte. Ohne Anstrengung war ich die Beste in der Klasse, weil ich das Gleiche schon in der Handelsschule gelernt hatte. Die Berufsschule war eine angenehme Abwechslung. Ich bewunderte insgeheim die Mädchen mit Zigaretten in der Hand und blond gefärbten Haaren. Dazu hätte ich gerne gehört.

Onkel Bertl war ein kleiner Mann mit Glatze und einem großen Selbstbewusstsein. Ein kleiner, strenger Diktator. Meine Taschengeldausgaben musste ich wöchentlich säuberlich aufgeführt in einem Heft vorlegen. Jeden Pfennig meines eigenen Geldes zu rechtfertigen missfiel mir. Widerspruch duldete er nicht. Er wurde streng erzogen, und das gab er weiter. An mich und seine Kinder. Tante Resi drohte ihren Kindern mit Vati, wenn sie ungezogen waren: »Wenn der heimkommt, dann kriegt ihr's ab …« Während der Übermüdete sein Abendessen aß, hetzte sie ihn auf und ermahnte ihn zu seiner väterlichen Pflicht, die Kinder zu disziplinieren. Wer immer sich laut Tante Resi etwas hatte zuschulden kommen lassen, musste parat stehen und wurde geschlagen. Mit dem Riemen!

Nach meiner abgeschlossenen Kaufmannslehre (dieser Lehrbrief mit dem Stempel hat mir bis heute nichts gebracht) packte ich meine Koffer, verließ Onkel und Tante und fuhr zu meinem leiblichen Vater. Es war Ende Oktober, ich war 18 und wollte ihn kennen lernen. Ich verspürte diesen unglaublichen Drang zu erfahren, was das für einer ist, welche Eigenschaften ich von ihm geerbt habe und warum dieser Mann mich ablehnt. Als ich 14 war, hatte er kurzzeitig Interesse an mir gezeigt – als Arbeitskraft, er wollte mich in seiner Bäckerei als Verkäuferin haben. Doch meine Mutter lehnte ab: »Die kriegst du nicht!«, war ihre Rache.

Ich gab mir ein paar Wochen bei ihm – und blieb nur drei

Tage. Mein Vater war, wie Mutti, immer müde und lag am liebsten auf der Couch. Als Bäckermeister musste er jeden Morgen um zwei Uhr aufstehen. Um sechs Uhr früh lieferte er mit seinem verbeulten Kombi die frischen Brötchen und Brezeln pfeifend in der Gegend ab. Am Mittagstisch durfte ich neben ihm sitzen. Ich vermied jeglichen Augenkontakt mit ihm. Nur wenn er sich mit den Bäckergesellen unterhielt, studierte ich ihn neugierig von der Seite. Das Wort »Papa« kam mir nie über die Lippen.

An einem der Nachmittage, als er auf der Couch lag, ergriff ich meine Chance. Ich öffnete mich ihm, erzählte, wie sehr ich darunter gelitten habe, als uneheliches Kind ohne Vater aufgewachsen zu sein. Er reagierte mürrisch und wütend: Es gäbe so viele Kinder wie mich, ich solle mich nicht so anstellen … Ich packte meine Koffer, und am nächsten Tag reiste ich ab.

Ich hatte eine abgeschlossene Berufsausbildung und war wieder zu Hause. Mutti hatte ihre Pflicht mir gegenüber erfüllt und es gab noch drei weitere Kinder, um die sie sich kümmern musste. Sie zeigte mir eine Stellenanzeige vom Postamt: »Das ist perfekt für dich, ein sicherer Job bis zur Rente!« Sie meinte es gut, so eine Chance hätte sie selbst gerne gehabt, als sie jung war.

Für Mädchen wie mich gab es damals nur wenige Möglichkeiten: Lehrerin, Nonne, Friseurin oder Ehefrau. Das Letztere interessierte mich am wenigsten. Ich wollte nie so ein Leben führen wie meine Mutter. Ich träumte davon, Fotografin zu werden. Als Teenager sah ich mich auf einer Vespa durch die Landschaft düsen, dorthin, wo was los war. Um den Hals viele Kameras, eine flotte Fotografin, die für die Daheimgebliebenen das jeweilige Ereignis festhält. Diese Phantasie machte mich glücklich: ein befriedigendes Gefühl beim Einschlafen. Allerdings hatte ich keine Ahnung, wie man als Mädchen an so einen Job herankommt. Aus italienischen Filmen mit Sophia Loren und Gina Lollobrigida kannte ich die Vespa, die Mädels saßen, die Beine seitwärts verschränkt, auf dem Rücksitz, an den Fahrer geschmiegt. Das interessierte mich nicht. Ich wollte nicht chauffiert werden, ich wollte selber Gas geben.

Nach dem Reinfall mit meinem Vater wählte ich als nächste Station München. Ein katholisches Mädchenheim war meine erste Bleibe, in der Buttermelcherstraße 10, gleich um die Ecke vom Gärtnerplatz. Die Jungen durften nur bis zum Eingang, an der Pforte saß eine strenge Nonne als Aufpasserin. Auf jedem Flur gab es nur ein Telefon für alle. Ich suchte mir lauter hübsche Freundinnen aus und fühlte mich dadurch aufgewertet. Ich selbst fand mich nicht sehr attraktiv.

In der Abendzeitung studierte ich die Stellenangebote. Die einzige Möglichkeit, mit Fotografie etwas zu tun zu bekommen, bot die Firma »Perutz«, die Filme herstellte. Ich bewarb mich und landete im Schreibzimmer. Dort gab es mehrere Reihen hintereinander klappernder Schreibmaschinen, wie in einer Filmszene aus den 50er Jahren, mit ausschließlich weiblichen Angestellten. Mein Opa freute sich über meine Anstellung. Mein Plan, mich ganz schnell hochzuarbeiten, beruhigte ihn. Tippen hatte ich mit Note Eins in der Handelsschule in Landshut absolviert. Das war nicht das Problem. Aber mir fiel ganz schnell die Decke auf den Kopf: Es war einfach nicht zum Aushalten!

Das Mädchenheim war überfüllt, und deswegen hatten mich die Klosterschwestern vorübergehend im Duschzimmer untergebracht. Ein Bett, ein tropfender Wasserhahn und rundherum kalte Fliesen. Ich konnte kaum schlafen. Schreibzimmer am Tag und nachts ein gefliester Raum mit undichtem Wasserhahn – zum Verrücktwerden. Am dritten Tag verabschiedete ich mich von meinen staunenden Tippkolleginnen (»Wie kann die nur ein festes Einkommen so schnell aufgeben?«) und fuhr mit der blau-weißen Straßenbahn in die Innenstadt.

Ich kannte keine Menschenseele und machte einen Schaufensterbummel. Ich fühlte mich schnell besser, ich fühlte mich frei. Die vielen Fotoapparate im Schaufenster von »Pini am Stachus« weckten mein Interesse. Menschen, Verkehr, Krach, hier war was los. Selbstbewusst – nach außen hin – marschierte ich in den Laden und fragte nach einem Job. Meine Direktheit machte sich bezahlt. Ich landete in der Personalabteilung im ersten Stock und eine halbe Stunde später hatte ich einen Vertrag in der Tasche: 420 DM monatlich. Arbeitsplatz: Buchhaltung. Wenigstens keine Tippse mehr sein, und der Fotografie ein bisschen näher gekommen. Die Fotoverkäufer rieten mir, mich um eine Assistentenstelle bei einem Fotografen zu bemühen, um das Handwerk zu lernen. Das konnte ich mir aber nicht leisten – mehr als monatlich 200 DM war nicht drin für Assistenten.

In meiner Mittagspause träumte ich davon, dem öden Dasein zu entrinnen. Connie Froboess war mit ihrem Schlager »Pack die Badehose ein« in aller Munde und ein Star. Connie war beliebt, talentiert, hübsch, hatte unwiderstehliche Grübchen, einen großen Busen. Jeder liebte sie. Ich wollte sein wie sie, aber ich konnte weder singen noch hatte ich Grübchen und nur einen flachen Busen …

Nach meiner verträumten Mittagspause schlurfte ich wieder zurück in die Buchhaltung von »Pini am Stachus«, das angesehenste Fotohaus am Platz. In einem Büro im 1. Stock verwaltete ich die Wohnhäuser des Besitzers. Ich war 19.

Helga und Beate, zwei erfahrene Freundinnen aus dem Katholischen Mädchenheim, planten Ferien in Italien. Ich wollte unbedingt mit. Meine erste Gelegenheit hatte ich schon verpasst: ein großer, blonder, gut aussehender Kerl aus dem Norden, aus Stade, fand mich beim Tanzen in einer Disco so gut, dass er mich auf seine Reise nach Italien einlud. Ich hatte Angst und traute mich nicht. Ich konnte ihn nicht verstehen. Warum mich? Was will der mit mir? Meine Freundinnen waren doch viel hübscher …

Mit Helga und Beate fühlte ich mich sicherer. Wir teilten eine kleine Strandwohnung, ließen uns am Strand der Adria von der Sonne braten und flirteten auf Teufel komm raus mit heißblütigen Italienern. Zum ersten Mal tanzte ich eng umschlungen – mit dem schönen Roberto zu Adriano Celentanos Musik. Das war für mich unglaublich romantisch. So nah hatte ich noch nie einen Mann an mich herangelassen. Ich verliebte mich. Doch mit meinem Schulenglisch kam ich nicht sehr weit. Es gab einige Missverständnisse und schmerzhafte Eifersüchteleien, weil ich nicht mit ihm reden konnte.

Nach unserer Rückkehr erreichte mich in München ein Liebesbrief von Roberto – in Englisch. Ich verstand überhaupt nichts. Helga musste Wort für Wort für mich übersetzen. Das darf mir nie wieder passieren, schwor ich mir. Wegen eines Italieners Italienisch zu lernen rentiert sich nicht, dachte ich. Englisch ist wichtiger, das spricht man überall.

Eine der vielen Mädchenheim-Freundinnen verhalf mir durch ihre in Irland lebenden Eltern zu einer Au-Pair-Stelle in Dublin. Das war meine Chance: Ich kündigte meine Stelle bei »Pini am Stachus«. Das Zeugnis schickte ich meiner Mutter und trat 1966 meine Reise nach Irland an, via London per Eisenbahn und Schiff.

Meine erste Familie lebte in einem Reihenhaus in Dublin. Die Frau sah aus wie ein Pferd und der Mann wie Clark Gable. Sie hatten vier ungezogene Kinder. Im Garten gab es nur Unkraut. In meinem Zimmer stand nicht mal ein Schrank. Meine Kleider musste ich an einem Nagel aufhängen, gleich neben dem Wasserboiler für die Küche. Nachdem die Kinder in der Schule waren, aß ich die Reste von den Tellern, Porridge und fettige Frühstückswürstchen – ich war das Schneewittchen bei den sieben Zwergen – und wurde immer dicker.

Wieder einmal fühlte ich mich schrecklich allein und einsam. Und wieder einmal war ich krank vor Heimweh. Aber aufgeben wollte ich auf keinen Fall, sondern durchhalten wie es sich gehört für eine zähe Niederbayerin.

Die irischen Boys interessierten sich für mich, die exotische Fremde. Die Girls witterten Konkurrenz und verhinderten jegliche Begegnung beim Tanz am Samstagabend, wo die Jungen auf der einen Seite lauerten und die Mädchen auf der andern. Ein trostloses Dasein für eine 19-jährige Abenteuerlustige wie mich. So hatte ich mir den Duft der großen weiten Welt nicht vorgestellt. Flohbisse gehörten zu meinem Alltag. Es war immer grau und regnete unentwegt. Um die Sonne zu sehen, ging ich ins Kino. Und dachte mir: »Vielleicht solltest du nach Arabien gehen, dort scheint immer die Sonne. Da will sonst keiner hin, das wäre doch eine Chance …«

Ich ließ mich von Bobby, der Schwester meines Clark Gable-Verschnittes abwerben, weil sie im Gegensatz zu meiner Misses Wärme ausstrahlte und ich mich mit ihr wohler fühlte. Sie war mit einem viel jüngeren Mann verheiratet, dessen Kindermädchen sie früher gewesen war. Um älter zu wirken, trug er einen Vollbart. Das ungewöhnliche Paar lebte mit zwei kleinen Töchtern in einer fast leeren Villa, die sie langsam renovierten. Ich war als Kindermädchen und Haushaltshilfe tätig.

Aber Au-Pair-Mädchen war nicht mein Ding. Ihr ruhiges Familienleben war mir fremd und bald unerträglich. Einsamkeit und Langeweile zerrten an mir, ich tröstete mich mit Essen, heute würde man das esssüchtig nennen.

Mein Englisch machte langsam Fortschritte. Ich besuchte zweimal die Woche eine Schule für Ausländer und suchte nach neuen Möglichkeiten. Eine Klassenkameradin nahm mich bei sich auf, und mit ihrer Hilfe landete ich bei der exzentrischen Familie Clissmann: sieben Kinder, ein riesiges verschlamptes Haus und viele interessante Gäste.

Herr Clissmann war ein fleißiger Deutscher. Frau Clissmann führte einen Salon und verbrachte die meiste Zeit mit ihrem belgischen Hausfreund. Ich rauchte wie ein Schlot und lernte kochen – die irische Küche ist nicht anspruchsvoll. Nach flüchtigen Anweisungen hatte ich das volle Vertrauen von Frau Clissmann. Wie ich es schaffte, so eine große Familie zu verpflegen, ist mir heute noch ein Rätsel. Man schätzte meine deutschen Qualitäten: Ordnung, Aufräumen, Saubermachen. So eine Fleißige wie mich hatten sie noch nie erlebt. Der Spruch meiner Mutter »Wenn du nichts zu tun hast, such dir was«, zeigte seine Wirkung.

Irland war das einzige Land, in dem ich als Deutsche beliebt war. Wir waren schließlich gegen die Engländer in den Krieg gezogen. Meine erste Auslandserfahrung als 17-Jährige war eine ganz andere. Ich hatte noch nie das Meer gesehen und fuhr mit einer Jugendgruppe in einem klapprigen Bus eine ganze lange Nacht lang von Bayern nach Holland an die Nordsee. Endlich, im Morgengrauen, lag das aufgewühlte Meer vor mir. Ein überwältigendes Erlebnis für mich. Diese Macht von Natur hatte ich noch nie erlebt. Beim Aussteigen spuckte mir ein alter Holländer vor die Füße. Ich erstarrte vor Schreck und Scham. »Was habe ich falsch gemacht«, fragte ich zitternd. Die Antwort: »Der alte Mann hat den Krieg nicht vergessen, er hasst die Deutschen.« Das war ein Weckruf. Dieser Hass ist mir später noch oft begegnet.

Nach einem langen Sommer hatte ich genug davon, Ordnung in den schlampigen Haushalt der Clissmanns zu bringen. Ein Dr. Vetter gab mir einen Job in der Bibliothek im Goethe Institut. Eigentlich hatte ich den lieben langen Tag über kaum etwas zu tun. Bücher ausleihen, Bücher einordnen, Bücher abstauben. Die Bibliothek war wenig besucht, und ich langweilte mich wieder mal zu Tode. Das Gute war, dass ich nicht mehr im Dienstzimmer lebte, sondern in meiner eigenen Bleibe. Möbliert, ungeheizt, feucht und schrecklich ungemütlich.

Mein Englisch war passabel, allerdings ein bisschen eigenartig: irische Aussprache mit deutschem Akzent. Ich hätte so gerne an der Uni in Dublin studiert, konnte es mir aber nicht leisten. Mein Vater verweigerte einen Zuschuss. Ich setzte mich mit dem Vormundschaftsgericht in Verbindung, das mir bestätigte, dass ich als uneheliches Kind kein Anrecht auf seine Unterstützung hätte.

Nach einer wochenlangen Depression plante ich, nach London zu gehen. Ich hatte genug von dem katholischen, damals sehr rückständigen Irland, ich wollte was erleben. Meine Erfahrung mit anderer Leute Familienleben reichte mir, und so schrieb ich alle großen Londoner Hotels an. Das Hilton Hotel reagierte mit einem Job-Angebot als Chamber Maid, als Zimmermädchen. Die Überfahrt auf einem alten Dampfer nach England war stürmisch, und ich musste mich die ganze Nacht übergeben. Am nächsten Morgen marschierte ich blass und forsch durch die Schwingtür des Hilton Hotels an der Park Lane am Hyde Park in die Lobby. Sekunden später stand ich wieder vor der Tür: Zimmermädchen mussten den Hintereingang benutzen. Der war weniger glamourös.

Ich kam mir vor wie Aschenbrödel in meiner Zimmermädchen-Uniform: graues Schürzenkleid mit orangefarbener Schürze. Ich wurde als Aushilfe für die freien Tage der anderen Zimmermädchen eingesetzt und putzte jeden Tag auf einem anderen Stockwerk. Das Bettenmachen hatte ich schnell im Griff, das Putzen der Badezimmer war das Harte an dem Job. 13 Zimmer jeden Tag. Eine deutsche Hausdame, extrem streng und gründlich, kontrollierte jedes Eckchen, und wehe sie entdeckte einen Wasserfleck auf dem Zahnputzglas!

Das Schöne an meiner Tätigkeit war, dass man von oben herab aus bestimmten Fenstern des Hotels auf den Buckingham Palace blicken konnte – die einzige Möglichkeit in ganz London. Immer wenn ich ein neues Zimmer betrat, spielte ich Scotland Yard. Ich lernte die Menschen danach beurteilen, wie zerwühlt das Bett war, wie sie das Badezimmer benutzten, was sie auf dem Nachttisch stapelten, was im Kleiderschrank hing und welches Gepäck sie hatten und wie sie es benutzten. Ich las heimlich Briefe und Tagebücher und lernte, wie man Trinkgeld erhascht. Nämlich: frische Handtücher anbieten, versuchen, den Gast in ein Schwätzchen zu verwickeln, wenn er auf den Lift wartet, und jeden Wunsch erfüllen.

Ich machte die Betten für Ray Charles und beobachtete, wie geldgierige Mädchen den blinden Mann ausnutzten. Ein Wochenende versteckten sich die Stones vor der Presse in einer Suite, und ich erfand alle möglichen Gründe, um an ihre Tür zu klopfen und meine Dienste anzubieten ... Außer dem Manager bekam ich keines der Bandmitglieder zu Gesicht. Trotzdem fühlte ich mich großartig, weil ich mehr wusste als die Journalisten, die nach den Stones suchten.

Und ich bekam den englischen Klassendünkel am eigenen Leib zu spüren: In der Kantine setzte sich ein Rezeptionist nicht mit mir an einen Tisch, weil ich die Zimmermädchen-uniform trug …

Genau wie in Irland ging ich brav zu meinem Englischunter-richt und lernte eine blonde Französin kennen, die mich an Catherine Deneuve erinnerte. Immer wenn ich in eine mei-ner melancholischen Stimmungen verfiel, packte sie mich in ihren offenen Triumph und kutschierte mich die breite Allee entlang zum Buckingham Palace am Hyde Park entlang zu Harrod's – so lange, bis sich mein Gesicht aufhellte.

Die Sandwich-Girls vom Skandinavischen Coffeeshop im Hil-ton Hotel waren in der Kantine am populärsten. Sie trugen hellblaue Kleidchen und bekamen große Trinkgelder. Ich be-warb mich und wurde abgelehnt. Ich hatte keine Chance, weil für das arabische Publikum nur blonde Girls gefragt waren.

»Dein Name Traudi bringt dich auch nicht weiter, unmög-lich auszusprechen«, sagte meine irische Zimmermädchen-kollegin. »Du heißt schließlich Franziska, und die englische Version davon ist Frances. Das macht dich international!« Sie schüttete mir ein Glas Wasser über den Kopf und taufte mich. Die Belegschaft klatschte Beifall. Mit dem alten Namen hatte ich mich ohnehin nie wohl gefühlt, noch schlimmer die Version »Traudl«, – so nannte mich meine Mutter, wenn sie wütend war. Wenn sie »Traudl« schrie, wusste ich, dass gleich der »Watschenbaum« fällt. Ab sofort war ich die Frances. Meine neue Identität gefiel mir …

# 3
## »Zieh deine Schuhe aus, damit du schneller laufen kannst!«

»Warum bist du so anders?«, fragte mich Will Tremper. Er lehnte im Türrahmen seines Chefzimmers und beäugte mich von oben bis unten über seinen Brillenrand hinweg. Er hatte einen dicken Bauch, sein Hemd hing aus der Hose, und er paffte an einer Zigarette. »Ich bin ein Kind der Liebe«, antwortete ich. Will Tremper war Star-Journalist, Filmregisseur, Zeitschriftenmacher und spielte eine große Rolle in meinem Leben. Er wurde mein Vaterersatz, mein Mentor, mein Wegweiser. Später, als ich beruflich auf eigenen Beinen stand, sagte seine Frau Celia: »Mein Mann hat sie entdeckt!«
Nach anderthalb Jahren Auslandsaufenthalt in Dublin und London war ich wieder in Deutschland und wollte nicht bleiben. Als 21-Jährige hätte das für mich bedeutet, mich in meiner Heimat, die mir so klein und eng vorkam, für immer und ewig niederzulassen. Ich kam bei den bildhübschen Zwillingsschwestern Chris und Jackie in der Maximilianstraße als Untermieterin unter. Wir kannten uns vom Mädchenheim. Ich wollte weiter in die große Welt. Nicht nach Frankreich, weil die Franzosen noch unnahbarer als die Engländer zu sein schienen. Deswegen dachte ich daran, in die französische Schweiz zu gehen, um Französisch zu lernen. Diesmal mit einer Freundin, um nicht mehr allein zu sein, was mir in

45

Dublin und London so schwer gefallen war. Ich wollte nicht hängen bleiben in München wie meine Freundinnen mit immer neuen Ausreden. Die eine: »Jetzt nicht, ich hab mir grade eine neue Couch gekauft.« Eine andere: »Ich bin verliebt, ich kann meinen Freund nicht alleine lassen.« Das sollte mir nicht passieren, schon als Kind hatte ich mir geschworen, dass mir nie ein Mann das Leben verpfuschen wird, wie es meiner Mutter passiert war.

Ich arbeitete als Aushilfe, jede Woche in einer anderen Firma. Ich bewarb mich als Stewardess bei PAN AM, kaufte mir dafür extra ein Tweed-Kostüm. Am 28. Juli 1967 um 11 Uhr 45 war mein Vorstellungstermin im Büro am Lenbachplatz. Sie lehnten mich wegen Übergewicht ab, obwohl ich wirklich nicht dick war.

Nachdem sich wochenlang keine Chance für mich auftat, um wieder in die Ferne zu ziehen, schwärmten mir Chris und Jackie von einer neuen Zeitschrift vor: »Das Projekt heißt *Orion*, und die vergeben Jobs … Das wär doch was für dich!«

Ich bemühte mich um einen Vorstellungstermin. Durch mein gutes Englisch hatte ich beste Chancen. Ich erzählte von meiner Liebe zur Fotografie. Personalchef Bert Nägerle mochte meine Art und plante mich für den Fotochef Kurt Kühne ein. Der war bei unserem ersten Gespräch nur an meinem Sternzeichen interessiert: Jungfrau. Das fand er gut. Zum Ersten des Monats hatte ich den Job in der Tasche. Ein paar Tage später klingelte das Telefon: »Können Sie nicht schon früher anfangen? Unser Herr Tremper braucht eine Aushilfe.«

Klar, sagte ich mir, ich kann das Geld gebrauchen. Am nächsten Morgen saß ich mit meinem neuen Dirndl, einem Geschenk von Mutti zu meiner Heimkehr, im Vorzimmer von Will Tremper, Schwanthalerstraße 19, Obergeschoss.

Die Bosse haben ihre Büros immer im obersten Stockwerk.

Zwei Schreibtische, einer war leer, der andere besetzt mit einer ununterbrochen telefonierenden Sekretärin. An der Wand des leeren Schreibtischs hing eine Pinwand, bestückt mit Zeitungsausschnitten von Will Tremper, die ich neugierig studierte, um mir während der Warterei die Zeit zu vertreiben.

Ein kleiner dicker Mann riss die Tür auf und brüllte: »Verbinde mich mit Derek vom Apple Büro in London.« Die Sekretärin telefonierte immer noch. Er stellte sich weder vor, noch sagte er »Guten Morgen«, nur »Mach schon, sofort ...« Diese Selbstverständlichkeit verunsicherte mich. So einfach ins Ausland telefonieren war ganz was Neues für mich. Ich wusste nicht, wie das geht. Ferngespräche in andere Länder waren bisher unbezahlbar für mich. Nachdem mir die Verbindung endlich gelungen war, kam Paris dran. Das war aufregend. Dann wurde ich ins Chefzimmer gerufen. Ich hatte den Test bestanden. Will Tremper saß hinterm Schreibtisch, Beine auf dem Tisch, eine Wolldecke auf dem Schoß. Er rauchte eine von vielen filterlosen Chesterfields und blätterte in Manuskripten. Es war ein Freitagnachmittag im Sommer 1967, und diese Begegnung veränderte mein Leben. Gott sei Dank bin ich hier nur zwei Wochen, dachte ich mir.

Sofort kam der nächste Befehl: »Zieh die Schuhe aus, damit du schneller laufen kannst!« Kein Problem für mich, ganz im Gegenteil, das barfuß Laufen war für mich ein reines Vergnügen im Gegensatz zum Trippeln in Stöckelschuhen. Ich ging von Stockwerk zu Stockwerk und lieferte dieses und jenes Schriftstück da und dort ab. Dabei begegnete ich Hagen + Prinz, dem legendären Zeitschriftenmacher-Paar. Herr Prinz warf einen missbilligenden Blick auf meine nackten Füße und wollte wissen, warum ich keine Schuhe trage. Ich erklärte es ihm. »Wenn Tremper will, dass Sie noch mehr ausziehen, dürfen Sie sich wehren«, blinzelte er mir zu. Okay!

Tremper wollte von mir kein Zeugnis sehen und stellte auch keine Fragen mehr, durch meine prompte »Kind der Liebe«-Antwort hatte ich seine Aufmerksamkeit. Er traute mir mehr zu als ich mir selbst. Er wollte mich behalten, und für den Fotochef wurde jemand anderes gesucht. Ich war dankbar für die Chance, ernst genommen zu werden und dazuzulernen.

Ich arbeitete gerne, und Privatleben vermisste ich nicht. Die Redaktion war für mich die Familie. Vom »Gasthof zur Post« war ich gewohnt, immer viele Menschen um mich zu haben. Bei Will gingen Stars aus und ein: von Hannelore Elstner zu Maria Schell, von Hilde Knef zu Harald Leipnitz. Dass es sich um berühmte Leute handelte, machte keinen großen Eindruck auf mich, weil sie sich bei Tremper wie alle anderen verhielten.

Will Tremper war eine Persönlichkeit, ein Star. Bei ihm lernte ich, nicht immer die volle Wahrheit zu sagen und wie wertvoll Telefonnummern sind. Wichtige Leute stehen nicht im Telefonbuch, diese Nummern bekommt man nur persönlich, d. h. man muss sie sorgfältig verwahren, damit man sie mit dem Bierfilz, der Serviette, dem Notizzettel nicht wieder verliert. Darauf achte ich bis heute.

Ich wurde das Maskottchen der Redaktion. Plötzlich verspürte ich Power. Nur mit meiner Hilfe konnten die Redakteure zu Will Tremper vordringen. Um sich bei mir einzuschmeicheln, landeten persönliche Geschenke zur Bestechung auf meinem Schreibtisch. Ich war beliebt. Ich kam mir sogar ein bisschen wichtig vor.

Sechs Monate später kam ein Brief vom Verlag Kindler + Schiermeyer ins Haus geflattert:

Sehr geehrtes Fräulein Schönberger,
ich freue mich, Ihnen heute mitteilen zu können, dass wir Ihr Gehalt aufgrund Ihres außerordentlichen Fleißes im

Sekretariat von Herrn Tremper ab 1.2.1968 auf DM 975 brutto erhöht haben. Bitte sehen Sie darin unsere Anerkennung für Ihre Einsatzfreude, die Sie ermutigen sollte, auch weiterhin mit gleichem Elan und gleicher Begeisterung bei der Sache zu sein.
Mit freundlichem Gruß
Ihr Dieter Schober

Dafür ließ ich auch den Terror über mich ergehen. Tremper feuerte mich 13 mal, und 13 mal holte mich sein schnauzbärtiger Assistent Rüdiger Bösewicht auf Trempers Befehl hin zurück. Wenn ich mich zu Hause hinterm Telefon versteckte, es einfach klingeln ließ, stand Rüdiger plötzlich vor meiner Wohnung, klingelte Sturm und zerrte mich an der Hand zurück ins Büro.
Ich arbeitete gern, und das sieben Tage die Woche, genau wie Tremper selbst. Von frühmorgens bis spät in die Nacht. Will konnte grausam sein. Einmal lud er die ganze Mannschaft zu einer angeblichen Besprechung zum Abendessen ein und verabschiedete sich gegen 21 Uhr: »Warte auf mich, ich komme wieder. Es gibt noch viel zu tun …« Manchmal saß ich bis zwei Uhr nachts da und schlief über der Schreibmaschine ein. In der Redaktion munkelte man, dass ich etwas mit ihm hätte, wie würde ich es sonst bei ihm aushalten und immer so spät arbeiten. »Wenn das so wäre, müsste ich nicht so viel arbeiten«, konterte ich.
Will kam erst gegen Mittag ins Büro, und wenn nicht die richtigen Brötchen auf seinem Schreibtisch auf ihn warteten, konnte ein Wutanfall den ganzen Tag verderben. Er rauchte wie ein Schlot und leerte den Aschenbecher ständig in den Papierkorb, der dadurch manchmal in Flammen aufging. Will hasste volle Aschenbecher.

49

Mit seinem Journalisten-Team, das er aus ganz Deutschland zusammenholte, arbeitete Tremper an einem »Lexikon der Erotik«. Es machte ihm Spaß, mich vor versammelter Mannschaft zum Erröten zu bringen. »Welche Ausdrücke kennst du für Möse?« Ich wusste nicht mal, was er meinte. »Auf welche Stellung stehst du?«

Tremper hatte noch eine ganz andere Wirkung auf mein Leben. Ich hatte erst mit einem Mann geschlafen und keinen Freund. An einem der vielen Abende, an dem wir bis Mitternacht arbeiteten, setzte er mir zu: »Was ist eigentlich los mit dir und den Kerlen? In deinem Alter war ich schon zum dritten Mal verheiratet. Erleb doch mal was, trau dich …«

Seine Bemerkung machte mich rasend vor Wut einerseits, und andererseits war ich tief getroffen, weil er Recht hatte. Und ich dachte nur: »Dir werd ich's zeigen … Ich bin kein Mauerblümchen!«

Noch am gleichen Abend ging ich in eine Weinstube an der Leopoldstraße, die ich von Jackies und Chris' Erzählungen kannte, um einen Typen kennen zu lernen. Uli hieß er, ein Schauspieler aus Uschi Glas' Erfolgsfilm »Zur Sache, Schätzchen«. Einige Stunden später landeten wir auf irgendeinem Bauernhof außerhalb von München, den sich Künstler und Aussteiger teilten. Am nächsten Morgen wachte ich neben Uli auf und war stolz auf mich: Na siehste, ich kann's! Tremper soll sich bloß nie mehr über mich lustig machen! Uli war ein lieber Kerl und hatte eine feste Freundin, mit der auch ich befreundet war. Erstaunlicherweise war sie mir überhaupt nicht böse, sondern erleichtert, als sie ihn sicher auf dem Bauernhof wusste.

Das war der Anfang meiner One Night Stands. Aids war damals kein Thema, wir lebten nach dem Motto »Make love, not war«. Ich riss Männer auf, wie man damals so sagte, hatte

Sex, und am nächsten Morgen war ich wieder weg, schneller als der Typ. Ich wollte nie verlassen werden. Ich wollte mich gegen Gefühle abhärten, genau wie damals bei meinem Vater in Fischbachau, wo ich mir geschworen hatte, nie mehr zu weinen, weil er mich als Heulsuse abstempelte.

Einen Orgasmus hatte ich nie. Als Frau muss man sich hingeben, sagten meine Freundinnen. Und das kam für mich nicht in Frage. Keiner sollte mir das Herz brechen. Ich wollte sein wie die Männer. Der Sex interessierte mich weniger, mir ging's darum, in den Arm genommen zu werden, nicht immer alleine zu schlafen und um cool zu sein. Trotzdem träumte ich weiterhin von der großen Liebe. Von einem Prinzen, der mich eines Tages rettet. Warum hat man uns Mädchen nur diesen Floh ins Ohr gesetzt?

Will Tremper prophezeite mir meine Zukunft: »Erst gehst du nach London, dann nach New York, und in Hollywood bleibst du hängen. Dazwischen lernst du einen Typen vom Land kennen und wirst heiraten.« Prost Mahlzeit, dachte ich mir. Der hat Vorstellungen. Ich wollte so sein wie Marianne Schmidt, Starschreiberin von *Jasmin*. Sie wurde auf Reisen in fremde Länder geschickt, um interessante Menschen zu interviewen. Ich saß immer auf dem gleichen Stuhl, kochte Kaffee, lehrte Aschenbecher aus und beantwortete das ständig klingelnde Telefon. Chefsekretärin war meine Berufsbezeichnung. Gelernt hatte ich das nicht. Tremper schätzte meine Zuverlässigkeit und empfahl mich weiter. Lazzorini, einer unserer besten Fotografen, quälte sich mit Spesenabrechnungen: »Lass Frances ran«, sagte Will, »wenn die was in die Hand nimmt, zieht sie es bis zum Ende durch.«

Nach einem Jahr war ich bei meinem Arbeitspensum als Trempers Vorzimmerdame ausgebrannt. Durch seine Vermittlung schickte mich der Verlag nach London, als Assistentin von Johannes Leeb, dem dortigen Korrespondenten. Dunkles Büro an der Fleetstreet mit antiquierter, vergammelter Einrichtung, die Wohnung teilen mit Friseurinnen, zugige, schlecht geheizte Räume mit alten stinkigen Teppichen. Wieder einmal zog ich unglücklich von einem möblierten Zimmer zum andern um.

Außer italienischen Kellnern war es schwer für mich, Menschen kennen zu lernen. Man sagt, es dauert zwei Jahre, um in englische Kreise vorzudringen. Aber so viel Zeit war mir das nicht wert. Beruflich sah ich auch keine Möglichkeit, mich weiterzuentwickeln. Ich suchte Trost beim Essen und stürzte mich von einer Diät in die andere. Damals war die Reis-Diät aktuell, tagelang ernährte ich mich von kaltem Reis, bis ich durchdrehte vor Heißhunger und vor dem Essen schon das ganze Brot im Körbchen verschlang. Ich konnte keinem Automaten mit Süßigkeiten widerstehen, während ich in nasskalten U-Bahn-Stationen auf den nächsten Zug wartete.

»A phonecall can change your life«, war mein liebstes Sprichwort, weil es Hoffnung versprach. An einem trostlosen Montagmorgen meldete sich Will Tremper aus München: »Pack deine Koffer. Du wirst hier gebraucht. Die Knef schreibt ein Buch. Ich hab sie endlich überzeugt und ihr dafür meine Schreibmaschine vermacht – und dich. Sie braucht deine Hilfe. Nur du kommst in Frage!« Der Abschied von London fiel leicht, genau wie bei meinem ersten Aufenthalt.

# 4
## Der geschenkte Gaul

»Komm, wann du willst«, sagte David Cameron zu mir, der neuen Privatsekretärin von Hilde Knef. Feste Arbeitszeiten gab es nicht. Ganz neu für mich, diese Freiheit. Hilde lebte mit ihrem schönen englischen Ehemann und Baby Tinta in Kempfenhausen am Starnberger See. Manchmal tauchte ich erst um drei Uhr nachmittags auf. Keine Vorwürfe, höchstens Besorgnis. Zug von München nach Starnberg, vom Starnberger Bahnhof zu Knefs Haus am See mit dem Taxi, immer mit dem gleichen Taxifahrer.

Hilde arbeitete an ihrem ersten Buch: *Der geschenkte Gaul.* Sie schrieb im Gästehaus, ich tippte ihr Manuskript im Esszimmer ins Reine, und David Cameron übersetzte im Arbeitszimmer alles ins Englische. Damals gab es noch keine Computer mit Schreibprogrammen. Ihre Satzstellung mit den vielen Kommata machte mir Probleme. Wenn ich nur ein Komma übersah, musste die ganze Seite nochmals fein säuberlich getippt werden.

Außerdem war ich für die Fanpost zuständig. Frau Knef nahm ihre Fans sehr ernst. Sie bestand darauf, dass jeder Brief mit ihrer persönlichen Unterschrift versehen beantwortet wurde. Ich lernte die Antwort in ihrem Stil und Ton zu formulieren. Zwischendurch arbeitete ich an einem Fotoalbum, in das sie mich alle Zeitungsausschnitte über sich einkleben ließ. Dieses Album sollte später einmal die Tochter zur Erinnerung an ihre Mutter bekommen.

Es war eine idyllische Zeit für die kleine Knef-Familie. Das Telefon klingelte nie. Es war abgestellt. Nichts sollte vom Schreiben ablenken. Keine Gäste. Kein Radio, keine Musik, nicht einmal – oder schon gar nicht – Knef-Platten. Während der Schreiberei kümmerte sich Gerda, die Haushälterin, ums Kind. Nachdem Hilde ihre Tinta am Abend ins Bett gebracht hatte, telefonierte sie regelmäßig mit Carrol Righter in Hollywood. Er war ein berühmter Astrologe, von dem sie sich beraten ließ: wann sie die ersten Seiten ihres Buches vorzeigen sollte, was der beste Tag für einen Zahnarztbesuch war, was das beste Datum für die Manuskriptabgabe sein könnte, der beste Tag für die Veröffentlichung. Auch von einer Kartenlegerin in München hielt sie sehr viel, weil die ihr als Einzige den genauen Geburtszeitpunkt des Kindes und die Tatsache, dass es eine schwere Geburt werden würde, vorausgesagt hatte. Es stand in den Sternen: Das Buch sollte ein internationaler Bestseller werden.

Hildegrad Knef war kein einfacher Mensch: sensibel, unsicher, fordernd, selbstverliebt, misstrauisch, himmelhoch jauchzend, zu Tode betrübt. Eine Perfektionistin. Raue Schale – weicher Kern. Wie die meisten Künstler, aber das wurde mir erst später bewusst.

Hilde brauchte in Kempfenhausen absolute Ruhe zum Arbeiten. Der einzige Mensch, der diese Idylle stören durfte, war der Briefträger, der irgendwann nicht mehr kam, weil ihn ein Hund der Knef gebissen hatte. An einem Nachmittag bekam Hilde einen Tobsuchtsanfall. Das Geräusch einer Baumsäge in der Nachbarschaft brachte sie total aus der Fassung. Sie konnte sich nicht mehr konzentrieren, konnte nicht mehr schreiben, bekam Migräne. Hilde tobte, und Cameron musste sich auf den Weg machen, um die Arbeiter zu finden und sie zu bitten, mit dem Lärm aufzuhören: Frau Knef schreibt!

Wenn sie unter dem Föhn litt, war die Luft zum Schneiden. Vor ihren Launen hatte ich Angst. Jähzorn, Wutanfälle, laute Worte. An einem dieser schlechten Tage hatte die österreichische Köchin ihren freien Tag, und Hilde wollte selbst ein Essen zubereiten. In der Küche war sie ziemlich hilflos, und sie verbrannte sich die Hand. Daraufhin bekam sie einen Wutanfall und schlug mit den Fäusten gegen die Küchenschränke. Sie hatte immer Angst, dass sie vergiftet werden könnte. Bei einem Mittagessen – Gerda und ich gehörten zur Familie und saßen mit am Tisch – riss Hilde uns plötzlich die Teller mit dem Fleisch weg und feuerte alles, was auf den Tellern lag, theatralisch in den Abfalleimer: »Gerda, mach uns Spiegeleier. Das Fleisch ist nicht gut, lebensgefährlich, man will mich vergiften.«

Ich bewunderte David Cameron dafür, wie er mit Hildes Launen umging: immer der englische Gentleman, der die Ruhe behielt, geduldig und sanft. Er liebte sie. Kein lautes Wort von ihm. Bei einem drohenden Streit am Gewitterhimmel verabschiedete er sich grinsend auf echt bayerisch: »D' Frau spinnt« – und machte sich mit Tinta aus dem Staub. Spaziergang am Starnberger See.

Ich wusste immer, wann eine Liebesnacht stattgefunden hatte, da war die Knef wie ein kleines, vergnügtes Mädchen: verliebt und weich. Liebkosungen hab ich zwischen den beiden nur selten beobachtet. Nicht in der Öffentlichkeit. Dafür war sie zu sehr die Knef. Der schlaksige David Cameron legte jedoch häufig beschützend den Arm um seine zierliche Frau. Die Beschreibung meiner Tochter hätte auch auf die Knef zugetroffen: »Mama is only rough on the outside!«

Zu Hause, fern vom Scheinwerferlicht, sah sie aus wie ein altes Muttchen. Die blonden Haare hochgesteckt, ohne ihre angeklebten Wimpern und die schwarz umrandeten Augen war sie sich kaum ähnlich. Und sie wackelte ununterbrochen mit dem Kopf. Warum, wurde mir nie klar. Nervosität? Ein Tick?

Manchmal holte mich das Ehepaar nach einem Einkauf in München ab. Ich fand es spannend, hinter der Knef im Auto zu sitzen und zu beobachten, wie Menschen auf sie reagierten und wie sie damit umging, erkannt zu werden. Sie konnte sich zwar aufregen über Gaffer, aber viel schlimmer war es, wenn sie nicht wahrgenommen wurde. Diese Beobachtung bestätigte sich immer und immer wieder: Berühmtheiten klagen darüber, ständig erkannt zu werden, aber wehe das passiert nicht, dann geraten sie in Panik: Liebt mich denn keiner mehr? Thomas Gottschalk blühte auf, wenn ihn an der Tankstelle in Los Angeles wenigstens jemand wegen seines Bentleys ansprach …

Von der Knef hab ich etwas ganz Entscheidendes gelernt: Disziplin. Und die hat mich auf meinem weiteren Lebensweg begleitet und immer wieder über Wasser gehalten. Die Hilde setzte sich jeden Tag hinter die Schreibmaschine, egal wie viele Seiten sie zustande brachte. An guten Tagen schaffte sie bis zu sechs Buchseiten. Es gab aber auch Tage, wo das Blatt leer blieb. Da konnte sich ihre Stimmung wie aus heiterem Himmel um 180 Grad drehen.

Das Leben eines Stars hatte ich mir aufregender vorgestellt, abwechslungsreicher: tippen und tippen und wieder tippen – entweder das Buch oder Fanpost. Totenstille im Haus. Meine Freunde und Familienangehörigen waren beeindruckt und fasziniert von meinem Job. Ich war gelangweilt. Mir fehlten Menschen. Ich fühlte mich einsam.

Plötzlich tauchte Will Tremper, mein Mentor, mein Wegweiser, im Sommer 1969 wieder in meinem Leben auf: durch seine Empfehlung interessierte sich das New Yorker Büro für meine Mitarbeit. Die Knef reagierte verständnisvoll und ließ mich ziehen. »Schade, dass du nicht länger bei mir bleibst. Aber New York ist eine tolle Chance für dich. In New York sehen wir uns bestimmt wieder ...«, sagte sie zum Abschied und küsste mich auf beide Wangen.

Am gleichen Tag besuchte mich meine Mutter in München, um mir bei der Einrichtung meiner ersten, gerade angemieteten Einzimmer-Neubau-Wohnung in Schwabing zu helfen. Wir kauften ein Bett, einen Kühlschrank, einen weißen Teppich, einen Kleiderständer. Erst am Nachmittag platzte ich mit der Neuigkeit heraus: »Mutti, in fünf Tagen werde ich in New York erwartet. Das ist eine Riesenchance für mich. Wenn ich nach einem Jahr zurückkomme, dann habe ich mit dieser Erfahrung in der Redaktion mehr Chancen, als nur Kaffee zu kochen und Aschenbecher zu leeren.« Traurig wünschte sie mir Glück und fuhr zurück nach Niederbayern. Ganz schnell vermietete ich meine halb eingerichtete Wohnung unter und packte meine Koffer.

# 5
## Liebe auf den ersten Blick

Juli 1969 – plötzlich war ich auf dem Weg nach New York. Von Amerika hatte ich nie zu träumen gewagt, das schien mir unerreichbar. Nun holten mich Kolleginnen vom New Yorker Verlagsbüro vom Flughafen JFK ab. Diese herzliche Geste ließ mich meine Angst vor der Fremde vergessen. Ich hatte zwei Koffer und einen Job in der Tasche.

Vor dem klapprigen Yellow Cab Tax, auf einem verstopften Highway durch Queens an einem Friedhof vorbeifahrend, tauchte plötzlich in der Ferne ein langer schmaler Teppich von Wolkenkratzern auf, rundherum von Wasser umgeben, wie eine Ritterburg: Manhattan, eine einzigartige Insel. Grabsteine im Vordergrund, die New Yorker Skyline im Hintergrund. Einmalig, atemberaubend und etwas furchterregend.

Es war heiß und schwül. Ein Klima, das ich noch nicht kannte. Meine Bluse war durchgeschwitzt, meine Oberschenkel klebten aneinander, die Haare platt, der Schweiß lief. Ich kurbelte das Taxifenster runter und war dankbar für den windigen Durchzug. Kriechender Verkehr, vorbei an zweistöckigen Häuschen, deprimierenden lieblos gestalteten Wohnblöcken, Highways und Brücken, übereinander, untereinander. Nach circa 45 Minuten überquerte unser Taxifahrer den East River auf der 59th Bridge und tauchte in die Häuserschluchten von

Manhattan ein. Mysteriöser Dampf quoll aus Kanaldeckeln. An einer roten Ampel spürte ich die Straße beben. »Das ist nur die U-Bahn«, beruhigte mich Constance. Nichts erinnerte mehr an das gemütliche München, das ich am Morgen des gleichen Tages verlassen hatte. Nichts mehr war überschaubar oder gar dörflich. Keine soliden schwarzen Mercedes-Taxis mehr, sondern Hunderte von gelben Cabs. Auf der Sixth Avenue sah ich mehr Taxis als Personenwagen. »Diese rollenden Schrotthaufen würde der deutsche TÜV nie durchlassen«, bemerkte ich. »Vergiss es. Du bist jetzt in New York«, antwortete Constance trocken. Ein Vergleich war sinnlos. Das wurde mir mit jeder Minute klarer.

New York City geht nie schlafen, die Stadt lebt Tag und Nacht. Sirenen, Autohupen, hastende Menschen, offene Geschäfte rund um die Uhr. Ich war am frühen Abend eingetroffen, für mich war es durch den Zeitunterschied von sechs Stunden schon mitten in der Nacht. Die erste Nacht erlebte ich mehr dösend als schlafend, in einem Hotel am Times Square. Die antiquierte Klimaanlage brummte und summte die ganze Nacht. Meine Matratze war alt und durchgelegen. Die amerikanische Art sich zuzudecken – ein Leintuch mit rauer Wolldecke darüber, beide streng unter die Matratze gesteckt – war total ungewohnt für mich: Ich kam mir vor wie aufgebahrt. Die ewig blinkenden Leuchtreklamen raubten mir die letzte Ruhe.

Am nächsten Morgen machte ich mich gerädert und neugierig auf in den Frühstücksraum. Ich setzte mich auf einen Barhocker an eine runden Theke und bestellte Rühreier mit Toast. »Tomaten oder French Fries, Honey?«, fragte meine Bedienung in gelber Uniform, zog ihren Schreibstift hinterm Ohr hervor und notierte meine Bestellung. Ketchup, Salz und Pfeffer, Zucker und Milch standen schon vor mir. Und ein

Glas Wasser mit Eis. Das ist ja wie im Film, dachte ich: Ich bin tatsächlich in Amerika!

Ein junger Amerikaner in Anzug und Krawatte setzte sich neben mich: »Hi. How are you this morning?«, sagte er zu mir und studierte die Speisekarte. Das war für mich Liebe auf den ersten Blick mit Amerika. Der kannte mich doch gar nicht! Das war mir in Deutschland oder in England nie passiert, dass mich ein wildfremder Mann danach fragt, wie es mir geht. Dazu verwickelte er mich spontan und unkompliziert in ein Gespräch. Diese amerikanische Freundlichkeit und Leichtigkeit gefiel mir. Ich fühlte mich nicht mehr wie eine Fremde. Ich fühlte mich zu Hause. Er stellte sich vor: »Ich heiße Bob. Und du?« Er war aus dem Mittleren Westen gerade in New York City eingetroffen, wie ich, um seinen neuen Job bei einer Bank anzutreten. Begeistert beschrieb er den Ausblick aus dem Apartment, das ihm die Firma zur Verfügung gestellt hatte. Mir stand die Suche noch bevor.

Auf dem Weg ins Büro begegnete ich einer bunten Mischung von Menschen: Geschäftsmänner mit Aktenkoffern, Prostituierte mit tiefen Ausschnitten, Obdachlose in zerlumpten Klamotten, elegante Frauen in hochhackigen Schuhen – Menschen jeder Hautfarbe: schwarz, weiß, braun, gelb.

Das Kindler + Schiermeyer-Büro befand sich an der 42nd Street, um die Ecke vom Times Square, gegenüber der Public Library. Die Gegend galt als unsicher, obwohl sich in diesem Bezirk zwischen vielen Pornokinos auch der Broadway mit seinen Theatern befand. Unser Büro lag im 2. Stock, ohne Fenster, ohne Tageslicht, aber schön kühl. Und es herrschte eine gute Stimmung. Überhaupt nicht steif, ganz entspannte Umgangsformen.

Niels Paulsen war mein Chef, er war Deutscher, aber sehr amerikanisiert: locker und freundlich, nicht von oben herab,

kein autoritäres Gehabe, kein »Mach mir mal Kaffee, Kleine«.
Nix mit »Herr Paulsen«, sondern gleich per Vorname. Er war
lustig, seine Frisur wie ein schlechtes Haarteil. Er war der einzige Mann mit drei Assistentinnen und einer Buchhalterin.
Die Buchhalterin war Niels' Ehefrau. Sie liebte Mode und war
immer extrem adrett gekleidet. Inge war ein Schatz, hilfsbereit und herzlich kümmerte sie sich um uns deutsche Redaktions-Mädels. Ich staunte über Niels' auf Hochglanz polierte
Schuhe. »Das liegt nicht an meiner Frau, das ist der Job des
Schuhputzers«, lachte er, »die haben nicht nur Stände in den
U-Bahn-Stationen, sondern kommen auf Wunsch auch ins
Büro.« Das sollte man in Deutschland einführen, dachte ich
mir.

Nachdem mir ein Schreibtisch direkt neben der knatternden
Klimaanlage zugewiesen wurde, saßen wir zusammen, um die
Tagesthemen zu besprechen. Das Büro war zuständig für die
Zeitschriften *Jasmin*, *Eltern*, *Twen* und *Bravo*. Jede Redaktion
stellte eigene Anforderungen an Text und Fotos und hatte
individuelle Wünsche, die immer schon gestern erledigt sein
sollten.

Es war der 15. Juli und mein erster Arbeitstag. Nichts mit
langsamem Einleben ... Gleich ins kalte Wasser springen!
»Mach mal«, sagte Niels und legte mir meinen ersten Auftrag
auf den Tisch: die Chappaquiddick-Akte: Ted Kennedy war
nach einer Party unter Alkoholeinfluss von einer Landstraße
abgekommen und mit seinem Auto unter der Hyannis Port
Brücke ins Wasser gefahren. Seine Beifahrerin, Mary Jo Kopechne, war dabei ertrunken, er hatte sich gerettet. Diese Tragödie beendete seinen politischen Traum, in die Fußstapfen
seiner Brüder zu treten: »Edward Kennedy for President« –
das war damit Vergangenheit ...

Niels hatte vom *Boston Globe* den zuständigen Journalisten, der vor Ort an dieser Story recherchierte, angeheuert. Mich teilte er dafür ein, alle Informationen, Artikel und Fotos für unser Münchner Büro zusammenzustellen. Das hätte ich mir selbst nicht zugetraut. Englisch hatte ich zwar in Irland und London gelernt, aber das Amerikanische war mir neu, und es kostete mich große Anstrengung, den Akzent zu verstehen. Ich musste mindestens zweimal nachfragen, bevor ich kapierte, was Bill, der *Boston Globe*-Starjournalist, mir zu erklären versuchte. Aber der Mann war nicht nur geduldig, sondern sehr kollegial und kein bisschen arrogant.

Mit dieser Story lernte ich das Schwimmen und legte los. Mit hochrotem Kopf und klopfendem Herzen telefonierte ich tapfer mit amerikanischen Journalisten, kaufte Storys und Informationen, sammelte Material. Ich war verantwortlich dafür, sämtliche Informationen zu beschaffen und nach München in die *Jasmin*-Redaktion weiterzuleiten. Ganz schnell fühlte ich mich nicht mehr fremd, und ich blühte auf. Niemand interessierte sich für meinen Nachnamen oder wer mein Vater war, sondern nur für das, was ich selbst auf die Beine stellte.

Meine Kollegin Constance Regnier war einige Monate zuvor eingetroffen und hatte schon Erfahrung mit den amerikanischen Umgangsformen. Sie nahm mich unter ihre Fittiche. Ohne sie hätte ich diese irrsinnig große Umstellung nicht geschafft. Mit ihr erlebte ich eine tiefe Freundschaft, wie ich sie bisher in meinem Leben noch nicht gekannt hatte. Sie war für mich da, auf sie konnte man sich verlassen. Keine Zeit und kein Grund für Heimweh: vom Aschenbecher ausleeren bei Will Tremper über die Einsamkeit der Tippenden bei Hilde Knef plötzlich inmitten internationaler Schlagzeilen.

Vier Wochen später verließ ich zum ersten Mal die Stadt. Eine Kollegin aus dem Büro nahm mich mit aufs Land, nach

Upstate New York, wo sie sich mit ihrem amerikanischen Freund ein Wochenendhäuschen teilte. Bis dahin hatte ich mir ganz Amerika wie New York City vorgestellt, wie man es von Postkarten her kennt: Wolkenkratzerschluchten. Nach kurzer Zeit auf dem Highway wurde es dagegen plötzlich ländlich, und sogar das Klima änderte sich. Wir ließen die unerträgliche feuchte Hitze hinter uns und kämpften uns durch plötzliche Regenstürme und unglaublichen Verkehr.

An diesem Wochenende war ein Rockfestival geplant: Woodstock. Und nicht nur ich war naiv. Niemand hatte mit 250 000 Zuschauern gerechnet oder damit, dass das Woodstock Festival legendär werden würde. Es war wahnsinnig aufregend. Mein Akzent machte mich unter all den Amerikanern nicht zum Außenseiter, sondern zur Attraktion. Ob schwarz oder weiß, dick oder dünn, in Woodstock gehörte man zusammen. Rock'n'Roll hatte Hunderttausende zusammengebracht und das wurde gefeiert. Man träumte, man flippte aus. Es war ein Fest der Jugend. »Mein Gott, sind die Leute alle nett«, staunte ich, während ich auf der matschigen, aufgeweichten Wiese geduldig auf die nächste Rock-Gruppe wartete. Happy people. Man nahm Drogen, um Songs über Drogen zu verstehen. Damals war noch keiner daran gestorben. Dass in Woodstock alle »stoned« waren, wurde mir erst viel später klar. Nur ich hatte nichts genommen, und deswegen machte mir der Schlamm, der Matsch von den vielen Regengüssen so zu schaffen. Ich sehnte mich nach einer Dusche. Manche zogen sich einfach aus, entledigten sich der nassen Kleider und tanzten splitternackt ... Ich war noch zu verklemmt.

Im Gegensatz zu London war es unglaublich leicht, Menschen kennen zu lernen. Aber außer Constance und den Mädchen im Büro hatte ich keine Freunde. Während der Woche fiel mir das wegen der intensiven Arbeit gar nicht auf. Am Wochenende allerdings fühlte ich mich ein bisschen verloren. Ich war dankbar und begeistert, dass die Kaufhäuser sieben Tage die Woche geöffnet waren. Monatelang verbrachte ich meine Sonntagnachmittage bei Bloomingdales, ließ mich kostenlos schminken, probierte Designermode und Perücken. Aber ich hasste es, mich im Spiegel zu sehen. Die unvorteilhafte Beleuchtung in den Umkleidekabinen löste jedes Mal eine Depression aus, und jeden Montagmorgen begann ich mit einer neuen Diät.

Nach einem kurzen Hotelaufenthalt fand ich meine erste Wohnung in der 73. Straße. Uptown. Eastside. Eine der besten Gegenden. Meine Bleibe war ein vergammeltes, möbliertes Zimmer, das ich von oben bis unten reinigte, wie ich es im Hilton Hotel in London so gründlich gelernt hatte. Die verräucherten, abgeblätterten Wände habe ich auf eigene Kosten streichen lassen. Das Badezimmer war ohne Fenster, und in meine Bude kam auch kaum Licht. Im Wandschrank befand sich eine Kochplatte. Mein amerikanisches Bett bestand aus einem gefederten Matratzengestell, auf dem eine separate Matratze lag. Das war ideal für Besucher. Als gute Gastgeberin legte ich die Matratze auf den Fußboden und schlief selbst auf dem harten Gestell.

Petra Schnitt war mein erster Gast. Sie war meine Nachfolgerin als »Mädchen für alles« bei Will Tremper und an seiner Seite, als er seinen Lebenstraum verwirklichte: Tremper drehte seinen ersten Film in Amerika, in Hollywood und in New York City: *»How does a girl like you end up in a business like that?«* (*Wie kommt ein so reizendes Mädchen zu diesem Gewerbe?*) Barbie Benton war sein Star, Playgirl und Hugh Hefners Freundin. Das Drehbuch stammte von Tremper, und er führte selbst Regie.

Nach Drehschluss wollte Schnittchen nicht mehr zurück nach Deutschland. Petra war selbstbewusster als ich, sie sah sich als Schreiberin. Ich beobachtete sie an meinem kleinen Schreibtisch in meinem dunklen Zimmerchen, wie sie nächtelang an ihrer ersten Story für Niels Paulsen arbeitete. Sie hatte Talent. Paulsen wollte sie in New York behalten. Durch einen Telefonanruf wurde Petras New York-Traum schlagartig beendet: ein Todesfall in der Familie. Ich brachte sie zum Flughafen. Heute ist sie Textchefin beim *Stern*.

Niels Paulsens »Mach mal« hatte eine unglaublich positive Wirkung auf mich. Ich arbeitete mich hoch, meine Selbstzweifel wurden weniger, und innerhalb eines Jahres verdoppelte ich mein Einkommen. Ich blühte auf.

Niels Paulsen musste unterdessen nach Hollywood, weil in Beverly Hills ein Massaker stattgefunden hatte. Sharon Tate, die hochschwangere Frau von Roman Polanski, wurde brutal ermordet in ihrem Haus entdeckt. Überall Blutlachen. Die Mörder hatten mit Messern gewütet und alle an diesem Abend Anwesenden erstochen. Todesangst herrschte in Hollywood. Monatelang kursierten nur Gerüchte. Jeder Journalist, jede Zeitung wollte den Täter finden. Ein Foto im *LIFE*-Magazine, wo der vom Leid gebrochene Polanski neben einer Blutlache am Hauseingang kauert, bleibt mir in ewiger Erinnerung. »PIG« stand an der Eingangstür mit dem Blut seiner toten Frau geschrieben. So musste er sich als kleiner Junge ohne elterlichen Schutz im Warschauer Getto gefühlt haben, auf der Flucht vor den Nazis, sterbende Menschen um ihn herum. Das Schicksal hatte ihn wieder eingeholt. Natürlich konnte Niels den Mord nicht aufklären, das gelang keinem Journalisten, auch wenn *Jasmin* das vielleicht von ihm erwartet hatte. Auf jeden Fall war er froh, schnell wieder nach New York zurückzukommen.

Nachdem ich ein bisschen Geld zur Seite gelegt hatte, begab ich mich wieder auf Wohnungssuche. Ich wollte endlich nicht mehr möbliert wohnen. An der Second Avenue fand ich eine kleine Wohnung, die mir mein Budget erlaubte, und ich unterschrieb einen Mietvertrag für ein Jahr. Das Wichtigste war für mich: sauber und hell. Zum Einzug kaufte ich mir eine Schaumgummimatratze. Mehr brauchte ich nicht. In Amerika sind Einbauschränke und vollausgestattete Küchen eine Selbstverständlichkeit. Ich hatte nur übersehen, dass sich genau gegenüber eine Feuerwache befand. Keine Nacht ohne Alarm. Selten eine ruhige Nacht zum Durchschlafen, und ich übernachtete regelmäßig bei Freundinnen auf der Couch, um mein Schlafdefizit aufzuholen.

In New York hält man sich nicht viel zu Hause auf, die kleinen Wohnungen sind dafür nicht geeignet, sie haben kaum Tageslicht, Küchen sind in Schranknischen eingebaut, das Bett wird aus der Wand geklappt. So ging ich viel aus und lernte jeden Abend neue Menschen kennen. Mit Freaks fühlte ich mich am wohlsten, sie sind die Ehrlichsten in der New Yorker Gesellschaft.

Ich legte mir ein gelbes Klappfahrrad zu und radelte jeden Abend ins »Max's Kansas City« an der Park Avenue South am Union Square. Dort traf man sich: Fotografen, Journalisten, Modeleute, Freaks, Andy Warhol-Typen, Künstler. Das wurde mein zweites Zuhause. Warhol's Factory war schräg gegenüber, dort ging ich ein und aus. Einmal stand er mit einem Freund vor meiner Tür und wollte meine Telex-Maschine im Schrank sehen. Das interessierte ihn. Leider war ich nicht zu Hause.

Aus dem »Max's« schleppte ich die Männer ab, das war in den 70ern ganz selbstverständlich: einen schwarzen Fotografen, der mit seinen beiden Doggen jeden Abend am gleichen

Tisch saß, oder einen Japaner, den ich endlich mal vernaschen wollte, um am nächsten Morgen festzustellen, dass er Chinese war …

Im Schlepptau von Holly Woodlawn, einem berühmten Warhol-Transvestiten, begab ich mich auf nächtliche Partie-Runden. Um ein bisschen Geld zu verdienen, vermittelte ich die blonde »Candy Darling« für einen Auftritt nach Deutschland. Nachts im dunklen »Max's« strahlte ihr schönes Gesicht, ihre Haut porzellanweiß, wie die vom schlafenden Dornröschen. Im Reisebüro bei Tageslicht wurde mir durch ihre nachgewachsenen dunklen Bartstoppel klar, wie viel Arbeit hinter diesem Glamour steckte.

Plötzlich waren zwei Jahre vergangen, und ich hatte ganz vergessen, dass ich nur ein Jahr bleiben wollte. Unser Büro in der 42. Straße platzte aus allen Nähten, und wir suchten nach neuen Räumen. 36 Gramercy Park East wurde unsere neue Adresse. Eine edle Wohngegend. Keine Büroatmosphäre, wunderschöne Altbauräume mit Blick auf den Gramercy Park. Niels Paulsen wurde befördert und nach Deutschland abberufen, Dudley Freeman, Engländer und Freund von Niels, dessen Nachfolger. Durch Niels Paulsens großzügige Art hatten wir, seine Assistentinnen, uns beruflich enorm weiterentwickelt und waren gewohnt, eigene Entscheidungen zu treffen. Der neue Bürochef war anders, Constance und ich kamen mit unserem neuen Boss nicht klar. Wir vermissten sein Zutrauen in uns.

Meine nächste berufliche Chance ergab sich an einem hektischen Nachmittag durch einen Besuch aus Deutschland: Liselotte Krakauer, die *Bravo*-Chefredakteurin. Sie beobachtete mich, wie ich fröhlich wirbelte, mich durchsetzte, mich am Telefon nicht abwimmeln ließ, und ermutigte mich, sie bei meinem nächsten Besuch in München unbedingt zu besuchen: »Lass uns reden ... So eine wie dich könnte ich gut gebrauchen!« Daran erinnerte ich mich, als mich an einer Greyhound-Bushaltestelle irgendwo in New Mexiko die Nachricht erreichte, dass mich Dudley Freeman während meiner Ferien entlassen hatte!

Auf meinem hastigen Rückflug nach New York schluchzte ich ununterbrochen und erinnerte mich an einen Artikel über Aristoteles Onassis, in dem er sagte, man müsse erfolgreich auftreten, um ernst genommen zu werden und gute Deals auszuhandeln. Und dazu gehöre die richtige Gesichtsfarbe. Also machte ich mich auf den Weg nach München – mit einem Zwischenstop auf den Bahamas für die nötige Sonnenbräune, um selbstbewusst bei Frau Krakauer vorzusprechen. Es funktionierte: Mit einem Vertrag in der Tasche als ihre New Yorker Korrespondentin flog ich zurück nach Amerika.

Ich suchte mir eine neue Wohnung, die zugleich als *Bravo*-Büro dienen sollte. 23. Straße, 14. Stock, viel Himmel und Licht, ein traumhafter Ausblick auf die Twin Towers an der Wallstreet, mit über 130 Stockwerken die höchsten Wolkenkratzer von New York. Ein schwarz gestrichener Schreibtisch stand am Fenster, an der Wand entlang waren Regale, die ich rot gestrichen hatte. Das Telefon war auch rot. Das war mein Kindheitstraum: Ich stand im Telefonbuch, hatte mein eigenes Telefon mit zwei Nummern und drei Apparate in der Wohnung, ein rotes auf dem Schreibtisch, ein weißes an der Küchenwand und ein kleines schwarzes neben dem Bett.

Der Inhalt meines Kühlschranks war nie einladend. Am liebsten aß ich getoastete English Muffins (hatten die wenigsten Kalorien) mit Creamcheese und Honig oder Marmelade drauf. Ich wollte nicht kochen können. »Jemanden zum Essen einladen, zum selbst gekochten Essen, ist für mich etwas Intimes. Und ich werde nie intim, nicht mal beim Geschlechtsverkehr«, schrieb ich in mein Tagebuch.

Zum ersten Mal war ich mein eigener Boss. Niemand machte mir Vorschriften, niemand sagte mir, was ich tun sollte. Wie gelähmt saß ich vor meinem Schreibtisch und starrte aus dem Fenster. Dagmar, eine blonde amazonenhafte Fotografin aus Österreich, und ich waren ein Team. Meist berichteten wir über Rockkonzerte.

Im Juni 1971 hatten wir einen Pressetermin mit Clint Eastwood. Der Anlass: sein neuer Film *Play Misty For Me* (*Sadistico*), bei dem er auch selbst als Produzent und Regisseur tätig war. 9 Uhr morgens. Auf dem Tisch stehen Kaffee, Kuchen, Säfte. »Seid ihr schon alle wach?«, fragt Clint mit einem breiten Grinsen. »Was trägt der nur für spießige Schuhe mit Kreppsohlen«, denke ich mir, als uns Mr. Black von den Universal Studios darauf aufmerksam macht, dass Mr. Eastwood zum attraktivsten und populärsten Schauspieler des Jahres gewählt wurde.

Wir sind eine kleine Gruppe von internationalen Journalisten aus Japan, Indien, Uruguay und Deutschland. Nach einer Weile beendet Mr. Black das zähe Frage- und Antwortspiel. Es wäre Zeit für die Fotos. Jeder Reporter darf sich zu Clint auf die Couch setzen und sich vom Studiofotografen zusammen mit dem Star ablichten lassen. Dagmar fand das albern, weil sie lieber selbst fotografierte. Sie wollte nur ein Autogramm. »Hallo Shorty. Wie groß bist du denn?«, fragte er sie. »1 Meter 80.« »Ich nenne sie ›Amazone‹«, mischte ich mich ein, weil ich wusste, dass Dagmar das absolut nicht leiden konnte. Ich war ein bisschen eifersüchtig auf die Aufmerksamkeit, die Eastwood ihr schenkte. Ich mochte seine Stimme, und während der ganzen Pressekonferenz hatte ich mich gefragt, wie es wohl wäre, mit ihm zu schlafen.

»To Dagmar – Love Clint Eastwood«, schrieb er für sie. Bei mir zögerte er kurz und ließ das »Love« weg. Ich war etwas beleidigt und gleichzeitig doch amüsiert darüber, dass Stars bei Autogrammen feine Unterschiede machten. Und ich bemerkte den Blick, den er Dagmar nachwarf, während wir beide mit »Bye-bye« seine Suite im 20. Stock verließen …

Niels Paulsen verschaffte mir einen weiteren Job bei der *Bild*-Zeitung. Jeden Morgen holte ich einen Stapel Zeitungen und Zeitschriften am Kiosk an der 42. Straße ab, verpackte sie und schickte sie per Luftfracht nach Hamburg – zum Ausschlachten für Geschichten. Andere beneideten mich um diesen Job, weil er gut bezahlt wurde. Aber ich wollte mehr als Geld. Ich wollte Anerkennung, auf mich stolz sein können. Ich quälte mich mit schrecklichen Minderwertigkeitskomplexen und versuchte ständig abzunehmen. Ich hielt an dem Wahnsinn fest, dass mich ein Gewichtsverlust liebenswerter macht. Ich fühlte mich schrecklich ungut in meiner Haut. Eine Zeit lang aß ich nur Steaks, ein andermal lebte ich von Hühnerbrühe und hartgekochten Eiern. Oder von Wassermelone. Ich war stolz auf meine »Selbstdisziplin«, heute nennt man das Essstörungen.

Dagmar war dagegen meist vergnügt. Vielleicht lag es am regelmäßigen Sex? Sie lebte mit Bostig zusammen, er war groß und schwarz und seit zwei Jahren arbeitslos. Dagmar sorgte für alles. Manchmal sprach er tagelang nicht mit ihr, ging nie mit ihr aus, nicht mal ins Kino. Dagmar, immer verständig, war geduldig. Ab und zu weinte sie, weil er sie tagelang ignorierte. Sie liebte ihn. Wenn ich traurig war, grinste sie mich an: »Hasl, was du brauchst, ist eine neue Love Affair«, und fügte tröstend hinzu: »Aber mit einem Netten« – und fuhr mit ihrem Männerfahrrad von dannen.

Das Telex in meinem Schrank spuckte eine neue Nachricht

von der *Bravo*-Redaktion aus, sie wollten wissen, was John Lennon auf seiner neuen Platte mit »Muzak« meinte: »… the sound you make is muzak to my ears, you must have learned something in all those years …« Muzak nennen die Amerikaner die aufdringliche grässliche Backgroundmusik, die in Flughäfen, Eingangshallen und Fahrstühlen gespielt wird. Während ich die Antwort tippte, hörte ich im Radio »What the world needs now … is love …«, und summte mit: »Ich auch, ich auch …«

»Vergiss mich nicht!« Ich war so traurig, weil der Mann mit dem Pferdeschwanz, mein damaliger Traummann, mich wieder einmal auf die nächste Woche vertröstet hatte. Ich erinnerte mich an Dagmars Rat: »Eine neue Affäre«. Dabei war ich noch etwas verliebt in Rosa von Praunheim, nachdem er mir in einer Diskothek voller Homo-Pärchen einen wahnsinnig erotischen Kuss gegeben hatte – bis der Ober mahnte: »Cool it down …« Verwirrend und frustrierend. Mit Rosa war ich viel unterwegs. Ich liebte unsere Gespräche über das Leben, Arm in Arm spazieren gehend, er neugierig beobachtend, wer nun wem schöne Augen macht, ihm oder mir. Sie galten mehr ihm!

Am Tag nach dem Kuss traf ich mich mit ihm und Constance auf dem Dach des Chelsea Hotels für eine Fotosession, im Hintergrund die Wolkenkratzer Manhattans. Der Anlass: drei Deutsche in New York – Rosa von Praunheim, Filmemacher, *Twen*-Korrespondentin Constance und ich als Korrespondentin der *Bravo*. Wir Girls sollten maskulin wirken, überlegen und gelangweilt. Rosa wollte die feminine Seite präsentieren. Er war den ganzen Vormittag einkaufen gewesen, um sich die geschmacklosesten Kleider und Perücken zu kaufen. Es machte mir Angst, ihn in Frauenkleidung zu sehen. Für mich war er ein Mann, auch wenn er nur nach Männern Ausschau hielt.

72

Er liebte sich in seinem pinkfarbenen Jumpsuit aus Polyester, unter dem sich sein großer Penis abzeichnete. Er fand sich sexy. »Sick«, sagte Constance trocken. Als er sich ein billiges Jackett mit großem runden Kragen und Silbernieten versehen überwarf, meinte sie nur: »Rosa, du hast wirklich die Gabe, das Allergeschmackloseste zu finden.«

Nach und nach verstand ich, wie ich die *Bravo* am besten bedienen konnte. Ich berichtete über jeden amerikanischen Fernsehstar, der sich von Hollywood nach New York verirrt hatte, über Rod Stewart und seine Florida-Tournee, über George Harrison und sein legendäres Bangladesh-Konzert. Harrison spendete die Gage für die Überlebenden der Flutkatastrophe in Bangladesh. Er war damit der Erste. Das war der Anfang von allen Wohltätigkeitskonzerten.

*Bravo* war zufrieden mit mir. Über Elvis berichtete ich oft, ich flog nach Memphis und recherchierte rund um Graceland, ich erlebte den King bei seinem Auftritt im Madison Square Garden und vielen anderen Konzerten von Las Vegas bis nach Hawaii. Einen besonders guten Draht hatte ich zu Alice Cooper. Er war gerade auf großer Welttournee, als wir uns 1971 zum ersten Mal trafen.

Er sieht aus, als ob er gerade einem Sarg entstiegen wäre: eine kalkweiße Puderschicht auf dem ausgemergelten Gesicht, verzottelte Haare, knallenge, schwarze Hosen, kurzes T-Shirt, verschiedenfarbige Stiefel. »Komm, trink etwas«, begrüßt mich Alice Cooper vor seinem Auftritt in Toronto/Kanada hinter der Bühne und hält mir eine Flasche Bier vor die Nase. »Ich bin ein bisschen nervös. Das ist meine letzte Show in Nordamerika, bevor ich auf Europatournee gehe. Hoffentlich klappt alles!«

Es ist Zeit für ihn, auf die Bühne zu gehen. »Wir wollen Alice, wir wollen Alice«, rufen 30000 Zuschauer rhythmisch im

Chor. Sie warten schon seit Stunden im Fußballstadion von Toronto auf ihren Star. Shep Gordon, Alices Manager, rät mir, von einem sicheren Platz aus die Show zu beobachten. Aufgebrachte Menschenmengen sind für ihn nichts Neues, er kennt den Cooper-Hexenkessel, der gleich überkochen wird.

Die Show beginnt: Alice verschluckt Rosen, fährt mit seinem Schwert durch den Haarschopf eines Fotografen, der verschreckt die Flucht ergreift, und liebkost seine Schlange »Yvonne«. Die Zuschauer erbleichen. Nächste Szene: ein Straßenkampf. Die Band prügelt sich. Es wirkt erstaunlich echt. Neil, der lange Schlagzeuger, springt etwas unglücklich über seine »Schießbude« und fällt hin. Alice schreit ihn an. »Da hast du's, du Ratte.« Neil schlägt daraufhin wütend auf ihn ein. Alice blutet. Die Zuschauer johlen. Jeder kommt auf seine Kosten. Dann stürzt sich Dennis, der Lead-Gitarrist, auf Alice und zertrümmert eine Flasche auf dessen Kopf. Aber Alice hat vorgesorgt: er trägt einen steifen Zylinder.

Das Konzert ist ein großer Erfolg. Die Menge tobt, gebärdet sich wie verrückt. Sie durchbricht die aufgestellten Zäune vor der Bühne. Alice Cooper hat sie angeheizt – jetzt muss sie Dampf ablassen. Die Presseleute in der ersten Reihe ziehen sich zurück. Die Polizisten haben alle Hände voll zu tun.

Am Ende der Vorstellung wirft Alice Cooper – Werbung muss sein – noch bunte Poster der Gruppe ins Publikum, zerfetzt das eine oder andere und sagt ganz gelassen ins Mikrophon: »Ihr seid verrückter als wir. Und deswegen mag ich euch so irrsinnig.« Minuten später sitzt der Leibhaftige wieder unversehrt in seiner Limousine. In seinem Hotelzimmer nuckelt er dann zufrieden an einem Bier – und schaut fern.

Alice Cooper ist seit sieben Jahren im Rockbusiness, hatte erst mit Blues angefangen, doch niemand wollte etwas von ihm wissen. Dann weckte er mit seiner Rockshow die Begeisterung des Publikums, und seine Platten wie *Killer* und *School's out* fingen an, sich wie von selbst zu verkaufen. Er bekam eine Auszeichnung nach der andern verliehen. An diesem Abend im Herbst 1971 in einem Hotelzimmer in Toronto entdecke ich hinter seiner Horrormaske einen ganz normalen Kerl – und einen cleveren Geschäftsmann. Mit seiner Horror-Show war er genau zum richtigen Zeitpunkt aufgetaucht. »Die Leute gruseln sich nun mal gern – ob im Konzertsaal oder in der Geisterbahn auf dem Jahrmarkt«, grinst er. »Die Leute können sich bei meiner Show eben abreagieren, ihre Aggressionen abbauen. Mir und meiner Band geht's nicht anders. Wir leben alle zusammen in einem großen Haus. Eine Prügelei ist da schon ab und zu fällig – das erledigen wir eben auf der Bühne. Zu Hause sind wir dann wieder ein Herz und eine Seele.«

Keine Starallüren, kein aufgeblasenes Ego. Alice Cooper ist ganz bestimmt einer der sympathischsten Menschen, die ich kennen gelernt habe, ein echter Profi und ein warmherziger Mensch. Auf der Bühne ein Monster, privat das genaue Gegenteil: liebenswürdig, höflich, lustig und immer mit einer Dose Bier in der Hand. »Ich hoffe so sehr, dass man mich nicht wirklich ernst nimmt. Vor allem die Leute nicht, die Drogen nehmen und meine Show dann als Horror-Trip erleben. Ich persönlich lehne Drogen ab, denn zu viele meiner Freunde sind schon daran gestorben. An Bier stirbt man nicht, oder?«

Alice hatte einen völlig neuen Trend in der Rock-Szene geschaffen. Erstmals standen nicht mehr nur langhaarige Musiker auf der Bühne herum und machten Musik, sondern es wurden zusätzlich jede Menge Klamauk und eine Choreographie geboten: Mit jeder neuen Show musste er sich selbst übertreffen. Das nächste Mal erlebte ich ihn ein Jahr später in Los Angeles bei der Generalprobe im Hotel Ambassador. Grabesstille herrschte im großen Saal. Gespenstische Dunkelheit.

Plötzlich ist eine in grellweißes Scheinwerferlicht getauchte skelettierte Hand zu sehen, die einen Furcht erregend großen Hammer schwingt und dumpf auf den Bühnenboden schlägt. Die Zuschauer schreien auf. Quälend langsam tastet sich der Scheinwerfer an der Gestalt auf der Bühne hoch: schwarze Lederstiefel, durchlöcherte Strumpfhose, knappes, silberglitzerndes Höschen, hautenges Hemd. Bis zum Gesicht, das einer Totenmaske gleicht: dick aufgetragene, kalkweiße Puderschicht, schwarze Lidschatten, schmallippiger, dunkelrot geschminkter Mund, dünnes Haar, das wirr und strähnig auf die mageren Schultern fällt. Alice Cooper rast wie eine Furie über die Bühne, kreischt, schreit, windet sich. In seiner Satans-Show tritt er in Frauenkleidern auf, umgibt sich mit lebenden Schlangen oder Tauben. Schockiert uns Zuschauer, indem er sich auf einen elektrischen Stuhl schnallen lässt.

Zusammen mit einem professionellen Zauberer hat sich Alice einen grausigen Höhepunkt ausgedacht: seine Enthauptung unter einer Guillotine. Ein Henker packt Alice und zwingt ihn vor der Guillotine in die Knie. Alice steckt seinen Kopf durch die runde Öffnung, dann schließen sich Holzklammern um seinen Hals. Drei Meter über ihm schwebt das scharfkantige Fallbeil, das ihn enthaupten soll. Atemlose Stille im Saal. Noch einmal schaut Alice zu uns geladenen Gästen herüber. Zieht dann am Strick. Das Messer saust herunter. Gleißendes Licht erhellt die Szene, als Alices abgeschlagener Kopf herab in einen Korb fällt. Ein Aufschrei geht durch den Saal, als der Henker den blutenden Kopf aus dem Korb nimmt und ihn dem Publikum präsentiert.

Die Enthauptungsszene ist unglaublich beeindruckend – aber für Alice nicht ungefährlich. Denn die Guillotine ist echt, das Messer scharf. Alice legt wirklich seinen Kopf darunter. Aber in dem Augenblick, in dem das Fallbeil heruntersaust, duckt er sich blitzschnell in eine Vertiefung. Ein Holzklotz bremst das Messer knapp oberhalb seines Halses. Der abgeschlagene Kopf ist eine naturgetreue Nachbildung aus Plastik. Der Trick jagt selbst Alice jedes Mal einen Schauder über den Rücken: »Bei der Szene ist mir mulmig zumute. Aber ich liebe solches Theater. Ich will das Publikum provozieren. So böse wie möglich sein. Ich bin kein Prediger – ich bin ein Unterhalter.«

Inzwischen wurde Alice Cooper weltberühmt und ist in Hunderten von Konzerten auf der ganzen Welt aufgetreten. So ein Pensum hält kein Mensch durch, auch er nicht. Aber kein anderer würde so offen darüber sprechen: Es war Anfang 1975, ich besuchte ihn in einem gemieteten Strandhaus in Malibu: Die Tür steht weit offen. Der Fernseher läuft. In einem riesigen Korbsessel sitzt Alice Cooper mit einem Budweiser Bier in der Hand. Es ist zehn Uhr morgens. Alice wirkt ausgeschlafen und voller Energie: »Sehe ich nicht kerngesund aus?« Eine berechtigte Frage, denn Alice hat soeben seine größte amerikanische Tournee mit 56 Konzerten hinter sich gebracht. »Das hat mich körperlich und seelisch völlig ausgelaugt. Ich hatte von den Auftritten die Nase voll, und der Rock'n'Roll hing mir zum Hals raus. Seit einem Monat versuche ich auszuspannen: Faulenzen, Fernsehen, Golfspielen.« Während er seine Schläger zusammensucht, murmelt er: »Außerdem kann ich auf dem Golfplatz Alice Cooper vergessen. Dort habe ich es nur mit Rechtsanwälten und Ärzten als Spielpartnern zu tun. Vor denen muss ich keine Show abziehen. Die lassen mich in Ruhe, weil sie mich gar nicht kennen.«

Der livrierte Chauffeur klopft an die Tür. Wir steigen in einen schwarzen Cadillac. Auf der Fahrt erzählt er von seiner neuen Single, an der ihm sehr viel liegt. »Es geht um einen Teenager, der den Glitter-Rock und das ganze Drumherum wie Schminken und Haare färben ablehnt. Seine Freunde la-

chen ihn deshalb aus. Er fühlt sich ausgeschlossen«, erklärt
mir Cooper. »Individualist zu sein, nicht mit dem Strom zu
schwimmen – das war immer das Wichtigste in meinem Leben. Deshalb kam ich damals, als auf der Bühne alle noch das
Gleiche machten, auf die Idee mit meiner Show.«

Wir sind am Golfplatz angekommen. Alice wird von einer
Gruppe seriöser Herren begrüßt. Hier ist er das absolute Gegenteil von dem, was er auf der Bühne verkörpert: charmant,
höflich, lustig und – wenn seine verrückte Golfmütze und das
Budweiser in seiner Hand nicht wären – ganz normal.

Einige Jahre später musste Alice Cooper auch das Bier aufgeben. Ende 1977, kurz vor Weihnachten, begab er sich in eine
Klinik an der Ostküste, um seinen Alkoholismus behandeln
zu lassen. »Ich wäre sonst vor die Hunde gegangen. Ich litt
an starken Depressionen, war bis aufs Skelett abgemagert, ein
menschliches Wrack, an nichts mehr interessiert. Selbst der
Alkohol hat nicht mehr geholfen, mich aufzumuntern. Ich war
kaputt, soff nur noch und hatte keine Kontrolle mehr über
mich«, gibt er offen zu, als wir uns in seinem neuen Haus in
den Hügeln von Hollywood wieder sehen. Er bietet mir Mine-
ralwasser an. »Brich dir nicht das Bein, hier liegt alles im Weg.
Ich hab eine Hauswand rausreißen lassen, da soll eine ganze
Fensterfront hin. Lass uns an den Swimmingpool gehen ...«
Alice zieht sein T-Shirt aus. »Dufte, hm? So braun war ich
noch nie. Es heißt, braun gebrannte Leute seien Nichtstuer,
arbeiteten nichts. Das stimmt in meinem Fall nicht. Gestern
hab ich sogar ein ganzes Zimmer mit Holz getäfelt und wie ein
Irrer gehämmert.« Er scheint sich sogar zum Hausmütterchen
entwickelt zu haben, die Jeans, die an einer Wäscheleine hängen, hätte er selbst gewaschen, sagt er.

Seine Erlebnisse in der Entzugsklinik hat Alice Cooper mit
Hilfe von Bernie Taupin, dem Songschreiber von Elton John,

auf seiner Platte *From the Inside* verewigt. »Im Krankenhaus war ich wie jeder andere: Niemand interessierte sich dafür, dass ich der Star Alice Cooper bin. Ich war allein, zum ersten Mal seit vielen Jahren auf mich selbst gestellt. Dieser Zeit habe ich zu verdanken, dass ich heute mein Leben und die Welt mit anderen Augen sehe – mit klarem Blick.«

Es wurde stiller und stiller um Alice Cooper, und ich hatte ihn aus den Augen verloren. Anfang der 90er Jahre sind wir uns plötzlich auf Hawaii wieder begegnet. Alice verbrachte seinen Weihnachtsurlaub in der gleichen Appartementanlage wie ich. Er war inzwischen mit der Tänzerin Cherill Goddard, die er während seiner spektakulären Show »Willkommen bei meinem Albtraum« kennen gelernt hatte, verheiratet und sie hatten drei Kinder. Alice spielte jeden Tag Golf und war wieder der Alte: humorvoll, herzlich, natürlich. Mit Frau und Kindern lebte er nun in Phönix / Arizona, wo er als Sohn eines protestantischen Pfarrers aufgewachsen war, und arbeitete als DJ.

Anfang der 70er Jahre für die *Bravo* zu arbeiten hieß, ständig mitten im Geschehen zu sein. Ich war immer unterwegs. Ging auf alle Partys. Am besten waren die Rock'n'Roll-Feste. Damals hatten die Plattenfirmen noch viel Geld und veranstalteten zwei bis drei Partys pro Woche, nur um neue Gruppen vorzustellen. Regelmäßig kamen Pakete mit den neuesten Platten auf meinen Schreibtisch. Ein Laden im East Village spezialisierte sich ausschließlich darauf, diese Platten, die die Journalisten nicht mehr haben wollten, weiterzuverkaufen.

Als die Doors auf dem Höhepunkt ihrer Karriere ins Hilton Hotel an der Sixth Avenue einluden, waren Constance und ich voller Erwartung und machten uns besonders schön. In der Penthouse Suite im 50. Stock erwarteten uns ausladende

Büffets in jedem Raum. In jeder Ecke gab es eine Bar – die Plattenfirma scheute keine Kosten. Eine massive Wendeltreppe führte ins obere Stockwerk, und dort versteckte sich die Gruppe. Die wartenden Gäste, fast ausschließlich Journalisten, wurden immer betrunkener. Ich entdeckte einen jungen Mann, der mich interessierte, war aber zu scheu, ihn anzusprechen. Constance erledigte das für mich: »Meine Freundin findet dich nett, ist aber zu schüchtern, dir das selbst zu sagen.«

Die Doors ließen sich den ganzen Abend nicht blicken. Später wurde bekannt, dass sie voll Drogen gepumpt und nicht mehr fähig waren, die Treppe herunterzukommen. Constance ging etwas angesäuert nach Hause und ich zog mit dem süßen Typen ab.

Im Sommer 1972 fand in Berlin die Wahl der internationalen Teenie-Schönheitsköniginnen statt, *Bravo* war der Gastgeber. Aus der ganzen Welt, von Israel bis Venezuela, von Norwegen bis Brasilien reisten die von ihrem jeweiligen Land gekürten Prinzessinnen an. *Bravo* holte mich als Aufpasserin für die jungen Damen nach Berlin. Es war eine aufregende Veranstaltung, die sich über ein langes Wochenende hinzog. Für den Sonntagnachmittag war die deutsche Presse zu einem Fotoshooting am Wannsee eingeladen worden. Eine fabelhafte Gelegenheit, die Schönheitsköniginnen im Bikini fotografieren zu können. Dabei fiel mir ein blonder Fotograf auf. Zuerst sah ich ihn nur von hinten, und da ich seinen schönen knackigen Hintern sehr sexy fand, begutachtete ich ihn ausführlicher. Von vorne sah er auch nicht schlecht aus, er hatte einen tollen Körper, blonde Haare und einen Schnurrbart – ohne den hätte er glatt Robert Redford doubeln können. Und er war extrem gut gekleidet.

Ich war seit anderthalb Jahren nicht mehr in Deutschland

gewesen, und dieser Deutsche interessierte mich. Ich stellte mich vor, wir gaben uns die Hand. »Montfort«, sagte er. Eigenartiger Name dachte ich, noch nie gehört – bis ich mich erinnerte, dass man sich in Deutschland mit dem Nachnamen vorstellt. Aus New York war ich es inzwischen gewohnt, dass man sich gleich mit Vornamen begrüßt. Ein kleines Geplänkel, und schon hatte ich seine Münchner Telefonnummer und versprach, vor meiner Rückreise nach Amerika bei ihm vorbeizuschauen.

Ein paar Tage später besuchte ich ihn. Montfort führte mich in den Reitstall am Englischen Garten, schaute mich mit lieben Augen an und sagte nicht viel. Er war kein Redseliger. Ich verbrachte die Nacht in seiner Schwabinger Junggesellenwohnung. Die Einrichtung bestand eigentlich nur aus einem großen Bett. In der Küche standen ungewaschene Gläser, auf dem Balkon stapelten sich Zeitungen. Am nächsten Morgen führte er ein Telefongespräch. Als ich ihn »meine Frau« sagen hörte, sprang ich wie vom Blitz getroffen aus dem Bett und schlüpfte in meine Kleider.

Es stellte sich heraus, dass Montfort seit einigen Jahren getrennt von seiner Frau lebte und sich – nachdem es mit seiner Geliebten in Hamburg vorbei war – vor ein paar Wochen entschieden hatte, wieder mit ihr zusammenzuziehen. An diesem Morgen sollte der Umzug stattfinden. Nichts wie raus, dachte ich mir, und machte mich, ganz cool, so schnell wie möglich aus dem Staub. Auf der Straße atmete ich erst einmal tief durch und ging dann traurig im Englischen Garten spazieren. Am nächsten Tag flog ich zurück nach New York. Ich hatte anderthalb Jahre nicht mehr mit einem deutschen Mann geschlafen – jetzt wusste ich wenigstens, dass sich nichts verändert hatte.

81

Es war das Zeitalter der One Night Stands. Ich war 27 und hatte noch nie mit einem Mann gelebt, eigentlich noch nie eine richtig feste Beziehung gehabt. Kaum war ich zurück in New York, rief Montfort an. Das war etwas ganz Neues für mich. Ich fand es aufregend, dass ein Typ nach einer gemeinsamen Nacht wieder von sich hören lässt. Das war ich von den üblichen One Night Stands nicht gewohnt, und es machte mich neugierig auf ihn.

Er war verstört, wollte er doch eigentlich sein Eheleben wieder aufnehmen, aber jetzt würde ihm das nicht gelingen, weil er mir begegnet wäre. Deswegen hätte er nun seine Siebensachen im Keller des gemeinsamen Hauses untergebracht. Er hätte noch ein paar Tage Urlaub, die er für den Umzug vorgesehen hatte, und die wolle er jetzt bei mir in New York verbringen.

Eine Woche später stand er vor der Tür. Er nannte mich »Bobby«, weil ich ihn wegen meiner Dauerwellen an Bob Dylan erinnerte. Wir verlebten eine verliebte Woche in New York, ich zeigte ihm all meine Lieblingsecken, entführte ihn nach Fire Island in ein Beachhouse, das sich acht Kollegen von uns teilten, unternahm mit ihm eine romantische Bootsfahrt rund um Manhattan und weinte beim Abschied. So viel Zeit an einem Stück hatte ich noch nie mit einem Mann verbracht. Trotzdem sah ich keine Zukunft für uns beide. Er hatte nicht den »Drive«, sich in New York durchzusetzen, außerdem musste er für seine Frau und deren Töchter sorgen.

Kaum war Montfort zurück in München, kam ein Anruf, der mein Leben entscheidend veränderte: Ich wurde zu einer Redaktionssitzung von *Bravo* zum Oktoberfest eingeladen. Die Chefredaktion hatte neue Pläne für mich: Hollywood!

»Wenn du für uns nach Hollywood gehst, musst du uns würdig vertreten und in einem Haus leben, wo du Gäste empfangen kannst«, sagte Rolf Stang, unser Bildchef, zu mir. Zur gleichen Zeit hatte ich ein Angebot vom *Stern* in der Tasche. Yvonne Luter, die New Yorker Vertreterin vom *Stern*, hatte ein geheimes Treffen mit Henri Nannen arrangiert. Sie war etwas altmodisch und streng und bestand darauf, dass ich mich in einem weißen Blüschen und dunklem Faltenrock präsentierte, um einen guten Eindruck zu machen. Yvonne glaubte an mich, sie wollte mich engagieren, seit sie mich als Urlaubsvertretung im New Yorker *Stern*-Büro erlebt hatte. Ich hatte mich freiwillig für den Dienst während der Weihnachtsfeiertage gemeldet und sie war sehr angetan von meiner Arbeitsmoral. Nannen akzeptierte mich aufgrund der positiven Erfahrungen, die er mit Frauen aus Niederbayern gemacht hatte: »Ihr Frauen aus dieser Gegend seid zäh!«

Es war eine harte Entscheidung: Prestige, sicheres Einkommen und mehr Geld beim *Stern*. Oder die Vorstellung, morgens barfuß aus dem Haus zu gehen, um die Zeitung zu holen, anstatt mit Einkaufstüten beladen im New Yorker Lift in die Ecke gequetscht zu werden. Ich vertraute auf mein Gefühl: Goodbye New York – hallo Hollywood!

# 6
## »Darf ich Ihnen Steve McQueen
vorstellen?«

Im November 1972 traf ich mich mit Rolf Stang von der *Bravo* in Los Angeles, um nach einem Haus zu suchen. Es war seine Idee gewesen, mich nach Hollywood zu schicken. Ich entschied mich für ein einstöckiges, gelbes, irgendwie romantisches Häuschen am Beachwood Drive, der Straße, die zum legendären Hollywood-Zeichen ganz oben in den Hügeln führt. Bis dahin hatte ich noch nie allein in einem Haus gelebt: Wohnzimmer mit gelbem Teppich, im Anschluss daran das Esszimmer, drei Schlafzimmer (zwei im Parterre, eins im ersten Stock), voll eingerichtete beige Küche und Linoleumboden (nicht mein Geschmack), Frühstückszimmer und sogar eine eigene Waschmaschine und Trockner. Hinterm Haus ein verwunschener Garten mit eigenem Orangenbaum, exotische Kakteen verschiedenster Arten, blühende Oleanderbüsche und Bougainvilleen in weiß und kräftigem Pink.

Nachdem ich durch ganz Los Angeles gekurvt war (die Stadt ist so groß wie Schleswig-Holstein) und total verwirrt von den vielen Stadtteilen mit Namen wie Van Nuys, Studio City, Sherman Oaks, Westwood, Brentwood, Pacific Palisades, hatte ich mich für dieses Haus entschieden, weil mir durch das Hollywood-Zeichen jeden Morgen deutlich wurde, wo ich mich befand. Der legendäre Schriftzug ist ein Überbleibsel

85

der 30er Jahre, als der Stadtteil noch aus Orangenhainen bestand und eine Maklerfirma die unbewohnte Gegend an den Mann zu bringen versuchte. Um Grundstücke zu verkaufen, installierten sie auf einem Hügel in riesigen Buchstaben das Wort: Hollywoodland. Die letzten vier Buchstaben wurden irgendwann abmontiert, und es entstand der Stadtteil Hollywood.

Mein Haus war zudem das preisgünstigste: 375 Dollar im Monat – in New York kostete ein fester Parkplatz fürs Auto das Gleiche. Außerdem gab es Straßenverkehr und ich hatte einen nicht zu weit entfernten Zeitschriftenladen entdeckt. Das beruhigte mich. Etwas Trubel war mir nach dem gewohnten New Yorker Stadtleben wichtig, damit ich mich nicht zu isoliert und abgeschnitten fühlte. In Los Angeles sitzt jeder in seinem Auto, auf der Straße sieht man keine Menschenseele, als Fußgänger wirkt man verdächtig. Es gibt kaum öffentliche Verkehrsmittel, keine U-Bahnen, nur Busse, und die werden nur von denjenigen benutzt, die sich kein eigenes Auto leisten können.

Das Autofahren war eine große Herausforderung für mich, anfangs schwitzte ich jeden Tag Blut und Wasser. Ich hatte überhaupt keine Fahrpraxis. In München war ich zwar zur Fahrschule gegangen, aber als ich so kurzfristig nach New York umgesiedelt war, hatte ich den Führerschein nicht abgeschlossen. Ein Führerschein war in New York City nicht nötig, dort kam man mit U-Bahn oder Taxi schneller voran. Aber nun, mit 25 Jahren, war es höchste Zeit, und außerdem wollte ich endlich mal das Gefühl haben, ein Auto zu besitzen. Diese Erfahrung gehört sich für eine Erwachsene, dachte ich mir. Beim dritten Versuch, nachdem ich bei der praktischen Fahrprüfung zweimal durchgefallen war, bekam ich meinen Führerschein dann schließlich. Für 600 Dollar kaufte ich mir einen roten, offenen Ford Mustang. Der dampfte und zischte allerdings schon nach zwei Straßenblocks, und ich hatte immer eine Zweiliterflasche Wasser dabei, um nachzufüllen. Mein Mustang stand mehr auf dem Parkplatz, als dass ich mit ihm fuhr, weil mir das Zischen und Dampfen und das ständige Stehenbleiben Angst machten.

Die fünfspurigen Los Angeles Freeways waren ohnehin die Hölle für mich, nun dampfte nicht mehr nur das Auto, sondern ich selbst vor Nervosität. Wenn ich mich nicht rechtzeitig einordnete, was mir selten gelang, verpasste ich die Ausfahrt, verfuhr mich hoffnungslos und landete mehrere Male in gefährlichen Gegenden. Jedes Mal, wenn ich das Schild »Next 8 Exits HOLLYWOOD« auf dem Freeway 101 entdeckte, befand ich mich im 7. Himmel.

Am liebsten tuckerte ich den Sunset Boulevard entlang, der quer durch die Stadt ans Meer führt und in den Pacific Coast Highway mündet. Nach drei Wochen hatte ich ein ungefähres Gefühl, welche der Stadtteile für mich wichtig waren: Hollywood, Beverly Hills, Santa Monica. Und nach und nach entdeckte ich das San Fernando Valley, die andere Seite der Stadt, wo sich die meisten Hollywood-Studios befanden.

Kurz vor Weihnachten, am 15. Dezember, trafen meine Möbel per Laster aus New York ein. Meinen großen, schwarzgestrichenen Schreibtisch sägte ich in der Mitte durch, um ihn in den ersten Stock in mein kleines Büro befördern zu können. Somit hatte ich zwei kleine Schreibtische, einen für mich und den andern für meine »Assistentin«, die mir halbtags für 75 Dollar pro Woche genehmigt wurde.

Mein erster Auftrag bestand darin, den von *Bravo*-Lesern in drei verschiedenen Kategorien ausgewählten beliebtesten Stars einen besonderen Preis der Zeitschrift, den »Otto«, zu überreichen. Zur Verleihung konnte jeweils ein *Bravo*-Leser eine Reise nach Hollywood gewinnen, um seinen persönlichen Lieblingsstar auszuzeichnen.

Damals war der internationale Markt für Hollywood kaum von Interesse. Als ausländischer Journalist zählte man nicht, nur wenn man von der *Los Angeles Times* oder dem *Time*-Magazin kam, öffneten sich einem die Türen.

»Was hat Ryan O'Neal davon, dir seine wertvolle Zeit zu schenken? Eine Titelgeschichte in der *Bravo* hilft weder seiner Karriere noch bringt es ihm eine neue Rolle. Dadurch wird kein Produzent auf ihn aufmerksam«, erklärte mir Bob Levinson, damals einer der mächtigsten PR-Agenten, klipp und klar.

Das ging *Bunte* oder *Stern* nicht anders. Außerdem wollte sich keiner der PR-Agenten ein Bein für die Auslandspresse ausreißen, ganz im Gegenteil. Das wäre nur Arbeit, für die sie nicht bezahlt würden, und im Übrigen hatten sie keine Ahnung von der internationalen Presse.

Durch den »Otto« habe ich etwas Grundsätzliches gelernt: Um einen Star dafür zu gewinnen, seine kostbare Zeit für ein Interview und eine Fotosession mit mir zu verbringen, musste ich einen Grund finden, warum das gut für ihn sei! Niemand will hören, welche Auflage die *Bravo* mit dem jeweiligen Star auf dem Titel erzielt, sondern: »What's in for me?« Was habe ich davon? Das ist die Lebensphilosophie von Hollywood.

Verstanden habe ich das ganz schnell durch mein Erlebnis mit Mr. Spock, Leonard Nimoy, den ich einfach nicht dazu bekommen konnte, sich mit seinem »Otto« und dem *Bravo*-Leser fotografieren zu lassen. Ich ließ nicht locker, schrieb Briefe, und irgendwann gelang es mir, ihn direkt in seinem Büro bei Paramount an die Strippe zu bekommen. Er wollte dafür bezahlt werden, sagte er. Gegen Honorar würde er den »Otto« annehmen und sich mit dem Leser fotografieren lassen. Er fühlte sich geprellt und ausgenutzt von Paramount, der Produktionsfirma von *Startrek*, die das große Geld machte. Für die Schauspieler gab es damals noch nicht die Verträge wie heute, sondern nur minimale (im Verhältnis zu heute) wöchentliche Gagen und keine Beteiligungen an dem extrem rentablen Merchandising. *Startrek* hatte sich zu einem Phänomen entwickelt, und Mr. Nimoy bekam von seinen millionenfach verkauften Ohren keinen Pfennig ab. Außerdem hatte er wegen des Dr. Spock-Images Schwierigkeiten, Arbeit zu finden; man traute ihm keine anderen Rollen zu. Das machte ihn bitter. Unter diesen Umständen konnte ich seine grimmige Forderung nach Bezahlung verstehen. Es ging ihm hauptsächlich ums Prinzip. Doch diesen »Otto« sind wir genauso wenig losgeworden wie Leonard Nimoy sein Dr. Spock-Image.

Um meine Auszeichnungen an den Mann zu bringen, kontaktierte ich einfach die Presse- und Öffentlichkeitsabteilungen der Filmstudios. Damals hatten die Publicity-Abteilungen noch mehr Macht und Einfluss auf die Stars als heute, außerdem betreuten sie die noch nicht so Berühmten, die sich keinen eigenen Presseagenten leisten konnten. Die Studios reagierten aufgeschlossen, denn schließlich hatten sie einen Vorteil davon, wenn die eine oder andere TV-Show in Deutschland erfolgreich lief und einer ihrer Stars gefeiert wurde.

Der PR-Agent ist die erste Ansprechperson für jeden Journalisten. Im Laufe der Jahre habe ich gelernt, diese Manager zu hassen, weil sie ihre Macht nach Lust und Laune ausspielten und ich davon abhängig war. Man durfte sie nie übergehen, sonst rächten sie sich beim nächsten Mal, schließlich hatten sie nicht nur einen, sondern mehrere Klienten. PR-Agenten sind für eine positive Presse verantwortlich und werden von ihren Auftraggebern für eine schlechte Berichterstattung verantwortlich gemacht. Das könnte sie den Job kosten. Entsprechend selektiv agierten sie. Interviewwünsche mussten schriftlich eingereicht werden. Der Star hatte immer das letzte Wort bei der Entscheidung, für wen und für was er sich wie lange zur Verfügung stellt. Aber man wusste nie, ob ihm der Interviewwunsch überhaupt weitergegeben wurde. Und man erfuhr nie die Wahrheit: »Rufen Sie nächste Woche wieder an …« konnte sich über Monate hinziehen. »Passt nicht in den Terminkalender« hieß: keine Chance!

Der »Otto« hat mir meine ersten persönlichen Begegnungen mit Stars ermöglicht, weil ich einen Preis zu vergeben hatte – obwohl dieser nur eine billige Statue war, ein Winnetou-Indianer mit Feder und Stirnband in dreifacher Ausfertigung: Gold, Silber und Bronze. Das brachte mich oft in Verlegenheit, denn jeder Star will die Nummer Eins sein, keiner will nur Bronze bekommen.

Berühmtheiten wie Barbara Eden (*Bezaubernde Jeannie* lief erfolgreich im deutschen Fernsehen) fühlten sich geschmeichelt, zu den Auserwählten der Leserumfrage zu gehören. Gruppen wie The Jackson Five konnten dank ihres Beliebtheitsgrads in Deutschland mehr Platten verkaufen. Ich verstand schnell, die *Bravo* als das einflussreichste deutsche Blatt für die Unterhaltungsindustrie zu verkaufen – es war nicht unbedingt gelogen, damals gab es noch kein MTV oder private Radiostationen – und bemühte mich klarzustellen, wie wichtig der deutsche Markt sei.

Ich wies nicht auf die damals knapp eine Million Auflage hin, sondern auf die Leserschaft – drei- bis fünfmal mehr, weil sich Teenies das Heft aus Kostengründen teilten und an Freunde weitergaben. Je mehr Leser man zu bieten hatte, desto eher war man als Korrespondent von Interesse. Ich wurde immer geschickter mit meinen Formulierungen in meinen schriftlichen Interviewanfragen und lernte, wie wichtig das Kontaktepflegen ist. Dazu gehört, Blumen mit einer Dankeschönkarte zu schicken, sich bei den jeweiligen Agenten für die Unterstützung zu bedanken, zum Lunch einzuladen, Sekretärinnen mit Respekt zu behandeln. Schließlich fängt jeder klein an. Sogar Studiobosse und Plattenchefs haben ihre Karriere oft in der Postabteilung von Agenturen gestartet.

Ich lernte, dass nie jemand zurückruft. »I will call you later« hat nichts zu bedeuten. »He is in a meeting« heißt, man will nicht mit mir sprechen. Ich spürte den Unterschied zwischen zu oft anrufen und nerven und oft genug anzurufen, um endlich erhört zu werden. Belegexemplare verschicken war wichtig, nur musste ich da vorher die *Bravo*-Aufklärungsseite mit einer Rasierklinge fein säuberlich entfernen. Amerika war zu prüde für so etwas, und Gruppen wie die Osmonds hätten das als Pornographie empfunden. Ich lernte, dass in Hollywood irgendwie jeder jeden kennt und die Stadt ein Dorf ist und dass man sich auf mein Wort verlassen können musste. Ich war schließlich vor Ort, greifbar, und musste ausbaden, wenn *Bravo* in München eine Story vergeigt hatte, oder später die *Bunte*, der *Stern* oder das ZDF.

Ich knüpfte Kontakte, von denen ich heute noch profitiere. Bill Sammeth, einem kleinen unscheinbaren Mitarbeiter bei MGM-Records, begegnete ich Jahre später als Manager von Cher. Es zeigte sich, dass diese »Otto«-Aktion für mich die beste Gelegenheit war, als Journalistin in Hollywood Fuß zu fassen, und nach und nach das Auf und Ab von Stars mitzuerleben.

Tony Curtis war der Erste, der mir einen Termin gab. Er freute sich, von deutschen Teenagern zu ihrem Lieblings-TV-Star gewählt worden zu sein, insbesondere, weil er schon zur älteren Generation zählte. Braun gebrannt, in modischer Lederjacke und jugendlicher Frisur, wie zu Zeiten, als er noch junge Liebhaber spielte, empfing er uns bei sich zu Hause, ganz außergewöhnlich für einen Hollywood-Star. Er wohnte in einer vornehmen Villa in Bel Air, dem exklusivsten Stadtteil von Los Angeles, mit einer langen Auffahrt, versteckt hinter Hecken und umringt von einer Steinmauer.

Ich war überrascht, wie freundlich und herzlich er auf den *Bravo*-Leser, der die »Otto«-Verleihung begleitete, einging. Er erzählte lebhaft von seinen Dreharbeiten in London und zeigte uns voller Begeisterung, woran er gerade arbeitete: »Ich mache Kunst«, sagte er und führte uns in einen Raum mit Collagen von gesammeltem Krimskrams, der ihm persönlich etwas bedeutete, gerahmt in Glascontainern. Die Objekte wirkten genauso lebendig wie er. Er redete wie ein Wasserfall und erzählte von seinem glücklichen Familienleben. Endlich hätte er alle seine fünf Kinder (von verschiedenen Frauen) um sich, und das wäre nur möglich dank seiner fabelhaften Ehefrau Leslie.

»Ich möchte euch Allegra und Alexandra vorstellen«, sagte er. »Sie haben ein paar Jahre mit ihrer Mutter in Deutschland gelebt.« Als wir versuchten, deutsch mit ihnen zu sprechen, starrten uns die kleinen Mädchen mit großen Augen an. Ihr Deutsch hatten sie vergessen, aber nicht ihre Mutter: Christine Kaufmann. Tony Curtis hatte jahrelang um das Sorgerecht für die Kinder vor Gericht gekämpft und schließlich gewonnen.

Ungefähr acht Jahre später habe ich Tony Curtis in einer kleinen, etwas trostlosen Wohnung in West Los Angeles, einem weniger exklusiven Stadtteil, für eine Reportage wieder gesehen. Er lebte ganz allein mit Allegra, die mittlerweile zu einem Teenager herangewachsen war. Curtis' Leben war ein Scherbenhaufen, sein idyllisches Familienleben von damals existierte nicht mehr. Leslie, seine dritte Ehefrau, war mittlerweile an die

Ostküste gezogen, seine fünf Kinder lebten überall verstreut. Tony Curtis hatte Geldsorgen, und das Gerücht von Drogenproblemen kursierte in der Stadt. Nach sechsjähriger eisiger Funkstille nahm er wieder mit Christine Kaufmann Kontakt auf, der Kinder wegen. Zuerst ließ er die älteste Tochter Alexandra zu ihrer Mutter ziehen, kurze Zeit später schickte er auch Allegra mit 100 Dollar in der Tasche zurück zu Christine Kaufmann nach München. Ich holte den quirligen Teenager von der Schule ab und brachte sie zum Flughafen. Für das Wiedersehen mit ihrer Mama hatte sie sich extra eine mehrfarbige Punkfrisur zugelegt.

Während dieser schweren Zeit rief Tony mich 1980 an, um über Christine Kaufmanns Aussagen in der *Bild*-Zeitung zu schimpfen. Ich war fassungslos, was er da alles ins Telefon brüllte. Solch eine Hasstirade eines Stars über seine Ex-Frau hatte ich noch nie erlebt: »Erzählen Sie mir nicht, was in der Zeitung steht. Von mir aus kann diese verrückte Hexe von Frau verrecken. Hoffentlich hat ihr das Geschmiere so viel Geld eingebracht, dass sie einen Scheiterhaufen bauen und sich mit Öl übergießen kann. Ich würde persönlich nach München kommen und sie anzünden.« Er steigerte sich in seine Wut hinein und schimpfte über Christine und ihre Mutter Eva: »Die beiden könnte man zusammenklappen zu einem großen, geschmacklosen Hamburger!« Das wurde in der *Bunte* dann veröffentlicht. Christine Kaufmann steckte das ganz gut weg, sie wusste sich zu wehren, sie wusste wie er tickt und dass er schon immer alles, was es an Drogen gab, ausprobiert hat. Curtis war in einem Tief, seine Film- und Theaterpläne platzten wie Seifenblasen, er musste sich wegen Drogen und Alkohol einer Entziehungskur unterziehen, und seine dritte Ehefrau hatte sich aus dem Staub gemacht.

Wie durch ein Wunder schaffte es Tony Curtis, wieder hochzukommen. Ein paar Jahre später, 1986, hatte ich den ZDF-Korrespondenten in Washington, Gerd Helbig, für ein Tony-Curtis-Porträt für »Bilder aus Amerika« gewinnen können. Eine Galerie in Honolulu auf Hawaii präsentierte seine Objekte und feierte ihn als internationalen Künstler. Mr. Curtis hielt großen Hof und genoss es, im Scheinwerferlicht zu stehen. Er sah blendend aus, war braun gebrannt, am Arm hatte er eine neue Freundin, ein junges blondes Geschöpf. Die Jahre scheinen an ihm spurlos vorübergegangen zu sein, dachte ich mir und erinnerte mich, dass Christine Kaufmann einmal zu mir gesagt hatte: »Tony trägt eine Perücke, der ist doch so eitel.« Er lebte in einem Traumhaus am Meer, das die Galerie für ihn gemietet hatte, und für die Eröffnung seiner Show ließ er all seine Kinder und Enkelkinder einfliegen. Nur der Tod seines Sohnes, der an einer Überdosis Drogen gestorben war, trübte diesen glücklichen Moment.

Das »Otto«-Projekt zog sich monatelang hin, weil alles davon abhing, wann die Überreichung in den Terminplan des jeweiligen Stars passte.

*Bravo*-Teenies aus allen Teilen Deutschlands, schüchterne und verklemmte vom Land, aufgeweckte aus der Großstadt, dicke, dünne, große, kleine – und keiner von ihnen war je zuvor in Amerika gewesen, schon gar nicht in Hollywood. Einen Leser werde ich nie vergessen: Er wollte einfach kein Taschentuch für seine laufende Nase benutzen und rotzte und rotzte. Und das bei einer Begegnung mit Ali MacGraw, eine der elegantesten Frauen Hollywoods. Ali nahm das äußerst charmant hin. Leicht für sie, weil sie mit der Rotznase nur 15 Minuten verbringen musste. Sie freute sich wirklich über den »Otto«, da sie als Schauspielerin in Hollywood nicht ernst genommen wurde. Der »Otto« war ihre erste Auszeichnung.

Ganz durch Zufall begegneten wir, der *Bravo*-Teenie und ich, Ali kurze Zeit später im »Melting Pot«, einem Restaurant an der Melrose Avenue. Zu meiner Überraschung winkte sie mich zu sich. »Darf ich Ihnen Steve McQueen vorstellen?«, fragte sie. Ich wusste nicht, wie ich mich verhalten sollte. Mir klopfte das Herz, ich brachte keinen Ton heraus. Da sitzt dieser Hollywood-Held, hält einen Hamburger in der Hand und starrt mich mit seinen eisblauen Augen an. Er verzieht keine Miene, dachte ich mir, genau wie im Film, und machte mich mit der Rotznase aus dem Staub. So ist das also. Steve McQueen sitzt in einem Straßencafé und verschlingt einen Hamburger. Mein Gott, sagte ich mir: Du bist wirklich in Hollywood.

Ich kaufte mir mein erstes eigenes Sofa. Es war dunkelbraun und passte zum hellgelben Teppich – genauer gesagt waren es zwei Sofas, die ich mitten in den Wohnraum einander gegenüberstellte. So kannte ich es aus Hollywood-Filmen, und das gefiel mir. Mein erster Besucher auf meinen »Love Seats«, so nennt man Sofas für zwei Personen, war Giorgio Moroder. Es war sozusagen ein historischer Besuch. In seinem Koffer hatte er »Love to Love you Baby«. Damit wollte er die Plattenfirmen abklappern. Helga, eine Münchner Freundin, die ich vom Mädchenheim her kannte, arbeitete in seinem Tonstudio und schickte ihn zu mir. Ich mochte ihn auf Anhieb, er war sehr bescheiden und hatte eine warme Ausstrahlung. Er trug, genau wie ich damals, einen dauergewellten Lockenkopf und einen Schnurrbart. Er sah nicht aus wie ein wilder Musiker, sondern war elegant gekleidet wie ein Gentleman.
Giorgio und sein englischer Partner Pete Bellotte waren guten Mutes, weil die Reaktionen auf ihre Donna Summer-Nummer in New Yorker Discotheken unheimlich gut waren. Die coolen New Yorker tanzten wie verrückt, wenn ein DJ die Platte

auflegte. Das sprach sich herum, und plötzlich waren alle heiß auf »Love to Love you Baby«.

Giorgio erklärte mir seinen Plan: »Ich will international produzieren, und das geht nur in englischer Sprache. Die Donna in München zu treffen war ein großer Zufall, und die Voraussetzungen haben alle gestimmt. Sie war Amerikanerin, eine sehr gute Sängerin, gut aussehend, sehr talentiert – es war nur eine Frage der Zeit, den richtigen Song zu finden. Bei der Donna wusste man, wenn es nicht die erste Platte ist, dann die zweite oder dritte – das ist jetzt ›Love to Love you Baby‹, wir dachten uns, das könnte was für Amerika sein.«

Giorgio war schon zum dritten Mal in Amerika und machte die Runde bei den amerikanischen Plattenfirmen – und endlich kam er weiter als nur bis zur Sekretärin. Die Reaktionen bei den größeren Firmen waren wieder nicht besonders positiv, sie zögerten, sich auf eine neue Künstlerin einzulassen und ein Lied, das einen ganz neuen Sound und einen gewagten Text hatte, und wollten nicht so recht glauben, dass der Disco-Sound etwas ganz Großes werden würde.

Europäische Produkte waren bis dahin überhaupt nicht gefragt in Hollywood. Giorgio war der Erste, der das Gegenteil bewies. Ein paar Tage später rief er mich an und lud mich ins »Le Dome« am Sunset Boulevard ein: »Es gibt einen Grund zum Feiern. Neil Bogart, Boss der neuen Plattenfirma Casablanca, hat der Song sofort gefallen. Er hat gute Ohren und braucht neue Künstler«, freute sich Giorgio, »außerdem weiß er mit Disco was anzufangen.«

Giorgio, der Feinschmecker aus Südtirol, entpuppte sich als großzügiger Gastgeber: Ich trank zum ersten Mal Dom Perignon. Es war der Beginn einer spannenden Zeit und einer langjährigen Freundschaft.

Am nächsten Morgen sprang ich wie immer aus dem Bett: Wo

96

nces Schoenberger, *Golden Globes* 2002 (Foto: Volker Corell)

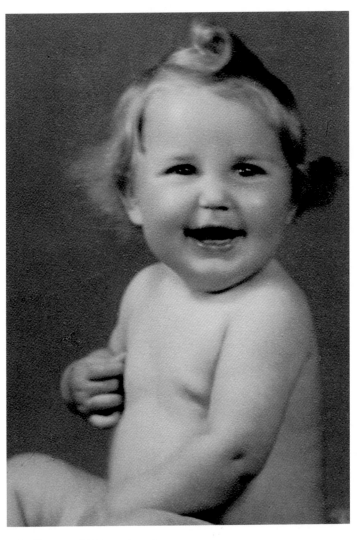

Baby Frances 1946 (Foto: privat)

Meine Mutter Fannerl Gangkofer und mein Vater Sebastian Niggl vor meiner Geburt 1943, das einzig gemeinsame Foto von meinen Eltern (Foto: privat)

Frances mit Mutter 1949 (Foto: privat)

...nces mit Opa Schoenberger, meinem Vormund, 1952 (Foto: privat)

...lksschule Kollbach 1953 (Foto: privat)

mit Alfred Hitchcock zu *Frenzy* in New York City 1972 (Foto: privat)

mit Tony Curtis in seiner Villa in Belair 1973 (Foto: privat)

mit John Lennon, Park Lane Hotel, New York 1975 (Foto: Bob Gruen)

John Wayne zu *The Shootist* (*Der letzte Scharfschütze*) 1976 (Foto: privat)

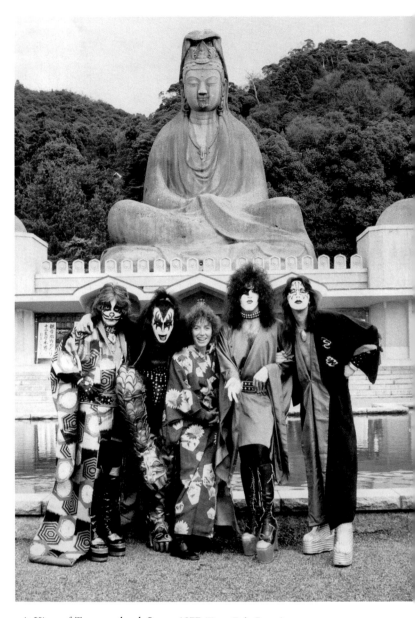

mit Kiss auf Tournee durch Japan 1977 (Foto: Bob Gruen)

Nastassja Kinski bei einer meiner Poolpartys 1978 (Foto: privat)

mit Billy Wilder in seinem Büro in Beverly Hills 1982 (Foto: privat)

Charles Bukowski und seiner Frau Linda in seinem Haus in San Pedro 1988
(Foto: privat)

mit Thomas Gottschalk während seiner Geburtstagsfeier in München
1991 (Foto: privat)

mit Quentin Tarantino und Uma Thurman zu *Pulp Fiction* 1994 (Foto: privat)

Daisy (14 Jahre) auf meinem Bett 1996 (Foto: Stefanie Schneider)

mit Wim und Donata Wenders auf meiner *Oscar*-Party für Caroline Link zu ihrem nominierten Film *Beyond Silence* (*Jenseits der Stille*) 1998 (Foto: privat)

mit Steven Spielberg zu *Saving Private Ryan* (*Der Soldat James Ryan*) 1998 (Foto: privat)

kommen die nächsten 500 Dollar her? Wovon werde ich die Miete und meinen Lebensunterhalt bestreiten? Jeden Morgen beim Zeitunglesen die gleiche Frage: Für welche Story könnte ich *Bravo* interessieren? Mit deutschen Themen hatte ich die größten Chancen. In der *Daily Variety* stolperte ich in Army Archerds Kolumne über einen Bodybuilder mit dem Spitznamen »österreichische Eiche«. Es handelte sich um Arnold Schwarzenegger. Immer wieder tauchte sein Name auf. Sein frecher, erfrischender Humor bei Talkshows machte mich neugierig. Mit dem Österreicher sah ich eine gute Chance, ein schönes Honorar zu verdienen.

Ich bemühte mich um einen Interviewtermin. Obwohl wir beide in Los Angeles lebten, bestellte Schwarzenegger mich im Frühjahr 1976 zu unserem ersten Treffen nach San José in Nord-Kalifornien (damalige Flugkosten: 51 Dollar) ins »Center for Performing Art«. Dort fand der »Mr. California«-Wettbewerb der Bodybuilder statt, und Arnold produzierte die Show. Arnold war damals schon sehr clever im Umgang mit Presse- und Marketingleuten, ein wirklicher Profi. Am Wettbewerb selbst nahm der »Muhammad Ali des Bodybuildings« gar nicht mehr teil. Trotzdem war er stets der Mittelpunkt: Entertainer auf der Bühne und hinter der Bühne. »Ihr trainiert den Oberkörper wie Wahnsinnige. Habt ihr eure Steckerlbeine vergessen? So gewinnt man nicht. Das Einölen alleine bringt's nicht«, spöttelte er über seine Sportkollegen und stachelte damit ihren Ehrgeiz an.

Mir fiel sein langsamer, bedächtiger Gang auf und seine ständige Aufmerksamkeit. Ihm entging nichts. Erst am späten Abend, nachdem ich ihn lange genug als Gott der Muskelmänner hatte beobachten können, nahm er sich Zeit für mich. Mir war aufgefallen, dass die Männer entweder sein wollten wie er oder sich mit schlechten Witzen über ihn lustig zu machen versuchten. Wenn sie über seinen Sport lästerten und Bodybuilding und Homosexualität in einem Atemzug nannten, reagierte Arnold empfindlich: »Die Lästerer wissen gar nicht, wovon sie reden. Bodybuilding ist kein männlicher Schönheitswettbewerb. Ich vergleiche mich viel mehr mit einem Bildhauer.« Ich fragte ihn, wie Frauen auf seinen Körper reagieren, schließlich würde er in amerikanischen Biologie-Schulbüchern als der »ideale Mann« dargestellt. »Wenn Frauen sich nur für meinen Körper interessieren, ist mir das recht. Ich weiß ihren Vornamen am nächsten Tag auch nicht mehr. Ab und zu kommt es schon vor, dass mir ein Mädl sagt: ›Arnold, ich mag schlanke Männer lieber.‹ Dann sag ich: ›Aus uns wird nichts.‹«

Während unserer Unterhaltung ließ er keinen Rock vorbeiziehen, ohne ihm aufmerksam nachzuschauen, besonders wenn sich große, knackige Hinterteile abzeichneten. Er war jederzeit zu einem Flirt bereit.

In Arnolds Gegenwart kann man nervös werden, nicht nur wegen seines imposanten Körpers – an den Anblick gewöhnt man sich schnell –, sondern weil er es darauf anlegt. Mit seiner unwiderstehlichen Persönlichkeit kontrolliert er jede Situation. Charmant und witzig. Schlau und schlagfertig. Charismatisch. Immer im Mittelpunkt. Am meisten aber überrascht sein Humor, über sich selbst lacht er am lautesten.

Anders als die meisten Stars, die nur von sich selbst reden, interessierte sich Schwarzenegger jedoch für sein Gegenüber und fragte mich über mein Leben aus. Wir entdeckten Gemeinsamkeiten. Mein niederbayerischer und sein österreichischer Dialekt sind ähnlich. Arnold kam 1968 nach Amerika, ich ein Jahr später. Beide liebten wir Kalifornien: die Freiheit, die wunderbare Mischung der verschiedenen Kulturen, dass die Leute offener und toleranter sind und nicht neidisch, wenn einer Erfolg hat. Und dass sie nicht so böse übereinander herziehen, wie wir das von zu Hause gewohnt waren, Arnold, der Polizistensohn aus einem kleinen Dorf, und ich, die Gastwirtstochter aus einem kleinen Kaff. Beide konnten wir noch rot werden.

Und woher kommt dieser Ehrgeiz, sein »Drive«? »Das ist seit meiner Kindheit meine Art zu überleben. Ich wollte nicht so leben wie die Menschen um mich herum. Ob es nun Bauern sind oder Schneider, Tischler, Polizisten. Ich habe mehr erwartet vom Leben. Also habe ich mich entschlossen: Ich will es besser haben. Und dann hat es nur noch eins gegeben: trainieren, trainieren, gewinnen. Ich muss Mr. World werden! Ich muss nach Amerika! Ich muss Mr. Universe werden! Ich muss zur Schule! Ich muss was lernen! Ich muss weiter! Für mich gab es nur eine Option. Und die war raus aus Österreich und in Amerika etwas erreichen.« Wir verabredeten uns in Los Angeles.

Meine erste Begegnung mit David Carradine im Winter 1975 werde ich auch nie vergessen, weil er so einzigartig war. Mir ist seither nie wieder ein Schauspieler begegnet, der so uneitel war und sich überhaupt nicht um sein Image scherte. Er erwartete mich an einem Sonntagmorgen bei sich zu Hause. Die Tür stand sperrangelweit offen. In dem Haus am Laurel Canyon herrschte an diesem Tag um 11 Uhr 30 eine himmlische Ruhe. Sonnenstrahlen warfen lustige Muster auf den Holzfußboden. Möbel gab es nicht. Eine Wendeltreppe führte ins obere Stockwerk des Glashauses. Der Fußboden, aus den Deckplanken eines alten Kriegsschiffes gefertigt, knarrte.

»Howdy, komm nur rein«, sagt eine Stimme. David Carradine liegt auf einer Matratze, dem einzigen Möbelstück im Raum. Es gibt weder Bettlaken noch Kopfkissen. Er scheint voll bekleidet in langer Hose und Rollkragenpullover geschlafen zu haben. Er reibt sich die Augen, gähnt und räkelt sich wie eine Katze. Ich nehme auf einer Ecke der Matratze Platz – wo sonst?

Und warte. Vielleicht will er sich kurz duschen, Kaffee trinken oder die Zähne putzen? Nein, er will mit mir reden. Mit einer entschuldigenden Handbewegung weist er auf den kahlen Raum: »Ich hab das Haus selbst mit Freunden aus den Überresten nach einem Brand neu gebaut. Elektrisches Licht hab ich auch noch nicht, nur Kerzenlicht am Abend.« Er fragt mich, ob ich ihm seine Platte »Grasshopper« in Deutschland beschaffen kann. Er weiß gar nicht, welche Songs drauf sind. Ich bin verwundert. »In London hat mich einer gefragt, ob ich eine Platte machen will, nachdem er mich in einer TV-Show hat singen hören. Ich sagte klar, bisher hatte mich noch keiner gefragt. Ich arbeitete vier Wochen im Plattenstudio, bis es zum Streit kam.« »Was ist passiert?« »Mir ging alles zu langsam. Es machte mich verrückt, dass ich tagelang nicht ins Studio konnte wegen irgendwelcher Besprechungen. Ich hasse Leerlauf. Zum Schluss wurde ich richtig wütend. Als sie mich nicht bezahlen wollten, schmiss ich alles hin und verbot ihnen, die Platte rauszubringen. Ich ließ meinen Rechtsanwalt einen entsprechenden Brief schreiben. Die Antwort war, dass sie zahlen wollen. Das war das Letzte, was ich gehört habe, und jetzt erzählst du mir, dass die Platte rausgekommen ist. Geld hab ich bis heute keins gesehen. Ich hab die Songs nicht wegen des Geldes aufgenommen, aber wenn die dran verdienen, will auch ich Kohle sehen.«

Carradine steht auf, geht langsam die Treppe herunter und holt eine Gitarre aus dem Kofferraum seines hellblauen Chevrolet-Cabrios. »Diese Gibson hab ich erst seit einer Woche«, erzählt er. »Nach dem Fiasko in England verkaufte ich

100

alle meine Gitarren und wollte nichts mehr von der Musik wissen. Aus. Vorbei.«

Er schlägt die Gitarre an, singt »I am a Wanderer ...«, steht auf, schüttelt seine Jacke aus, versucht Hundehaare zu entfernen, zieht seine Schuhe an. »Ich hab Hunger, muss Frühstücken gehen«, meint er und wirft mir beim Einsteigen in den Straßenkreuzer eine Kusshand zu. Die Haustür steht weiterhin offen. »Ich bin zu faul zum Abschließen. Aber es gibt ja bei mir auch nichts zu klauen ...«

Ach, wenn sie nur alle so unkompliziert wären, seufzte ich schon damals. Mit David Cassidy, dem Idol kreischender Teenager, war es bei weitem nicht so einfach. Während der Woche drehte er seine TV-Sendung »Partridge Family«, am Abend arbeitete er im Plattenstudio, und am Wochenende ging er auf Tournee – einer seiner ersten großen Auftritte fand in New York City im Madison Square Garden vor 20 000 kreischenden Mädchen statt. Im Houston Astrodome brach er alle Rekorde: zwei Auftritte mit je 56 000 verkauften Tickets. Er musste nur eine Hand heben, und die Girls gerieten außer Rand und Band. Im Auftrag von *Bravo* musste ich mich an ihn heranmachen.

In Amerika klang die Aufregung um die »Partridge Family« schon ab, in Deutschland hatte das Phänomen David Cassidy gerade erst begonnen. Von dort trudelte bald mehr Fanpost ein als aus der restlichen Welt. David und sein Management hatten dazugelernt. Besonders vorsichtig waren sie mit der Presse, davon hatte David mittlerweile die Nase voll. Ein *Rolling Stone*-Titel mit einem halbnackten Cassidy wurde als skandalös empfunden und hätte beinahe seine Karriere ruiniert.

Es war nervenaufreibend, an ihn heranzukommen. Unzählige Telefonate, Briefwechsel, Leute zum Essen ausführen. Er war umringt von Menschen, die von ihm profitierten: Agenten, Manager, Schauspieler, und jeder von denen versuchte alle anderen von ihm fernzuhalten.

Der Presseagent wimmelte mich ständig ab. Also schrieb ich einen Beschwerdebrief an Ruth Aarons, Cassidys Managerin, mit einem Hinweis darauf, wie viele Platten man in Deutschland verkaufen könnte. Doch erst durch die Verbindung zu dem Fotografen Henry Diltz, den ich während meiner New Yorker Zeit kennen gelernt hatte, kam mein erster Termin zustande. Ich hatte einen Stoß *Bravos* mit David Cassidy auf dem Titelbild unter dem Arm – dass man mit Coverbildern das Eis brechen kann, habe ich schnell gelernt.

Ich durfte Cassidy bei den Dreharbeiten besuchen. Am Eingang des TV-Studios in North Hollywood lagerte eine Traube von Teenies in der Hoffnung, wenigstens beim Rein- oder Rausfahren einen Blick von ihm erhaschen zu können. Als ich ihn sah, fielen mir die Worte meines Chefredakteurs Gert Braun ein: »Girls in der Pubertät mögen keine haarigen Typen. Vor der Männlichkeit empfinden sie Scheu und Angst.« Der schmächtige David sah aus wie ein Mädchen mit männlichem Körper. Hübsches Gesicht, kein Bartwuchs, wehende, schulterlange Haare, kleiner als ich mit meinen 1 Meter 72. Mit seinem niedlichen Gesicht und seinem spitzbübischen Lächeln wirkte der 19-jährige Cassidy in seiner Rolle als 16-jähriger Partridge absolut glaubwürdig.

Die »Partridge Family« war die Geschichte einer Band, bestehend aus der Mutter und ihren fünf Kindern. David spielte den ältesten Sohn. In einem lustigen Bus rumpelten die Partridges von Ort zu Ort, um Konzerte zu geben. Welcher Teenie wollte nicht zu dieser Familie gehören und David als großen Bruder haben?

Cassidys Fanclub wuchs und wuchs und war bald größer als

der der Beatles oder von Elvis. In den Zeiten vor der Erfindung des Videorekorders und der ewigen Wiederholungen auf den vielen Privatkanälen war diese Sendung ein richtiger Straßenfeger: Am Freitagabend um 20 Uhr 30 saß man vor dem Fernseher – oder man verpasste die Show.

Nach jeder Szene verschwand David in seinem Wohnwagen mit separater Schlafecke und Küche. Diese Wohnwagen sind in Hollywood das Sinnbild für Macht, ihre Größe wird von den Agenten genau ausgehandelt. Und nur als Star bekommt man seinen eigenen Wohnwagen.

David hing ständig am Telefon. Ich konnte ihn beobachten. Ich empfand ihn charmant und frech, zu gleicher Zeit extrem zurückhaltend, vorsichtig und unnahbar. Er trug Jeans und ein gestreiftes Hemd. Um den Hals ein Muschelkettchen aus Hawaii. Seine Haare frisch gewaschen und geföhnt. Seine Gesichtshaut litt unter der täglichen Maske. Ich entdeckte Pickel. Big News für die Teenies in Deutschland!

Irgendwann war ich mit meinen peinlichen Fragen an der Reihe: »Was ist deine Lieblingsfarbe? Warum bist du Vegetarier? Wer ist dein Lieblingsstar? Was ist dein Lieblingstier? Was isst du am liebsten? Welche Schuhgröße hast du? Hast du einen Talisman?« Ohne Henry Diltz' humorvolle Unterstützung hätte ich keine Antworten bekommen. Henry hatte mich eingeweiht, wie ich mit David umgehen sollte. »Er hasst dieses Teeniestar-Getue. Versuche, ihn ernst zu nehmen.« Ich war erleichtert, endlich den direkten Draht zu David gefunden zu haben. Wir hatten Spaß miteinander. Deswegen ließ er sich sogar auf einen exklusiven Fototermin für *Bravo* ein. Ich war im 7. Himmel, denn das bedeutete für mich mehr als nur eine Reportage. Glücklich tuckerte ich mit meinem Auto nach Hause.

Und dann kam die telefonische Einladung: »Komm doch zum

Schwimmen vorbei, dann plaudern wir am Pool.« David lebte auf einer kleinen Ranch mit einem eisernen Tor und einer
langen Auffahrt im Stadtteil Encino im San Fernando Valley.
Dort ist es im Sommer drückend heiß, viel heißer noch als auf
der Hollywood-Seite. Von der Straße aus konnte man überhaupt nichts sehen, kein Nachbar hatte Einsicht. Sein Briefkasten war dreimal so groß wie üblich. Das Haupthaus war
mit Büschen und Bäumen zugewachsen. Dahinter ein Swimmingpool. Gegenüber ein riesiger Orangenhain – mein kali-
fornischer Traum. Daneben ein kleines Gästehaus mit zwei
Zimmern. Und eine Hundehütte für Bullseye, Davids besten
Freund, dem er auch mal einen Privatjet mietete, um ihn zu
Plattenaufnahmen nach Colorado mitnehmen zu können.
Eine Katze lag schnurrend auf dem Küchentisch. Spitzende-
cke auf dem Esstisch. Das Wohnzimmer war voll mit Instru-
menten. Ein Schlagzeug stand mitten im Raum, und an der
Wand lehnten Gitarren. Eine typische Junggeselleneinrich-
tung. »Frances, genier dich nicht. Komm ins Schlafzimmer.
Ich kann noch nicht aufstehen«, hörte ich aus der anderen
Ecke des Hauses. David lag am frühen Nachmittag noch im
Bett. Er las seine Lieblingszeitung *Racing Form*, ein Blatt über
Pferderennen, und jammerte: »Ich war die ganze Nacht im
Plattenstudio. Ich bekomme die Augen nicht auf, sie sind
geschwollen. Aus dem Schwimmen wird nichts. Die Sonne,
der Pool, das ist zu grell. Oje, bin ich müde. What a life!«
Er stöhnte und gähnte. An seiner Seite ein Mädchen, das ich
in dem großen Bett erst gar nicht wahrgenommen hatte. Er
wechselte seine Gespielinnen häufiger als die Bettwäsche …
Als ich ihn als einzige Journalistin auf seine Europatournee
begleiten durfte, assistierte ich ihm bei der Auswahl der Mädchen. In Stockholm, Kopenhagen, Amsterdam, Paris und
München, überall warteten die Girls schon auf ihn, in Hotel-

hallen, am Flughafen, vor dem Hintereingang der Konzerthalle, im Lift. Davon profitierten auch die Roadies. Manche Mädchen verbrachten nur die Nacht mit einem Roadie, um näher an David Cassidy heranzukommen.

David hatte ein wachsames Auge – zu junge interessierten ihn nicht, da war er äußerst vorsichtig – und einen großen Appetit. »Hung like a donkey«, sagte mir Henry. Was das heißt? Sagen wir es so: Die Natur hatte seine Männlichkeit sehr großzügig bestückt.

Auf dem Weg nach München deutete David auf ein Foto von einem blonden Mädel in einem *Bravo* Foto-Roman: »Die gefällt mir.« Dann stand sie tatsächlich am Flughafen. David wollte gleich mit ihr auf sein Zimmer im Hotel Vier Jahreszeiten verschwinden. Doch Bubi Heilemann, der Fotograf, schimpfte: »Erst wird gearbeitet!« Lächeln für die Kamera, in verschiedenen Klamotten, Redaktionsbesuch, Autogrammstunde. Kaum waren die Pflichten erledigt, landeten die beiden nackt im Bett, das *Bravo*-Girl zwischen seinen Beinen. David winkte Henry ins Zimmer. Er strahlte: »Mach ruhig Fotos … Ist das nicht ein schöner Anblick?«

Puppa Armbrüster, ein Münchner Groupie, reiste ihm bis nach Los Angeles nach. Aber mehr als ein paar Nächte dauerte eine Affäre mit David nie. »Ich hab doch gar keine Zeit für eine feste Freundin«, erklärte er mir. »Monatelang arbeite ich 18 Stunden am Tag und muss mich vor der Öffentlichkeit verstecken. Es gibt überhaupt keine Chance, eine tiefere, ernste Beziehung mit einem Mädchen zu entwickeln. Zu viele Menschen krallen sich an mich. Keine Möglichkeit, überhaupt mein eigenes Leben zu leben.«

Als 1974 das Ende der »Partridge Family« in Sicht war, wirkte er erleichtert: »Ich habe nie davon geträumt, ein Popstar zu werden. Ich wollte ein anständiger Schauspieler werden und kein Freak auf der Bühne, der kleine Mädchen zum Kreischen und Quietschen bringt. Es gab Zeiten, da fühlte ich mich unbesiegbar wie James Bond. Dann wieder total verloren. Zeitungen schrieben über mich, der Messias ist gekommen! Ich sagte mir selbst, mein Gott, das ist doch absolut verrückt! Ich bin doch nur da, um zu singen. Ich wurde einfach auf die Bühne geschoben, auch wenn ich heiser war und gar nicht singen konnte. Andere beschimpften mich als gefährlich, gesundheitsschädigend, als bei einem Konzert in Australien 50 Mädchen ohnmächtig umfielen.«

Mit 25 stieg er aus: »Ich konnte es nicht mehr ertragen, wie die Leute verrückt spielten, wenn ich einen Raum betrat, und hatte immer den Eindruck, mich dafür entschuldigen zu müssen, dass ich ein ganz normaler Typ bin. Komplimente sind wunderbar, aber irgendwann kommt eine Zeit, wo man allergisch reagiert: ›Nimm deine Hand aus meinem Hemd, ich will nicht, dass du meine Brust anfasst.‹ Wenn man so erfolgreich ist, will jeder einen berühren, in der Hoffnung, dass das abfärbt.«

Nach seiner großen Welttournee zog sich David Cassidy zurück und lebte eine Weile nach seinem ganz eigenen Rhythmus. Er stand um 6 Uhr abends auf und ging morgens um 9 Uhr schlafen. Er ließ keinen Menschen mehr an sich ran, außer seinen Psychiater, den er mindestens dreimal die Woche aufsuchte. In dieser Zeit starb auch noch sein Vater, zu dem er kein gutes Verhältnis gehabt hatte.

Zurück aus seinem freiwilligen Exil, versuchte sich David Cassidy jahrelang an einem Comeback, als Sänger und Schauspieler. Aber so erfolgreich wie als Teenie-Star wurde er nie wieder. Heute lebt er mit seiner dritten Frau und dem gemeinsamen Sohn in Florida. Weit weg von Hollywood. Mit 50 hat sich der

Kreis geschlossen: Auf seiner Website www.davidcassidy.com vermarktet er die CD »Then and Now« – eine Sammlung seiner Hits –, mit Fotos von damals und heute. Er hat noch die gleichen Fans wie damals. Sie sind nur älter geworden, genau wie er. 40 Jahre alte Mütter, die ihre unschuldigen Teenager-Zeiten aufleben lassen – damals landeten bei seinen Auftritten Blumen auf der Bühne, heute fliegt Unterwäsche ...

# 7
## Sex and Drugs and Rock 'n' Roll

New York vermisste ich keine Sekunde. Was meine New Yorker Freunde mir prophezeit hatten, war nicht eingetroffen. Sie warnten mich, dass es in Los Angeles nur Freaks gäbe, die Drogen nehmen und ständig zum Psychiater rennen. Die New Yorker nannten Los Angeles auch abfällig »Bodytown«. Die Los Angelinos hätten nur Stroh im Kopf und würden sich ausschließlich auf ihren Körper konzentrieren. An diesem Vorurteil war etwas dran, nicht, was das Stroh anging, aber was die Körperkultur betraf. Ich konnte meinen dicken Hintern nicht länger im Wintermantel oder unter langen Pullovern verstecken, und so wurde ich Mitglied im Beverly Hills Healthclub, einem rosa Gebäude am Santa Monica Boulevard.

Ich ließ mich wiegen und das Resultat war vernichtend: »Sie haben Übergewicht, 15 Pfund zu viel.« Das war schrecklich deprimierend für mich, hatte ich doch schon so viele Diäten hinter mir. Aber ich wollte dazugehören zu den California-Girls. Mindestens dreimal die Woche schwitzte ich nun an Geräten und nahm an Aerobic-Kursen teil. Nach meinem Workout ging ich in die Sauna, und als Belohnung legte ich mich nackt auf das Dach zum Sonnenbaden – Frauen und Männer strikt getrennt. Ich verzichtete auf meinen geliebten

Käsekuchen, ernährte mich von Eisbergsalat und Hühnchen ohne Haut.

»Man kann nie reich oder dünn genug sein«, pflegte Diane Vreeland, die »Päpstin« des amerikanischen *Vogue*-Magazins, immer zu sagen. Dieses Zitat verfolgte mich mein ganzes Leben.

In meiner Anfangszeit lernte ich als Ein-Frau-Betrieb die Stadt schnell kennen. Damit den *Bravo*-Lesern die einmalige Reise in das aufregende Hollywood zu ihren Lieblingsstars in guter Erinnerung blieb, schleppte ich sie von Disneyland zur Universal Studio-Tour zum legendären Grauman's Chinese Theatre am Hollywood Boulevard mit den berühmten Fußabdrücken im Zement von Marilyn Monroe, John Wayne und vielen anderen Größen. Doch die Mühe hätte ich mir sparen können. Fast alle Teenager meckerten nur darüber, dass sie viel zu wenig Zeit mit ihrem Lieblingsstar verbringen konnten, egal wie viele Stunden es auch waren. Dabei sprach keiner von ihnen Englisch, die meisten waren noch nicht mal 18 Jahre alt und total unselbständig. Ich ließ sie deswegen auch bei mir wohnen. Während ihres gesamten Aufenthalts konnte ich sie keine Minute aus den Augen lassen – von dem Moment an, wo ich sie vom Flughafen abholte, bis sie Tage später wieder im Flieger saßen.

Ich weiß nicht, wie oft ich mit *Bravo*-Lesern in Disneyland unterwegs war, aber es war oft genug, um bis heute einen großen Bogen um diesen Ort zu machen. Das ist mir bis heute ein Gräuel: das Schlangestehen, das Warten, die Menschenmassen …

Natürlich habe ich sie auch alle an den Pazifischen Ozean gefahren, um die Surfer beim Wellenreiten zu beobachten. Dort ging mir jedes Mal das Herz auf. Als ich aus dem kalten und grauen New Yorker Winter im sonnigen Kalifornien eintraf, wollte ich als Erstes an den Strand zum Sonnenbaden. Ich wunderte mich darüber, dass Sonnencreme nur auf dem hintersten Regal im Drugstore zu finden war, noch mehr, dass ich so ziemlich die Einzige war, die sich im Dezember in den Sand legte. »Warum tragen die Surfer schwarze Neoprenanzüge?«, fragte ich. »Weil sie sonst im eiskalten Pazifik erfrieren würden«, war die Antwort. Das wollte ich testen und tatsächlich, wie von der Tarantel gestochen sprang ich aus dem Wasser zurück auf mein Handtuch, zitternd und bibbernd. Kaum war die Mittagssonne weg, verjagte mich ein kalter Wind.

Was Kalifornien im Winter bedeuten kann, erlebte ich an einem einzigen Tag: Mit meinem dunkelblauen Renault fuhr ich in die San Bernadino Berge, wo Schnee lag, weiter in die Wüste nach Palm Springs, mit der trockenen Hitze, dann zurück in die Stadt am blauen Pazifik mit der leichten Meerbrise, und Stunden später befand ich mich wieder zu Hause unterm eigenen Orangenbaum in meinem Garten.

Es sind vor allem die Regenstürme, die im Winter das Wetter bestimmen, und die machten mir anfangs ganz schön zu schaffen. Das Autofahren war gefährlich, die Straßen glatt, mein Dach undicht, überall gab es Überschwemmungen, an jeder Ecke einen Unfall.

In meinem ersten Winter in Hollywood lief ständig der Ohrwurm »It never rains in Southern California« im Radio, und meine Teenies waren schrecklich enttäuscht, wenn ihnen der Sonnenschein versagt blieb. Für diesen Hit bekam übrigens auch Albert Hammond einen »Otto«. Als er den Song schrieb, erzählte er, hätte er noch im grauen England gelebt: »Ich war noch nie in Kalifornien gewesen und träumte vom ewigen Sonnenschein, weil mir vom englischen Dauerregen die Decke auf den Kopf fiel.«

Außer ein paar beruflichen Kontakten durch die *Bravo* kannte ich anfangs niemanden, und ich hatte keine Freunde. Ich konzentrierte mich ganz auf meinen Job. Gott sei Dank kam plötzlich Constance nach Los Angeles, weil sie sich in einen hiesigen Journalisten verliebt hatte. Sie übernahm ein Weilchen die Stelle als meine 75 $-die-Woche-Assistentin und half mir, das Büro am Laufen zu halten. Einmal die Woche informierte ich die *Bravo*-Redaktion mit Berichten darüber, was sich in Hollywood so tat, um Aufträge zu bekommen. Ich verschickte Exemplare der Zeitschrift mit einem persönlichen Brief an alle Agenturen, Filmstudios und Plattenfirmen, um sie auf meine Anwesenheit aufmerksam zu machen, Kontakte zu knüpfen und auf ihre Einladungslisten gesetzt zu werden. Man musste auf diesen Listen stehen, um bei Partys, Konzerten und Backstage dabei zu sein ... sonst ging gar nichts. »Hoffentlich stehst du auf der Liste, wenn du an die Himmelstür kommst, dass dich der liebe Gott auch reinlässt ...«, schäkerte ein Fotograf mit mir, während ich mal wieder brav in einer Schlange stand und darauf wartete, dass ein Security-Mann meinen Namen abhakte.

Abends war ich wie schon in New York meist unterwegs, um Rockkonzerte zu besuchen, von David Bowie über die Bee Gees zu Rod Stewart. Oder ich sah mir neue Gruppen an in Clubs wie dem »Troubadour«. Es war leicht, Tickets von den Plattenfirmen zu bekommen, aber ohne Bilder konnte ich meine Texte nicht verkaufen, und dafür musste ich für meinen Fotografen eine Fotogenehmigung bekommen. Damit durfte er dann unmittelbar vor der Bühne stehen und die Show festhalten. Diese Genehmigung zu erhalten, zu den Auserwählten zu gehören, war ein zäher Kampf, weil oft nur drei Fotografen pro Konzert zugelassen wurden, und die auch manchmal nur zu den ersten drei Songs. Doch Belegexemplare mit schönen, farbigen Doppelseiten oder gar einem Titelbild überzeugten die Manager. Und für mich bedeutete das, je besser die Fotos von den Gruppen, desto größer meine Story. Ich war davon abhängig, viele Geschichten ins Blatt zu bekommen, weil ich nur für die veröffentlichten Storys honoriert wurde. Von meinem Grundgehalt allein, den 600 Dollar monatlich, konnte ich nicht leben.

Durch die neun Stunden Zeitunterschied musste ich morgens schon früh aus dem Bett springen, um meine Kollegen bei der *Bravo* in München telefonisch erreichen zu können. Dort beneideten sie mich alle. Sie vermuteten mich an irgendeinem Swimmingpool, einen Cocktail in der Hand, mit Berühmtheiten plaudernd. Aber das gibt's wirklich nur im Film. Keiner machte hier so lange Mittagspausen wie die Kollegen in München, keiner sagte »Mahlzeit« und verschwand, ohne sich darum zu kümmern, ob das Telefon besetzt ist. Anrufe werden in Hollywood spätestens beim zweiten Klingeln entgegengenommen. Manchmal wartete ich stundenlang neben dem Apparat auf einen Rückruf, weil ich mir nicht leisten konnte, ihn zu verpassen. Es hätte mich Tage gekostet, diese Person wieder an die Strippe zu bekommen, schließlich war ich nur eine kleine Nummer. Die drei Jahre in New York City waren zweifellos das beste Überlebenstraining. Aber die Hollywood-Mentalität war mir anfangs noch fremd. Der Umgangston war freundlicher und die Egos waren größer. Karriere stand an erster Stelle. Jede Bedienung, jeder Ober schien ein Schauspieler zu sein und jobbte nur, um die Miete zu bezahlen. Alle warteten auf den großen Durchbruch.

Im Februar 1973 meldete sich Michael Montfort, der Fotograf aus München, plötzlich wieder und kündigte seinen Besuch an. Daraus wurden drei entscheidende Wochen. Montfort wollte sich scheiden lassen. Und schon ein paar Monate später zog er mit seinem Hab und Gut von München zu mir nach Hollywood. Die *Bravo*-Kollegen hatten untereinander eine Wette geschlossen, wie lange das mit ihm und mir gut gehen würde. Mutti war auch nicht begeistert: »Der ist geschieden, der hat schon einmal versagt, was willst du mit dem?« Nur mein Opa bestärkte mich, weil ich seine Bedingung erfüllt hatte: »Bring mir bloß keinen Preußen nach Hause …« Montfort war Badenser.

Ich war 27, ich wollte eine Beziehung, ich wollte einen Mann in meinem Leben. Ich hatte noch nie mit einem Mann zusammengelebt. Die Räumlichkeiten am Beachwood Drive machten es möglich.

Das Leben mit Montfort war eine Bereicherung. Er hatte Geschmack, seine Kunstsammlung, seine persönlichen Schätze werteten das Häuschen stilvoll auf. Und der Kühlschrank war immer gefüllt. Ich lebte nicht mehr wie in New York nur von Marmeladenbrot und Schweizer Käse, auch mit meiner kalifornischen Salatdiät war Schluss. Endlich hatte ich ein Zuhause. Er kochte für mich, ging einkaufen, war am liebsten mit mir allein daheim. Er bemutterte mich. Montfort war meine Familie: Bruder, Schwester, Mutter und Freund zugleich. Ein Mann, der nicht um die Häuser zog, war eine neue Erfahrung. Aber Montfort war kein glücklicher Mensch, er war unzufrieden als Fotograf und fühlte sich unverstanden von der Welt. Zum Frühstück trank er Tee mit Rum. Das muss ich ihm abgewöhnen, nahm ich mir vor. Der braucht Hilfe und ich kann ihm helfen, ich war sehr geschickt darin, anderen unter die Arme zu greifen. Wir waren unzertrennlich.

Von einem Buchverlag bekam Michael den Auftrag, Charles Bukowski zu fotografieren. Der amerikanische Autor war erst im Alter von 50 Jahren entdeckt worden. Die Hauptfiguren

114

seiner Bücher waren Huren, Säufer, Penner, Gelegenheitsarbeiter, Mörder und Selbstmörder. Montfort las mit Begeisterung Bukowskis Werke über die Schattenseiten des amerikanischen Traums, die Welt, in der der Autor selbst gelebt hatte.

Ich hatte Schwierigkeiten mit seinen Büchern, die meisten mochte ich gar nicht. Erst als er in *Ham on Rye* (der deutsche Titel lautet *Das Schlimmste kommt noch oder Fast eine Jugend*) über seine entsetzliche Kindheit schrieb, konnte ich etwas mit dem Buch anfangen. Ich habe es von Anfang bis zum Ende verschlungen. Plötzlich verstand ich diesen Mann und sein Leben: die Sklavenarbeit auf dem Postamt, den Hang zum Alkohol, die Faszination, die von falschen Freunden und alternden Nutten ausgeht, der späte Ruhm als Autor.

Montfort nannte Bukowski ein »Seelchen«, nachdem er ihm zufällig im Supermarkt begegnet war und beobachtet hatte, wie sanft er die Melonen abtastete, um zu sehen, welche reif war. Er konnte von Bukowski nicht genug bekommen. Er verehrte den Dichter und versuchte ihn nachzuahmen, wie ein Sohn seinen Vater. Montfort war ein Trinker, genau wie Bukowski, der wenig redete und erst am Nachmittag, nach dem ersten Bier, ansprechbar wurde. Mit Bukowski zu trinken war ein Höhepunkt für ihn. Bukowskis Literatur über Saufen und die Schattenseiten des Lebens wurden Montforts Leidenschaft.

Montfort wollte, dass ich seinen neuen Freund kennen lernte. Hank, so nannten ihn seine Freunde, lebte in einem dunklen Einzimmerapartment in der DeLongpre Avenue an der Ecke der verkehrsreichen Western Avenue. Wir wohnten nicht weit weg von ihm, allerdings in einer besseren Gegend von Hollywood.

Unser erstes Treffen habe ich in unangenehmer Erinnerung. Ich nahm Platz auf Bukowskis alter, verschlissener Couch. In der Küche standen ein großer, alter Kühlschrank und ein kleiner Tisch mit einer altmodischen Schreibmaschine darauf. Dort schrieb er seine Bücher und Gedichte. Das breite Bett machte einen selbstgezimmerten Eindruck und schien der einzige Luxus zu sein. Dort sortierte er seine Wäsche aus, faltete die Bettlaken, steckte die passenden Socken zusammen. Bukowski gab den rauen Typen. Es war nicht schwer für ihn, diesen Eindruck zu erwecken, mit seinem pockennarbigen Gesicht und der Flasche Bier in der Hand. Ich wollte nicht lange bleiben. Nichts wie raus, dachte ich mir, das erinnert mich zu sehr an die Stimmung im »Gasthof zur Post«.

»I like you«, sagte Hank nach unserem Treffen in seiner unverkennbaren Art: ruhig, nachdenklich und langsam. Das beeindruckte Montfort sehr, weil ich mir überhaupt keine Mühe mit Bukowski gegeben hatte. Ich war nur mitgekommen, weil mein Freund so großen Wert auf die Bekanntschaft legte. Im Gegenteil, ich provozierte Bukowski und widersprach ihm ständig. Das machte ihm Spaß. Er reagierte amüsiert.

Bukowski avancierte plötzlich zum Liebling der deutschen Medien, seine Bücher wurden Bestseller und er konnte sich sein erstes eigenes Haus kaufen. Und ich bekam von *Cosmopolitan* den Auftrag, ein ausführliches Bukowski-Interview zu liefern. Montfort und ich besorgten eine Kiste Wein (Mirasson Gamay Beaujolais) und fuhren zu Hank nach San Pedro, am Hafen von Los Angeles gelegen, wo er mittlerweile lebte. Sein Haus befand sich in einer gutbürgerlichen Straße mit vielen Palmen. Es hatte eine mit Orangenbäumen bewachsene Auffahrt, einen eigenen Garten – »Mein Garten Eden«, nannte Bukowski ihn. Er lebte dort mit seiner Freundin Linda und drei Katzen, die ihm zugelaufen waren. Die eine hatte keinen Schwanz, der anderen fehlte ein Ohr, der dritten ein Auge. Irgendwann beim Abendessen, Linda hatte gekocht, konnte ich beobachten, wie er zärtlich eines der Kätzchen streichelte.

116

Ich bin mir nicht sicher, ob er jemals einem Menschen so nahe kam …

Die Haustür steht offen. Hank ist noch im oberen Geschoss. »Ich komme gleich herunter, ich war gerade in der Dusche«, ruft er, splitternackt, mit einem Handtuch um den Bauch geschlungen. Mir fällt auf, dass es bei ihm ausgesprochen ordentlich aussieht. Der flauschige grüne Teppich ist frisch gesaugt, die Waschmaschine läuft, in der Küche hängt ein Regal mit unzähligen Vitaminpillen – vermutlich eine größere Auswahl, als sie in mancher Apotheke zu finden ist. Hank kommt in einem gebügelten Hemd, in Jeans mit Hosenträgern und frisch gekämmt die Treppe herunter. »Jetzt brauche ich erst mal etwas zu trinken«, sagt er und grinst. »Danach können wir arbeiten.«

Bei unserer Nachmittagssitzung erlebe ich einen mir bisher unbekannten Bukowski. Er blinzelt in die grelle Sonne, zerrt etwas verschämt – »So leben wir eben« – die völlig überwucherten Gartenmöbel aus der Hecke und trinkt Erdbeerlimonade. Mit verhaltenem Stolz führt er seine selbstgezogenen Gemüsesorten vor. Es ist der direkte Gegensatz zum Abend unseres ersten Treffens, an dem er sich getreu seinem Image hatte voll laufen lassen und versuchte, den wilden Mann zu spielen – weil das von ihm erwartet wurde. An diesem Nachmittag hatte er nur ein Anliegen: »Ich will an meine Schreibmaschine!«

Ich war fasziniert von seiner tiefen Traurigkeit und Verletzlichkeit. Er hatte gütige Augen. Ein wenig erinnerte er mich an den Glöckner von Notre Dame. »›Tough‹ zu sein bedeutet für die meisten Leute, auf anderen herumzutrampeln. Ich bin nur zu mir selbst hart«, sagt er. »Ich will kein Mitleid, wollte ich noch nie. Was immer mir im Leben zustößt, akzeptiere ich.«

Seit er Erfolg hat, laufen ihm die Frauen nach. Anfangs hat er sich auf jede eingelassen, weil er einen riesigen Nachholbedarf hatte: »Zwischen 24 und 35 habe ich nur getrunken und keinen Sex gehabt, zehn lange Jahre lang. Weißt du, wenn man ein Penner ist und kein Geld hat, dann sind Ladys nicht an einem interessiert. Frauen interessieren sich nicht für einen Mann, der nichts zu bieten hat. Mit so einem geht keine ins Bett.«

Montfort war ein talentierter Fotograf und wurde über die Jahre hin Bukowskis »Haus- und Hoffotograf«. Sie veröffentlichten einige gemeinsame Bücher. Das war sein großer Stolz und machte ihn glücklich, brachte aber nicht genug ein, um die Miete zu bezahlen. Auch fiel es ihm schwer, auf die Menschen zuzugehen, und er hatte wenig Biss. Dafür war ich zuständig. Zum Geldverdienen »riss« ich meist die Geschichten auf, wie man im Journalistenslang so sagte, und Montfort half mir bei meinen Storys, indem er sie geschickt redigierte. Er hatte durch seine langjährige Tätigkeit bei Springer, *Stern* und *Quick* mehr Erfahrung als ich. Wir arbeiteten als Team und bauten uns eine gemeinsame Zukunft auf.

Ein Jahr lang suchten Montfort und ich nach einem eigenen Haus. Wo ich herkam, stand ein Hauskauf für jemanden in meinem Alter überhaupt nicht zur Debatte, da wurde ein Haus vererbt – falls überhaupt eines da war. In Amerika hingegen war es gang und gäbe, alle paar Jahre umzuziehen: man kauft ein Haus, verkauft es wieder und schafft sich ein größeres Haus an. Man musste höchstens 20 Prozent des Kaufpreises selber aufbringen, den Rest finanzierte die Bank. Die monatlichen Ratenzahlungen waren zwar höher als die Miete, konnten aber von der Steuer abgesetzt werden. In diesem Fall war es eine gute Investition, weil der Wert der Häuser ständig stieg. Das machte das Beispiel meines gemieteten Häuschens am

Beachwood Drive deutlich. Beim Einzug war es 40 000 Dollar wert, drei Jahre später schon 60 000 Dollar – ohne dass die Vermieterin auch nur einen Pfennig ins Haus gesteckt hätte.

Von unserem Traumhaus hatte ich sehr genaue Vorstellungen: Es musste einen Blick über die Stadt haben, einen Swimmingpool, mindestens drei Schlafzimmer aufweisen, um die Möglichkeit zu haben, in einem davon ein Büro einzurichten, es durfte unser Budget von maximal 100 000 Dollar nicht überschreiten und es mussten Parkmöglichkeiten vorhanden sein – schwierig, aber wichtig in den Hügeln. Ich arbeitete schließlich von zu Hause aus und musste Besucher berücksichtigen. Montfort und ich teilten uns das nötige Eigenkapital, aber den Bankkredit konnten wir nur auf meinen Namen bekommen, weil er in Amerika noch nichts nachzuweisen hatte. Für Frauen war das damals gar nicht so einfach, einen Kredit zu bekommen: Sie könnten ja schwanger werden und dadurch nicht mehr in der Lage sein, für die monatlichen Zinszahlungen aufzukommen – die ewige Ausrede der Männer, ehrgeizige Frauen auszubremsen, und selbständige Karrierefrauen waren damals noch eine Rarität. Schlussendlich erhielt ich von der Bank einen Kredit in Höhe von 75 000 Dollar.

Sehnsüchtig kurvten wir Sonntag für Sonntag den malerischen Mulholland Drive entlang, um Ausschau nach Häusern zu halten. Monatelang lotsten mich die Makler kreuz und quer durch die Stadt, aber entweder entsprachen die Objekte nicht meiner Vorstellung oder sie waren unerschwinglich. Außerdem achtete ich genauestens drauf, dass das Haus bei winterlichem Dauerregen weder den Berg runterrutschen, noch von Schlammmassen begraben werden konnte. Schreckensbilder dieser Art wiederholten sich jährlich, wie die Nachrichten berichteten. Eine ganz andere Gefahr entsteht im Herbst, nachdem es den langen heißen Sommer über nicht geregnet hat:

119

Buschbrände. Also sollte auch nicht zu viel Gestrüpp um das Haus herum sein.

Im März 1975 war es so weit. Wir entdeckten einen einstöckigen Bungalow mit viel Glas und eigenem Swimmingpool an meinem geliebten Mulholland Drive, einem Wahrzeichen von Hollywood, so bekannt wie die Frauenkirche in München. Meine Mutter war jedes Mal hellauf begeistert, wenn sie die Straße in einer der TV-Serien wieder entdeckte. Von David Hockney, der um die Ecke wohnte, gibt es ein wunderschönes Gemälde vom Mulholland, dieser kurvigen Straße, die ganz oben auf den Hügeln beginnt und einmal quer durch die Stadt läuft. Hier ist der junge Steve McQueen nachts zum Vergnügen Rennen gefahren, und ein preisgekrönter Film von David Lynch heißt sogar »Mulholland Drive« – Lynch wohnt unterhalb von mir.

Es war sehr schwierig, das Haus zu besichtigen, weil die Besitzer in Scheidung lebten und nie zu Hause waren. Doch erwies sich das als Vorteil für uns. Wir waren die Ersten, die endlich einen Termin für die Hausbesichtigung bekamen, und dadurch auch die Ersten, die ein Angebot machen konnten. Und nachdem wir sofort die Gegenforderung akzeptierten, hatten weitere Interessenten keine Möglichkeit mehr, uns zu überbieten, und wir waren die glücklichen Auserwählten.

Es war eine aufregende Zeit. Das Haus musste renoviert werden, neue Teppiche verlegt, Malerarbeiten erledigt, kaputte Türen ausgetauscht, Böden herausgerissen werden. Endlich ein guter Grund für Mutti, mich zu besuchen. Es war ihr erster Flug, und sie war zugleich schrecklich nervös als auch begeistert. Obwohl sie kein Wort Englisch sprach, genoss sie die Freundlichkeit der Menschen und verliebte sich sofort in die kalifornische Vegetation. So etwas hatte sie bisher nur im

Palmengarten in Frankfurt gesehen. Mutti packte an, wo sie konnte, nähte Vorhänge, kochte für uns, arbeitete im Garten. Endlich hatte ich sie mal ganz für mich alleine, es war eine glückliche Zeit für uns beide. Es war schön, sie so aufgeschlossen und fröhlich zu erleben. Und es machte mir Freude, sie zu verwöhnen, Friseur, ihre erste Massage, Maniküre, Pediküre, Essengehen … Nur machte ich mir jetzt noch mehr Sorgen ums Geld. »Wenn einer von uns beiden keinen Job hat, wie sollen wir jeden Monat 700 Dollar bei der Bank abzahlen?«, grämte ich mich und kümmerte mich noch stärker um neue Aufträge.

Ich wurde älter, und es fiel mir immer schwerer, über Rockkonzerte zu berichten oder Teeniestars zu hofieren. Ich hatte schon so viele gesehen, konnte es kaum abwarten, bis die Konzerte vorbei waren, und wollte lieber nach Hause gehen, als ewig auf ein Interview zu warten.
Es gab jedoch auch Ausnahmen wie Blondies Auftritt im »Whisky A Go Go«, dem berühmten Club am Sunset Boulevard, wo auch die Doors entdeckt wurden.
Ich fand Blondie faszinierend. Sie war eine schöne Frau und hatte ihren eigenen Stil. Enge Jeans, knappes ärmelloses T-Shirt, rote Baskenmütze, platinblonde schulterlange Haare. Und sie hatte etwas zu sagen: »Rock 'n' Roll war bisher fast ein reines Männergeschäft. Es wird Zeit, dass mehr Mädchen mitmischen«, meinte sie selbstbewusst auf der Bühne. »Was aber nicht bedeutet, dass ich bei uns das große Sagen habe. Blondie ist eine Gruppe und die Boys haben genauso viel mitzureden wie ich. Wir alle sind Blondie. Die Band hat nur meinen Spitznamen übernommen, den ich wegen meiner weißblond gefärbten Haare bekommen habe. Das ist ein verrückter Gag, den ich hoffentlich bald nicht mehr nötig habe.«

Trotzdem war die hübsche Debbie Harris der Mittelpunkt und die Attraktion der Band. Sie wurde als Amerikas hübscheste Punklady gefeiert, und mit ihrer Reibeisenröhre brachte sie Schwung in die Musikszene. Später, beim Interview in ihrem Hotel, erlebte ich sie ganz anders: zurückhaltend, ernsthaft. Woher sie ihr Musiktalent hat, wusste sie nicht. »Ich bin als drei Monate altes Baby adoptiert worden. Ich weiß nichts über meine Eltern.« Schon immer wollte sie selbständig und unabhängig sein. »Ich habe mit 14 Jahren mein eigenes Geld verdient. Als Hausmädchen oder Babysitter. Später arbeitete ich als ›Playboy-Häschen‹, als Bedienung und in einem Schönheitssalon.«

Aber sie träumte von ihrer eigenen Band. In einer New Yorker Bar lernte sie den Gitarristen Chris Stein kennen – und lieben. Sie gründeten Blondie, spielten in kleinen Clubs und waren in der New Yorker Underground-Szene schnell bekannt. »Aber davon kann man nicht leben. Geldsorgen haben wir immer noch«, gestand Debbie. Ihre Bühnenklamotten nähte sie daher selbst. Damals war ich bestimmt die Erste, die über Blondie in Deutschland berichtete, und ich habe sie wegen ihrer ehrlichen Art nie vergessen.

Blondie war eine von vielen Künstlerinnen und Künstlern, die ich interviewte, die sich eine langjährige, internationale Karriere aufbauen konnten. Ihr größter Erfolg war wohl der Hit »Call Me«, den mein Freund Giorgio Moroder für den Film *American Gigolo* mit Richard Gere komponierte und produzierte.

Ein anderer Künstler, dem ich über die Jahre kreuz und quer durch Amerika nachreiste, um über seine Auftritte zu berichten, war Neil Diamond. Kennen gelernt hatte ich ihn 1972 in New York, als er am Broadway auftrat. Vor dem Theater war ein roter Teppich ausgerollt. Ein gesellschaftliches Ereignis für New Yorks Prominenz, und für Neil Diamond der bisher aufregendste Tag seines Lebens, verriet er später. Die Bühnenshow war unglaublich. Langsam wird ein schwerer Samtvorhang zur Seite gezogen. Nebelschwaden bedecken die Bühne. Neil Diamond erscheint in einem kardinalroten, mit Flitter bestickten Anzug. Begeisterter Applaus brandet auf, als er seinen Welthit »Song song blue« anstimmt. Ohne Pause steht er zwei Stunden lang auf der Bühne, mal mit seiner fünf Mann starken Band, mal allein mit der Gitarre, mal macht er Witze, mal lässt er das Publikum im Chor mitsingen. Das Finale beginnt Neil, indem er mit ernstem Gesicht vor seine Zuschauer tritt und ein Bekenntnis ablegt: »Mein Name ist Neil Diamond. I weep (ich weine), I need (ich brauche), I care (ich mache mir Gedanken).« Und dann leitet er zu seinem wohl größten Hit »I am I said« über. Nachdem der letzte Ton verklungen ist, steht Neil minutenlang mit geschlossenen Augen regungslos auf der Bühne, das Publikum tobt vor Begeisterung. Er hat geschafft, woran schon viele große Künstler scheiterten: Neil Diamond hat den Broadway erobert!

Nach der Vorstellung durfte ich als einzige Journalistin in seine Garderobe, weil er sich bei seiner Deutschland-Tournee mit dem Fotografen Didi Zill angefreundet und Vertrauen zu uns hatte. Ich beglückwünschte ihn und fragte: »War es ein schwerer Weg?« Neil: »Ein langer Weg. Vom blassen, komplexbeladenen Kind, das in der Schule keine Leuchte war und keinen Anschluss fand, über den jungen Musiker, der erfolglos von Agent zu Agent lief. Ich war schüchtern und verunsichert, bis ich damit aufhörte, Musik nach dem Geschmack anderer Leute zu komponieren. Ich schreibe und singe heute nur für mich allein. Meine Musik ist ehrlich geworden – das spürt das Publikum. Und dankt es mir.«

Am nächsten Tag nahm Neil mich mit nach Washington. Ethel Kennedy war mit den beiden Kennedy-Schwestern Eunice Kennedy Shriver und Jean Smith Kennedy unter den Gästen gewesen. Neil hatte sich bereit erklärt, bei Eunices Wohltätigkeitsveranstaltung aufzutreten, die bei ihr zu Hause stattfand. Ethel holte uns vom Flughafen ab, eine gefährliche verrückte Autofahrerin, die lachend mit hoher Geschwindigkeit eine unübersichtliche, kleine Landstraße entlangraste, sämtliche Verkehrszeichen ignorierend. Es war ein Wunder, dass wir unversehrt bei Eunice eintrafen.

Eunice hatte ein großes Haus mit einem riesigen Grundstück. Die Terrasse wurde zur Bühne umgebaut. Das Familienzimmer, Staubwolken in jeder Ecke, diente als Garderobe für die Band. Überall sprangen Kennedy-Kinder herum. Ich erkannte sie an dem prägnanten Kinn, den ausgeprägten Wangenknochen, ihrer Haarpracht und den blitzend weißen Zähnen. Maria Shriver war damals noch ein molliger Teenager mit dickem Hintern und zu langen Jeans. Nie hätte ich mir träumen lassen, dass ich Jahre später Gast auf ihrer Hochzeit sein würde.

Die Kennedys wussten zu feiern: laut und übermütig. Jeder versuchte den andern zu übertreffen, um auf sich aufmerksam zu machen. Auf gut bayrisch: Es war eine Gaudi. Ich saß mucksmäuschenstill und ein bisschen ehrfürchtig dabei. Nachdem Neil gesungen hatte, kam Ethel auf die Bühne, scherzte und neckte ihn – und plötzlich war der Sound weg. Sie hatte ein Bier verschüttet und damit einen Kurzschluss produziert. Die beiden hätten einen elektrischen Schlag bekommen können. Auf alle Fälle war das das Ende der Veranstaltung.

Als ich nach Los Angeles umzog, halfen mir Neils Leute bei der Haussuche. Ich verstand mich gut mit seiner blonden Frau Marcia. Sie war die Lebhafte, Neil der Stille. Ich verbrachte ab und zu einen Sonntagnachmittag mit ihnen in ihrem Be-

124

achhaus in Malibu. Es war die Zeit, als Neil Diamond drei Jahre von der Bildfläche verschwunden war und dadurch die Gerüchte aufkamen, er hätte Krebs und er würde im Sterben liegen. Zu dieser Zeit hatte sich Neil vom Showleben völlig zurückgezogen. Er lehnte es ab, bei der Eröffnung eines neuen Hotels in Las Vegas als Stargast aufzutreten. Er komponierte keine Songs für Frank Sinatras Comeback. Und sogar einer Einladung von Prinzessin Margaret, bei einer Wohltätigkeitsveranstaltung aufzutreten, kam er nicht nach. Verträumt schaute Neil von seiner Terrasse aufs Meer: »Ich lebe endlich mal wieder wie ein normaler Mensch, lese Bücher und bin wie ein richtiger Vater und Ehemann an Weihnachten und an den Geburtstagen zu Hause. Das tut mir unsagbar gut.« Er beschäftigte sich mit klassischer Musik und schrieb die Filmmusik für *Jonathan Livingston Seagull*, den Film über die Möwe Jonathan. »In jedem von uns steckt ein Stück von Jonathan«, sagte er nachdenklich beim Kaffeetrinken. »Jeder möchte manchmal über sich selbst hinauswachsen.« So auch er. »Ich wollte mich und meine Persönlichkeit finden, ich wollte das Image als Star hinter mir lassen. Es hat lange gedauert, aber jetzt fühle ich mich wieder fähig aufzutreten.« Es würde ihn nun wieder reizen sich zu testen, denn »Konzerte sind eigentlich die einzige Möglichkeit herauszufinden, welche Songs ankommen. Für einen Sänger ungeheuer wichtig.«

Derartige Gespräche empfand ich immer als ein Geschenk des Himmels, wenn einer dieser kreativen und faszinierenden Menschen mir ihr Innerstes anvertrauten. Für mich war das immer der Höhepunkt, die menschliche Seite zu erleben, zu erfahren, womit sie sich in ihrem Leben beschäftigen und auseinander setzen, und was sie dann schlussendlich in ihrer Kreativität wieder einen Schritt weiterbringt – und nicht, wie sie auf der Bühne von Tausenden umjubelt werden.

Neil vertraute mir an einem dieser Sonntagnachmittage an, wie sehr ihn seine Konzerttourneen auslaugen: »Ich halte das körperlich und seelisch nicht durch. Man kann nicht Komponist, Texter, Plattenmacher, Ehemann und Vater sein und dazu auch noch neue Konzepte entwickeln. Früher standen Jesse und meine Frau Marcia immer weinend am Fenster, wenn ich auf Tournee ging. Ich hab nur ›Goodbye‹ gesagt und bin verschwunden. Das kann ich nicht mehr ertragen. Meine Familie ist wichtiger als der Erfolg. Ich muss mich um sie kümmern.«

Auch mit den Mitgliedern der Rockgruppe Kiss freundete ich mich an, eine Band, die vom Auftreten wie von ihrer Musik her ganz und gar das Gegenteil von Neil Diamond, dem sanften Familienvater mit seiner romantischen Musik, war. Den Trend, den Alice Cooper mit seinen Kostümen und dem geschminkten Gesicht gesetzt hatte, entwickelten Kiss eine Stufe weiter: Die vier traten als furchterregende Typen in schwarzer Lederkluft mit 20 Zentimeter hohen Plateau-Stiefeln und dramatisch bemalten Gesichtern auf. Auf den ersten Augenblick wirkten sie wie Menschen von einem anderen Stern. Die Musik war allerdings von dieser Welt – harter Rock 'n' Roll.

Zu den Konzerten kamen viele Fans ebenfalls in Kiss-Bemalung, standen auf den Stühlen und sangen jeden Song mit. Ryan Cassidy, Davids kleiner Stiefbruder, saß bei einem Konzert im Los Angeles Forum mit seinen Klassenkameraden hinter mir. Sie reckten die Hälse, um sich ja keinen Gag entgehen zu lassen. Und bekamen einiges zu sehen!

Schon der Beginn des Konzerts war sehr effektvoll: Eine dunkle Gestalt huscht über die Bühne und zündet sieben Kerzen an. In der nächsten Sekunde strahlen Spotlights auf zwei riesige Kristallkugeln, die an der Decke hängen – und unzählige kleine Lichtpunkte flirren durch die Halle und streichen über die 18 000 Zuschauer. »Ihr wollt das Beste? Ihr bekommt es! Hier ist die heißeste Gruppe der Welt: Kiss«, dröhnt es aus den Lautsprechern. Es kracht, es raucht, und es blitzt auf der Bühne. In einer gigantischen Explosion leuchten die vier riesigen Buchstaben KISS auf. Die vier Rocker springen mit ihren gefährlich hohen Plateau-Stiefeln auf die Bühne: Paul Stanley, mit seinen kirschrot geschminkten Lippen zweifellos der »Loverboy«, der Mädchentyp der Gruppe. Gene Simmons, der Verrückteste von allen, Feuer spuckend, der großartige Gitarrist Ace Frehley und Peter Criss an den Drums. Das Konzert ist furios und steigert sich zum Höhepunkt, dem Song »Fire House«. Feuerwehrsirenen heulen, Nebelschwaden und Rauch hüllen die Bühne ein. Gene stapft breitbeinig vor bis zur Bühnenkante, rollt mit den Augen, schüttelt drohend die Fäuste, streckt seine extrem lange Zunge heraus – und lässt »Blut« auf den Boden tropfen. Fasziniert schaue ich zu. Das Publikum ist außer Rand und Band. Kaum hatte es sich von diesem Anblick ein wenig erholt, wirbelten schätzungsweise 60 Feuerbälle über Peter und sein Schlagzeug, und gleich darauf beginnt das ganze Schlagzeug über die Bühne zu schweben. Ace Frehley spielt ein furioses Gitarrensolo und sein Instrument scheint in Feuer und Flammen aufzugehen, als er mit seiner Gitarre Feuerraketen abschießt. In guter alter Rockmusik-Tradition zerschmettert Paul seine Gitarre beim letzten Song brutal auf dem Bühnenboden und schleudert die Trümmer ins Publikum. Die Menschen toben, völlig erschöpft von dieser Kaskade an Eindrücken gehe ich nach Hause.

Mit meinem Konzertbericht in der *Bravo* war ich die Erste, die in Deutschland auf diese neue Gruppe aufmerksam gemacht hatte. Sie erschien sogar auf dem Titel – und das hatten sie bis dahin noch nicht mal in Amerika erreicht.

Im Frühjahr 1977 luden mich Kiss zu ihrer Japantournee

127

ein – zum Dank, weil ich am Anfang, als sie noch ein Niemand waren, zu ihrer Karriere beigetragen hatte. So etwas war mir noch nie passiert. Drei Wochen First Class kreuz und quer durch Japan reisen, wo die Teenies sich so verrückt aufspielten wie früher nur die Beatles-Fans.

Auf der ganzen Welt wollten die Fans wissen, wer sich hinter der Kriegsbemalung verbirgt. Seit Kiss in der Popszene aufgetaucht waren, wachten sie wie Höllenhunde über ihre Maskierung. Sobald sie auch nur befürchten mussten, dass eine Kamera in der Nähe sein könnte, zeigten sie sich der Öffentlichkeit nur in ihrer »Kriegsbemalung«. Während der Tournee schminkten sie sich vor der Passkontrolle am Flughafen rasch ab und bemalten sich danach sofort wieder, obwohl sie alle unter der Prozedur litten. Peter Criss am meisten, weil er einen starken Bartwuchs hatte und sich vor jedem Schminken rasieren musste. »Ich werde ein völlig anderer Mensch, wenn ich mich an den Schminktisch setze und mich Schritt für Schritt in das feuerspeiende, blutspuckende Ungeheuer verwandle!«, sagte mir Gene Simmons. »Man muss mich dann in Ruhe lassen, weil ich völlig abschalte. Ich wachse langsam in die Rolle, die ich auf der Bühne spiele.«

Privat war der Kiss-Bassist, der eigentlich Gene Klein heißt, ein umgänglicher, hochintelligenter junger Mann, Antialkoholiker, mit einem unglaublichen Verschleiß von Freundinnen. »Genau genommen wurde ich der Mädchen wegen Musiker. Ich habe eines Tages festgestellt, dass die jeden Jungen verliebt anschauen, der eine Gitarre im Arm hält.« Mit Diana Ross und Cher hatte er sogar eine feste Beziehung. »Was finden die nur an dem Freak?«, fragte man sich in Hollywood und hänselte: »Du weißt doch, das ist das Schreckgespenst mit der langen, beweglichen Zunge!«

Diana Ross erzählte mir einmal, wie sehr es sie störte, in der

Öffentlichkeit stets ohne ihn erscheinen zu müssen, weil er ohne Make-up nicht fotografiert werden wollte. Dass ein Mann sich nicht nach einer Diva richtet, war eine völlig neue Erfahrung für sie …

Auf Tournee vernaschte Gene jeden Tag eine andere und dokumentierte die Mädchen in einem Fotoalbum. Während eines Fluges in Japan zeigte er mir mit großem Besitzerstolz seine Fotosammlung, und mir wurde ganz schwindlig: Gene sammelte Polaroidfotos von den Vaginen der Mädchen, mit denen er weltweit geschlafen hatte!

Ich suchte Trost bei dem schönen Paul Stanley. Er zeigte Verständnis für mein Entsetzen. Er war das genaue Gegenteil von Gene. Groupies, die mit Kiss vertraut waren, versuchten erst gar nicht, sich an Paul heranzumachen, denn er verschwand nach jedem Auftritt sofort allein in sein Hotelzimmer. Warum? »Ehrlich. Ich finde Tourneen abscheulich, weil ich dann einsam, ohne das Mädchen, das ich liebe, durch die Lande ziehen muss!« Das Schauspiel, das Kiss auf der Bühne bot, und das sie berühmt machte, ist genau genommen sein Werk. Er wollte eigentlich Schauspieler werden.

Peter, der Schlagzeuger, entpuppte sich als totaler Familienmensch. »Die einzige Frau, die es für mich auf der Welt gibt, ist meine Frau. Ich werde ihr nie vergessen, dass sie auch zu mir hielt, als ich arm und ganz down war.« Als seine Oma, an der er sehr hing, vor vielen Jahren starb, war kein Geld da, um ihr einen Grabstein setzen zu lassen. Nachdem die Band dann plötzlich Erfolg hatte, holte er das nach und kaufte den größten und teuersten Grabstein, den er auftreiben konnte.

Ace, der Gitarrist, der auf der Bühne einen besonders martialischen Eindruck hinterließ, sagte von sich selbst: »Ich bin der stinknormalste Mensch, der auf Erden herumläuft. Wenn eine Tournee vorbei ist, sause ich sofort in mein Einfamilienhaus am Rande von New York, wo meine Frau Jeanette und meine Hunde warten. Ich bin dann für die große Welt gestorben, stehe in unserer Dorfkneipe an der Theke, trinke und plaudere mit alten Freunden, erzähle denen alle Witze, die ich unterwegs gehört habe. Und wenn sie nicht lachen wollen, dann lache ich selbst über meine Pointen – so lange, bis sie mitkichern.«

Doch es waren nicht nur die Prominenten auf der Bühne, die mir in Erinnerung geblieben sind: Eines Abends machte ich mich zu einem David Bowie-Konzert auf, nach Anaheim, eine Autostunde außerhalb von Los Angeles. Es schien mir eine Ewigkeit zu dauern, bis die erste Vorgruppe aufgehört hatte zu spielen und endlich auch die zweite von der Bühne verschwand. Kurz vor Bowies Auftritt wunderte ich mich, warum alle Leute in meine Richtung starrten. Ich saß in einer der letzten Reihen. Plötzlich sah ich Liz Taylor auf mich zukommen, und mir blieb der Mund offen stehen. Sie setzte sich genau neben mich, ihren damaligen ständigen Begleiter Henry Wynberg an der Seite. Dieser erzählte mir, dass Liz sich die Eintrittskarten von ihrem Chauffeur hatte besorgen lassen und keine besseren Plätze mehr bekommen konnte, weil das Konzert schon fast ausverkauft war.

Die Taylor war vom Auftritt des exzentrischen englischen Popstars hingerissen, klatschte wie wild Beifall, wiegte sich im Takt zu den Songs und rief immer wieder »Fabulous, fabulous«. Ich starrte auf ihre großen Brillantringe, die in einem seltsamen Widerspruch zu ihren kleinen Händen mit den kurzen, dicken Fingern standen.

In der Pause wollte sie unbedingt hinter die Bühne, um David kennen zu lernen. Aber der Andrang war so groß, dass auch Liz Taylor wieder umkehrte. Erst am nächsten Tag klappte das Treffen zwischen den beiden, nachdem Bowie von seinem neuen Fan erfahren hatte. Dass ihm die Filmdiva so viel Aufmerksamkeit schenkte, überraschte ihn und machte ihn verlegen. Die Fotos ihres Treffens gingen um die ganze Welt …

David Bowie dagegen war ganz anders, als ich ihn mir vorgestellt hatte. Er entsprach ganz und gar nicht dem Image, das er sich als Künstler zugelegt hatte. Bei seinen Konzerten trug er Make-up im Stil des japanischen Kubuki Theaters, rot gefärbte Haare, Plateaustiefel, ausgefallene Spaceage-Kostüme. Er wirkte wie ein Wesen von einem anderen Stern! Mann oder Frau?

Bowie war ein brillanter Songschreiber. In den 70er Jahren galt er als das Aufregendste nach den Beatles. Rockfanatiker feierten ihn als ein Genie, und Spießbürger beschimpften ihn als »einen bleichen, gespenstischen Ausgeflippten«. Bowie war der Typ, der in allen Kreisen für Zündstoff sorgte. Seiner Zeit weit voraus. Mit seinem Rock-Theater hatte er seinerzeit Marc Bolan, den er als einen seiner besten Freunde bezeichnete, abgelöst. Glitter und Extravaganzen auf der Bühne interessierten ihn jetzt nicht mehr, erklärte er mir: »Die Zeiten sind vorbei. Die einzige Alternative in dieser immer konfuser werdenden Welt ist Disziplin.«

Anfang 1976 bekam ich einen Interviewtermin mit David Bowie in Montreal / Kanada. Ich war am Morgen extra von Los Angeles aus angereist und hatte sechs Stunden im Flugzeug gesessen. Nach dem Konzert wartete und wartete ich auf mein Interview, doch viele Stunden später, gegen Mitternacht, wurde es plötzlich ganz abgesagt. Man vertröstete mich auf den nächsten Abend in Toronto. Es blieb mir nichts anderes übrig, als ihm hinterherzufliegen.

Diesmal sollte es klappen. Nach dem Konzert vor 20 000 enthusiastischen Fans wurde ich in Bowies Hotelsuite gebeten.

Ich saß ganz alleine auf der Couch in seinem Zimmer, rauchte eine Zigarette und wartete. »Das Problem mit David ist seine extreme Schüchternheit«, hatte mir seine Presseagentin gesagt, als plötzlich die Tür aufgeht und ein zartes Kerlchen in Birkenstocks, Jeans und in einem schlichten grauen Hemd erscheint. Mit einem unsicheren Lächeln und ausgestreckter Hand kommt Bowie auf mich zu. Im gleichen Moment fällt die glühende Asche von meiner Zigarette auf den Teppichboden, und ich verschwinde erst einmal unter dem Tisch, um einen Zimmerbrand zu verhindern. Mit hochrotem Kopf tauche ich schließlich wieder auf. Meine Verlegenheit scheint ihn zu amüsieren, das Eis ist gebrochen. Er setzt sich neben mich, legt seinen Kopf auf meine Schulter und nimmt meine Hand. »Excuse me, Ladies …« sagt er zu seinen Mitarbeiterinnen und bittet sie, die Tür hinter sich zu schließen.

Wir sind ganz alleine. »Kann ich fünf Minuten fernsehen?«, fragt er höflich. Im Fernsehen läuft der Frank Sinatra Film *Die Detektive*. Sinatra sei sein großes Idol, und er möchte ihn unbedingt spielen, wenn sein Leben verfilmt wird, sagt er mir. Konzentriert verfolgt er Sinatra auf dem Bildschirm. Er scheint sich zu entspannen. Währenddessen studiere ich den Mann, seine manikürten und lackierten Fingernägel, der immer noch meine Hand hält.

Auf ein Interview hätte er jetzt keine Lust: »In Interviews lüge ich, ich lüge viel«, sagt er, und schaltet mein Tonbandgerät aus. »Lass uns einfach nur reden.« Mir fallen seine schlechten Zähne auf. Seine echte Haarfarbe, die er »mausig« nennt, ist überall wieder zu sehen. Am Hinterkopf sind sie noch rot gefärbt, vorne blond. In seinem linken Auge ist die Pupille gelähmt. »Ich hab verschiedene Augen, das eine ist blau, das andere grau. Als Junge hatte ich eine Rauferei wegen eines Mädchens. Dabei bekam ich einen mächtigen Schlag aufs Auge und wäre beinahe blind geworden.« Grelles Licht bereitet ihm Schmerzen. Er philosophiert über Licht und Dunkelheit, über Lethargie und Konfusion – und über das Kino. Er möchte Filme machen, unbedingt einen Film mit Ingmar Bergman drehen, über zwei Zirkuskünstler. »Bergman hat sich noch nicht mit mir in Verbindung gesetzt, aber es wird stattfinden. Ich werde umsonst arbeiten. Wenn man mich nicht bezahlen will, werde ich Bergman Geld anbieten.«

Bowie ist ein charmanter Gastgeber, aber ein schwieriger Gesprächspartner. Auf meine Fragen weicht er oft aus, dann wieder ist er geradezu erschreckend offen. Ist er wirklich so schüchtern? »Oh Gott, ja. Ich bin starr vor Angst, wenn ich einen Raum mit fremden Menschen betrete.« Er hätte Angst vor dem Fliegen, deswegen reist er mit dem Tourbus durch die Gegend, was viel Zeit in Anspruch nimmt. David steht auf und stellt den Ton des Fernsehgeräts ab, das Bild flackert weiter. Er erinnert mich an einen Balletttänzer. Er wippt, er federt durch den Raum.

Er zündet sich eine Gitane an und verteidigt das Rauchen. »Ich bin immer noch gesund. Ich nehme keine Drogen mehr. Ich trinke lieber«, erklärt er mir. Dann wählt er die Nummer vom Zimmerservice und bestellt eine Flasche Cognac. Unmöglich, sagt die Stimme am anderen Ende der Leitung, sie dürften keine ganze Flasche liefern. Daraufhin ordert er 12 Gläser Cognac, die kurze Zeit später auf einem riesigen Tablett serviert werden. Seine Sekretärin kommt ins Zimmer und berichtet von 50 Mädchen, die vor dem Hotel auf ihn warten. »Lass niemanden rein. Reagiere auf kein Klopfen«, sagt er und bittet das nächste, nach mir geplante Interview auf den nächsten Tag zu verschieben. »Gute Nacht«, sagt er und begleitet die Sekretärin wie ein echter Gentleman zur Tür.

David und ich sitzen wie ein altes Ehepaar auf der Hotelcouch, schauen fern, und trinken einen Cognac nach dem anderen. Er wechselt ständig den Sender, bis er eine Talk-Show mit der Country-Sängerin Loretta Lynn entdeckt. Ihr Akzent – sie kommt aus Tennessee – bereitet ihm das größte Vergnügen. Sein Versuch, als englischer Rockstar wie die amerikanische Country-Diva zu näseln, löst bei uns beiden einen Lachkrampf aus. Kann das der David Bowie sein, frage ich mich, der Reporter grob, unverschämt und unhöflich behandelt, den man als kalt und unnahbar beschreibt?

Plötzlich küsst er mich. Es ist ein sehr zärtlicher Kuss. Ich fühle mich wieder wie ein 16-jähriges Mädchen. Dann streut er ein weißes Pulver auf einen Spiegel und zieht eine Linie: Kokain. Ich hatte bisher nur einmal aus Neugierde geschnupft, um zu sehen, warum alle so von dieser neuen Modedroge schwärmen. Ich vertraue ihm und ziehe eine Linie mit ihm. Durch das Kokain verspüre ich keine Müdigkeit mehr. Wir küssen uns, wir lachen, wir reden Blödsinn. David kann großartig küssen, er ist ein unwiderstehlicher Verführer. Er lockt mich in sein Schlafzimmer. Um sich in den täglich wechselnden Hotelzimmern heimisch zu fühlen, reist er mit seinem eigenen Kopfkissen und einer Decke. Wir liegen auf dem Bett und knutschen. Ich denke an Montfort, den ich noch nie betrogen habe. »Ich besuche dich in Los Angeles«, flüstert er mir ins Ohr. »Es bleibt nicht nur bei einer Nacht, ich verspreche dir, dass ich es auch niemandem erzähle.« Ich bleibe standhaft: nein. Und verbringe doch die ganze Nacht, eine lustige, unschuldige lange Nacht bei ihm. Allerdings nicht im Schlafzimmer, und schon gar nicht in seinem Bett. Das wird mir zu brenzlig. Im Morgengrauen schleiche ich mich auf Zehenspitzen aus seiner Suite. Bis auf zwei sind alle Cognac-Gläser leer. David kniet vor der flimmernden Mattscheibe und bettelt: »Bitte mach doch nicht Schluss, bitte geh noch nicht.«

# 8
## Wer Erfolg hat, muss hart arbeiten

Giorgio Moroder und Donna Summer hatten 1975 mit »Love to Love you Baby« ihren ersten Welthit, und damit kam der Disco-Trend in Schwung. Daraufhin holte Neil Bogart, der Chef der Plattenfirma Casablanca, Donna mit Tochter Mimi und Freund Peter nach Los Angeles und stellte ihr ein Haus mit privater Auffahrt in Beverly Hills am Coldwater Canyon zur Verfügung.

Giorgio hatte schon vorher sein Domizil in Los Angeles aufgeschlagen, denn er war es leid, ständig zwischen Europa und Amerika zu pendeln und in Hotels zu leben. Er hatte sich ebenfalls ein Haus in Beverly Hills gemietet, und nach und nach holte er seine Münchner Mitarbeiter wie Keith Forsey und Harald Faltermeyer für neue Produktionen nach Hollywood. Harte Arbeit, unzählige Stunden im Studio, aber viel Spaß. Sein Konterfei prangte überdimensional auf einer Werbetafel am Sunset Boulevard, darunter stand in grellen Leuchtbuchstaben: Giorgio Moroder.

Gutes Essen sei sein einziges Laster, sagte er immer, doch als seine Vertraute musste ich hinzufügen: und viele hübsche Freundinnen. »Man kann ja auch nicht immer die gleiche Suppe essen«, sagte er dann, wenn ich zu neugierig wurde. Ich zeigte schwesterliche Besorgnis, wenn Schönheiten wie

135

Marisa Berensen oder Model Christie Brinkley an seinem Arm auftauchten. Etwa weil er wohlhabend und erfolgreich war? Es machte ihm auf jeden Fall große Freude, endlich von schönen Frauen umringt zu sein. Die wichtigste Rolle in seinem Leben spielte allerdings seine Mutter, »denn ich bin mit 14 Jahren von zu Hause weg, meine Brüder hatten sie jeden Tag – und jetzt bin ich dran. Erst in den letzten Jahren bin ich wieder regelmäßig in St. Ulrich, und ich hole sie so oft wie möglich nach Los Angeles.« Seine Mutter erinnerte mich an die von Arnold Schwarzenegger. Beide waren humorvolle starke Frauen, die ihre Söhne unter schwierigen Bedingungen nach dem Krieg groß gezogen hatten, auf sich alleine gestellt, denn beide Väter gingen gerne einen trinken. Beide Frauen hätten lieber mehr Zeit mit ihren Söhnen verbracht, ohne den ständigen Hollywood-Rummel, und beide kehrten immer gerne zurück in ihr Dorf.

Giorgio fühlte sich sehr geschmeichelt, als er sogar im *Los Angeles Magazine* als einer der gefragtesten Junggesellen porträtiert wurde. Seine Assistentin Lori und ich wachten mit scharfem Blick und Argusaugen darüber, wenn sich eine seiner Freundinnen als zu berechnend entpuppte und Giorgios großzügige Art ausnutzte – z. B. seine Kreditkarte zu großen Shopping-Touren benutzte. Die Frauen liebten ihn, weil er ein netter Mensch geblieben war. Ein Gentleman. Giorgio nahm keine Drogen, flippte nie aus – unfassbar in der Musikbranche. Durch meine Erfahrung mit Rockmusikern hatte ich den Eindruck gewonnen, dass ohne Drogen eigentlich nichts lief.

Ich konnte mir nicht vorstellen, woher er die Muße zum Komponieren nahm. Und vor allem die Gabe. »Man muss sich hinsetzen und arbeiten, das ist die einzige Möglichkeit. Jeden Tag am Klavier sitzen und komponieren und komponieren.

136

Von zehn Liedern sind dann vielleicht eins oder zwei gut. Ich brauche keine bestimmte Atmosphäre, sondern eine gewisse innere Bereitschaft. Ich habe auch gemerkt: Wenn nach einer Stunde nichts herauskommt, dann hat es keinen Sinn. Dann höre ich lieber auf und mache am nächsten Tag weiter. Mit einem Rhythmus im Kopf fängst es meist an.«

Ähnlich wie ich es schon bei der Knef erlebt hatte, war Giorgio glücklich, wenn er keine Musik mehr hören musste und einen ruhigen Abend verbringen konnte.

Während der Woche arbeitete er mit seinem Team bis in die späte Nacht, am Sonntag trafen wir uns wie eine Familie zum Brunch am Pool, entweder bei mir oder bei ihm.

Als ich zum ersten Mal in sein Haus in Beverly Hills kam, das er sich 1979 gekauft hatte, blieb mir die Spucke weg: ein Palast aus Glas und Marmor, modernste Architektur, klare Linien, viel Licht. Am Horizont sieht man das riesige Los Angeles, vom Esszimmer aus, ebenso von seinem Schlafzimmer. Eine Palme neigt sich durch sein Schlafzimmerfenster in den Raum. In einer Schrankwand befindet sich ein eingebauter Kühlschrank gefüllt mit Champagner und Perrier. In der Wand eingelassen ein großer Fernseher. MTV, Amerikas neueste Revolution in der Musikszene, präsentiert ein Rockvideo nach dem andern. Der Swimmingpool ist mit weißem Marmor eingefasst. In seiner Garage stehen ein Ferrari und ein Rolls Royce.

Für Giorgio war das Haus mehr ein Ort zum Arbeiten denn ein Zuhause – etwas kalt und nicht zu bequem. Ihm war die Ästhetik wichtiger als die Gemütlichkeit – aber eine große Küche musste er haben, »weil ich das von daheim gewöhnt bin.« »Daheim« ist die Fremdenpension der Moroders in St. Ulrich/Südtirol. Dort war die Küche das Zentrum des familiären Lebens. Und diese Erinnerung war bestimmend, auch wenn sie nicht mehr so recht in sein Leben als Dollarmillionär passte. Nun hatte er in Hollywood jedenfalls eine riesige Küche, hochmodern in blitzendem Edelstahl mit zwei Spülmaschinen, zwei Kühlschränken und einer riesigen Gefriertruhe, und das alles wurde kaum benutzt, weil der Junggeselle lieber Essen ging als selbst zu kochen. Immerhin: in der Küche telefonierte er gerne. Giorgio legte sich einen englischen Butler namens Desmond zu, und seine Freunde, darunter ich, profitierten davon. Der Butler kochte die feinsten Sachen und servierte sie stilecht im schwarzen Smoking. Er wusste, dass ich Champagner liebe, und reichte mir ganz selbstverständlich Dom Perignon.

Natürlich gab es im Haus auch ein Tonstudio. Ursprünglich sollte in diesem Raum eine Südtiroler Bauernstube entstehen. Doch Giorgios Wunsch nach ein bisschen Heimatgefühl in der Fremde musste den geschäftlichen Zwängen weichen.

Es war ein ständiges Kommen und Gehen von Musikern, Personal, Technikern und vielen, vielen schönen Mädchen: Playmates, Schauspielerinnen, Models, Sängerinnen … Ich empfand es als großes Privileg beobachten zu können, wie Giorgio sich in der kritischen, kalten Unterhaltungsindustrie hocharbeitete. Giorgio war ein gefragter Mann. Mit seinem Synthesizer-Sound setzte er einen neuen Trend, eroberte Amerika und damit die ganze Welt – obwohl er nicht einmal Noten lesen konnte. Die unbekannte Donna Summer machte er zum Superstar. Giorgio produzierte mit ihr acht LPs, vier davon Doppel-LPs, die alle vergoldet wurden, die meisten bekamen sogar Platin verliehen – insgesamt brachten sie es auf 30 Millionen verkaufte Alben. Er war *der* Hitmacher, und alle wollten mit ihm arbeiten, von Barbra Streisand über David Bowie zu Neil Diamond. Für den Soundtrack von *Midnight Express* bekam er 1978 seinen ersten Oscar.

Moroder wurde geschätzt, anerkannt und unendlich benei-
det. Die Gerüchte, dass er mit Donna Summer nur Glück
gehabt hätte, verstummten schnell. Ich lernte von ihm, dass
der große Erfolg, von dem wir alle träumen, mehr Nachteile
als Vorteile bringt. »Die Nachteile liegen vor allem in dem
gewissen Druck, wie jetzt, wo ich so viele Angebote kriege.
Und die sind teilweise finanziell so gut, dass ich nicht nein
sagen kann – oder will ... Und dadurch immer mehr in Druck
komme. Die Vorteile sind natürlich finanzieller Art: Ich kann
es mir leisten, 1. Klasse zu fliegen oder in einem guten Hotel abzusteigen und kann mir meine Jugendträume wie dieses
Haus und die Autos erfüllen. Aber die Nachteile überwiegen:
Je mehr Erfolg du hast, umso mehr musst du arbeiten.« Und
desto weniger Zeit hat man für Freunde, das habe ich am eigenen Leib immer und immer wieder erleben müssen.
Giorgio war ein Feinschmecker und lud regelmäßig in exklusive Restaurants ein. Mal nahm er Montfort und mich und den
Butler zum Skifahren in sein Haus nach Aspen in Colorado
mit oder lud eine ganze Gruppe von Freunden zu einem Wochenende in ein luxuriöses Hotel in Palm Springs ein. Er hätte
nicht großzügiger zu seinen Freunden sein können. Außerdem konnte ich jederzeit bei meinen Deutschlandaufenthal-
ten in seiner Münchner Wohnung im Arabellahaus wohnen.
Einige Zeit lang nahmen wir alle auf seiner Marmorterrasse
Fitnessstunden bei einer weiblichen Bodybuilderin. Natürlich
besuchte ich ihn auch in seinem Heimatdorf in Südtirol. Dort
hatte er die alte Familienpension völlig umbauen lassen, jeder
Bruder hatte ein eigenes Stockwerk, und seine Mutter lebte in
der gemütlichen Erkerwohnung ganz oben mit Blick auf die
Berge. Solch ein Geschenk hätte ich meiner Mutter und den
Geschwistern auch irrsinnig gerne gemacht!

In Hollywood giert jeder nach Erfolg, und wenn er dann kommt, scheint ihm keiner gewachsen zu sein. Das erlebte ich immer wieder, bei David Cassidy z. B. oder Alice Cooper. Auch Donna Summer hatte ihre Probleme damit: »Die größte Enttäuschung war wohl die Feststellung, dass ich mich nicht auf meinen Lorbeeren ausruhen kann, sondern im Gegenteil jetzt sehr viel Verantwortung trage. Früher war es eigentlich schöner. Da habe ich nach irgendwas gestrebt und versucht, eine Menge zu erreichen. Das Gefühl zu kämpfen war wunderbar. Aber je mehr Erfolg, desto mehr Arbeit, Verpflichtungen, Stress. Wenn ich eine Million Dollar verdient habe, blieben mir davon vielleicht 300 000. Und die Ausgaben eines Künstlers sind so wahnsinnig hoch. Eine weitere Enttäuschung war, dass plötzlich alles, was ich tat, öffentlich wurde. Ich mag nicht, wenn Leute über mich reden.«

Ihr Privatleben war der Preis für ihren Erfolg: »Ich kam nach acht Jahren in München nach Amerika zurück, und alles war so anders als früher. Ich wurde depressiv und hatte Angst, aus dem Haus zu gehen. Ich war selbstmordgefährdet. Zweieinhalb Jahre lang war ich deshalb in ärztlicher Behandlung und musste Tabletten nehmen. Dadurch nahm ich zu und wurde schrecklich unruhig. Ich durfte während dieser Zeit nicht schwanger werden und nur bestimmte Sachen essen und trinken. Eines Tages kam mein Schwager zu mir und hat mit mir gebetet. Zuerst weinte ich, und dann fühlte ich eine ungeheure innere Ruhe. Da begann ich die Bibel zu studieren und schmiss alle Medikamente zum Fenster raus. Ich war schon immer sehr religiös. Denn mein Glaube war in den mageren Jahren das Einzige, woran ich mich festhalten konnte. Jetzt bin ich ein wieder geborener Christ.«

Donna tauchte ganz selten auf Hollywood-Partys auf: »Ich brauche mein Privatleben. Mit den Leuten im Showgeschäft

140

gebe ich mich selten ab, die sind mir zu hysterisch. Ich will mit normalen Menschen zusammen sein. Wenn mich jemand einlädt und sagt: ›Komm zum Spaghetti-Essen‹, und man spült hinterher gemeinsam das Geschirr mit der Hand, dann fühle ich mich viel wohler.«

Freundschaften mit Berühmtheiten waren für mich als Journalistin immer äußerst kompliziert und heikel. Freundschaft ist auf Vertrauen aufgebaut und war mir wichtiger als eine exklusive Schlagzeile. Einmal schnauzte mich einer meiner Arbeitgeber an: »Für wen arbeitest du eigentlich? Schließlich wirst du von uns bezahlt und bist nicht Kinskis Presseagentin.« Diesen Konflikt erlebte ich immer wieder. Meine Freundschaft und der Kontakt zu Arnold Schwarzenegger wären schon längst abgebrochen, wenn er sich nicht jederzeit auf mein Wort hätte verlassen können. Als Maria Shriver in Arnolds Leben auftauchte, galt für mich in meiner Rolle als Journalistin nur noch das, was bei einem offiziellen Termin gesagt wurde, was auf dem Tonband zu hören war. Alles andere war für die Öffentlichkeit tabu. Maria war eine Kennedy und extrem vorsichtig, was die Presse betrifft.

Als Arnolds Freundin begegnete ich ihr 1978 zum ersten Mal in New Mexiko bei den Dreharbeiten von *The Villain* (*Kaktus Jack*). Maria war fürs Wochenende aus Baltimore eingeflogen, wo sie als TV-Reporterin beim örtlichen Fernsehen arbeitete, genau wie Oprah Winfrey. Ich war erstaunt, wie viel Spaß man mit ihr haben konnte. Ein Abend in einem mexikanischen Restaurant bleibt mir in ewiger Erinnerung: Arnold, Maria, Kirk Douglas, Mariachi-Musik, Tacos, Burritos und Quesadillas. Wir tranken Margaritas, bis uns allen übel war – nur nicht dem trinkfesten Kirk Douglas. Am nächsten Morgen gingen Maria, Arnold und ich in einen Westernladen, um uns maßgeschneiderte Cowboy-Stiefel anfertigen zu lassen. Meine roten Schlangenleder-Stiefel mit aufgenähtem grünem Kaktus sind heute ein Sammlerstück.

Bald danach war die Arnold-Maria-Romanze nicht mehr heimlich, sondern wurde in Klatschspalten hämisch kommentiert: »Die Kennedys werden einen Muskelmann nie als Schwiegersohn akzeptieren.« Was nicht in der Zeitung stand: Arnold war beliebter Gast bei der Familie in Washington, in Hyannis Port, und auch bei Rose Kennedy in Palm Beach hatte ihn Maria längst eingeführt. Weihnachten verbrachte er mit dem ganzen Kennedy-Clan beim Skifahren in Aspen. Auf meine Frage, ob es stimme, dass die Familie etwas gegen ihn hätte, schreibt er mir nur müde lächelnd eine Telefonnummer auf: »Frag sie doch selber ...«

»Oh, Sie sind mit Arnold befreundet? Wie schön für uns, Sie einmal kennen zu lernen«. Jackie Kennedys Klein-Mädchen-Stimme faszinierte mich. Berühmte Menschen machen mich selten nervös, aber bei Jackie Kennedy wusste ich vor Verlegenheit überhaupt nichts zu sagen. Außerdem hatte sie John-John am Arm, den schönsten und charmantesten Mann, dem ich je begegnet bin. Das war am 26. April 1986 bei der Hochzeit von Arnold Schwarzenegger mit Maria Shriver. Wie kam ich zu der Ehre einer Einladung? »Frances, man muss mit Freunden von früher feiern, das macht am meisten Spaß. Dann kann man erst schätzen, wie weit man es gebracht hat«, antwortete mir mein österreichischer Freund.

Die Glamour-Hochzeit fand im feinen Hyannis Port auf Cape Code im neuenglischen Massachusetts statt, wo jeder der Kennedys ein eigenes Ferienhaus besitzt und der mächtigste, reichste und ehrgeizigste Familien-Clan mit seinen vielen Kindern und Enkelkindern jeden Sommer verbringt. 100 Journalisten tappten hilflos durch das stille Hyannis Port, weil das

»Sicherheitsnetz so dicht ist, dass nicht mal der Papst ohne Einladung Zutritt hätte«, berichtete die *Cape Code Times* an diesem Morgen. Es war ein schönes Gefühl für mich, als Journalistin zu den Gästen zu gehören. Ich war schon drei Tage zuvor eingetroffen. Ich gehörte zu Arnolds Freunden, kannte aber kaum jemanden aus der Kennedy-Familie – nur Marias Eltern und Brüder – und fühlte mich ein bisschen verloren. Das ging auch Arnolds Mutter Reli so, die zudem nicht gut Englisch sprach. Es war Kennedy-Territorium, und die Kennedys hatten alles in der Hand. Deren PR-Mann hatte alles Menschenmögliche getan, um einen »Medienzirkus« zu vermeiden.

Größer als zwischen den beiden Familien Kennedy und Schwarzenegger können Unterschiede gar nicht sein. Braut und Bräutigam waren in ganz verschiedenen Welten aufgewachsen. Das wurde mir einige Jahre zuvor bei einem Campingtrip mit Maria und Arnold schnell klar. Wir verbrachten ein gemeinsames Wochenende beim River-Rafting, weit weg von jeder Zivilisation. Maria sprang aus dem Schlauchboot in den kalten Fluss, ließ sich vom reißenden Wasser treiben. Das hätten sie als Kinder schon immer gemacht, sagte sie. Sport wurde bei den Kennedys groß geschrieben, und die Familie erwartete Leistung. Maria war mit vier Brüdern aufgewachsen und scheute keine Herausforderung.

Bis zum 12. Lebensjahr war Maria nur in Privatflugzeugen geflogen, erzählte sie mir am Abend am Lagerfeuer, musste nie irgendwo Schlange stehen, lebte zeitweise in Paris, als ihr Vater dort Botschafter war, und besuchte selbstverständlich die besten Schulen. Arnold dagegen war ein kränkliches Kind, seine Mutter schleppte ihn auf ihrem Rücken zu Fuß über den Berg zum Arztbesuch. Er besuchte lediglich die Volksschule. Zu Hause gab es keine Zentralheizung, und er musste

143

sommers wie winters über den Hof auf das Plumpsklo gehen.
Flugzeuge kannte er höchstens vom Sehen, und er musste sich
alles selbst schwer erarbeiten – aber der Selfmade-Mann hatte
es geschafft.

Arnold traf mit seinem Privatjet erst am Tag vor der Hochzeit ein, weil er noch einen Film in Mexiko abdrehen musste.
Maria kam bereits zwei Tage vor der Hochzeit nach Hyannis
Port. Die Trauung fand in der St. Francis Xavier Church statt,
einer schlichten weißen Holzkirche, in der schon US-Präsi-
dent John F. Kennedy immer zur Heiligen Messe gegangen
war, wenn er sich übers Wochenende in seinem »Summer
White House« am Meer erholte.

Um 9 Uhr 30 entlädt der erste Pendelbus vor der Kirche
meist unauffällig distinguiert gekleidete Herren, die Damen
mit auffälligen Blumenhüten. 10 Uhr: In den Straßen um die
Kirche drängt sich das Volk. »Die Bauern ziehen die Mütze!«,
ruft ein Fotograf, was heißen soll: Die Kennedys kommen!
Sie werden jubelnd empfangen. Staatsmann Ted Kennedy mit
Eunice Shriver, seine geschiedene Frau Joan in einem feuerroten geblümten Kleid, Ethel, die Mutter des kinderreichen
Clans, die sehr verletzlich und zart wirkende Jackie mit weißen Handschuhen und dem attraktiven John-John an ihrer
Seite, Tochter Caroline im blauen Brautjungferngewand.

Die ganze Großfamilie versammelt sich: 19 Kennedys, fünf
Lawfords, 11 Shrivers. Sogar die vor der Kirche versammel-
ten Presseleute applaudieren, denn was sie hier erleben, hat
schon etwas Royalistisches. Und es zeigt sich, wie clever Arnold in dieser altehrwürdigen Familie mitspielt: Er fährt mit
einer silberweißen Limousine vor, die Zigarre im Mund, und
grüßt mit breitem Grinsen aus dem offenen Seitenfenster seine Fans – und stiehlt der Politik die Show.

Maria trägt ein wunderbares weißes Brautkleid mit einer

schier nicht enden wollenden Schleppe. Während sie selbst schon auf dem Weg zum Altar ist, sieht man auf der Kirchentreppe noch minutenlang die Brautjungfern, die sich mit der Schleppe abmühen und versuchen, sie immer wieder neu zu arrangieren. Zur Trauung werden Wagner, Beethoven und Schumann gespielt. Ein paar bunte Vögel lockern die feine Gesellschaft auf: Grace Jones im lila Pelz, Andy Warhol in schwarzem Leder mit einem Rucksack. Nach dem Ja-Wort präsentiert Arnold vor der Kirche stolz seine Braut. Das Foto geht um die Welt.

Die Hochzeitsfeier im Anschluss findet in einem großen, weißen Zelt auf dem Grundstück von Marias Eltern statt. Maria hat sich selbst um die Sitzordnung gekümmert. Einmalig, wie sie die Gäste zusammenbringt: an jedem Tisch sitzt mindestens eine prominente Person. Keiner der Gäste hat so das Gefühl, am »Katzentisch« untergebracht zu sein.

Das Fest ist unglaublich, ich schaue, staune und genieße. Das Gala-Menu besteht aus kaltem Hummer, Hühnerbrust in Champagnersauce mit Pilzen, kalifornischen Erdbeeren und Mozartkugeln und spiegelt so auch kulinarisch die Herkunft der beiden Brautleute wider. Eine gigantische achtstöckige Hochzeitstorte von 2 Meter 30 Höhe und nahezu 200 Kilogramm Gewicht stand zum Anschneiden bereit. Als ich mich in die Reihe der Gratulanten stelle, sehe ich plötzlich vor mir die TV-Journalistin Barbara Walters und Talk-Masterin Oprah Winfrey, die sich wie aufgeregte kleine Mädchen über das Hochzeitskleid austauschen. Hinter mir sagt jemand: »Arnold ist wahrscheinlich das Beste, was der Kennedy-Familie passieren konnte.« Und damit hat er sicherlich Recht.

Arnold selbst sah sich nie nur als Bodybuilder, sondern als Geschäftsmann. Nachdem er den Höhepunkt seiner Karriere erreicht hatte, zog er sein Hemd nicht mehr aus und sagte zu mir: »Jetzt will ich beweisen, dass ich auch a Hirn hab und net nur an Körper.« Er sprach von seinem Master-Plan, davon, sich als Schauspieler einen Namen zu machen, und beschrieb mir, was er damit meinte: »Ich will da oben sein neben Charles Bronson, Burt Reynolds und Sylvester Stallone. Die kassieren eine Million Dollar für einen Film.« »Und außerdem sind sie echte Männer«, versuchte ich zu scherzen, weil er sich in Gegenwart dieser eher rustikalen Typen immer am wohlsten fühlte. »Ich bin nicht einer jener Typen, von denen es in den USA so viele gibt, die beim Psychiater auf der Couch enden, weil sie nicht mehr wissen, ob sie Männchen oder Weibchen sind. Ich bin ein Mann. Punkt.« Und was ist ein Mann? »Einer, der führen kann.«

Als in den 70er Jahren die Feministinnen in den USA auf die Straße gingen und nachdrücklich die gleichen Rechte für Frauen einforderten, erkannte Arnold das als seine Chance: »Damals fühlten sich viele Männer eingeschüchtert, entmannt, entmachtet, und der einzige Weg, sich weiterhin stark und als Macho vorkommen zu können, führte direkt in den Kraftraum. Deshalb wurde das Bodybuilding damals so populär, keine andere Disziplin hat je so einen Aufschwung erlebt. Ebenso die Actionfilme: Die Jungs hatten nichts mehr im Griff, deshalb wollten sie Männer sehen, die mit allem fertig werden. Männer wie mich.«

Arnold durchschaute Hollywood von Anfang an: »Hollywood ist wie Washington. Es gibt nichts, was sich so gleicht. Nichts ist solide. Es ist nicht wie beim Militär, wo einer sich wirklich raufarbeiten muss. Man kann über Nacht groß werden und über Nacht niemand mehr sein. Ich vergleiche das Showbusiness immer mit der Politik. An einem Tag bist du ein Studio-Boss oder Präsident, am nächsten Tag arbeitslos. Hollywood ist außen hui und innen pfui. Es ist eine traurige Sache, dass manche Leute das so ernst nehmen.« In Hollywood sind die meisten immer arbeitslos. Gerade zehn Prozent der Schauspieler haben Arbeit, und der Rest von 90 Prozent wartet auf eine neue Chance. Für die meisten ist es eine Schande, arbeitslos zu sein, und deswegen reden sie immer von großen Deals, neuen Projekten. Und damit sie sich zugehörig fühlen, gehen sie zu den ganzen Partys. Arnold interessierte das nicht. »Mich juckt das nicht. Ich bin mehr so wie Robert Redford und Clint Eastwood, Typen, die diesem Hollywood fernbleiben. So muss man es machen. Immer wegbleiben. Dann hörst du nichts von dem leeren Gerede. Bei diesen Cocktailpartys werden eh keine Deals gemacht …«

Arnolds Erfolgsgeheimnis besteht darin, dass er immer wusste, was er wollte. Er hatte ein Ziel, das er konsequent verfolgte. Die Schauspielerei war für ihn nur ein Mittel zum Zweck, sagte er mir. »So wie früher das Bodybuilding. Die Filmwelt bringt mich nicht in den Himmel. Klasse ist, wenn man sich bei der Premiere, umgeben von seinen Freunden, auf der Leinwand sieht. Das tut dem Ego gut. Das Wichtigste aber ist für mich, dass Geld reinkommt. Die Filmgage investiere ich sofort in Immobilien. Wegen der Sicherheit. Der Wertzuwachs imponiert mir, aus einer Million fünfzig machen …«

Das klingt verrückt, dachte ich mir. Die Worte meiner Mutters kamen mir in den Sinn: »Der will zu hoch hinaus …« An Spinner und Träumer hatte ich mich längst gewöhnt in Hollywood. Arnold war das nicht neu: »Ich bin einer, zu dem man sagt ›Unmöglich, du bist viel zu schwer, du hast einen furchtbaren Akzent, du bist ein Bodybuilder, du wirst es nie schaffen beim Film, Typen wie du sind nicht gefragt.‹« Diese Ablehnung bewirkte bei Arnold genau das Gegenteil: »Dann wird's erst richtig interessant für mich, dann will ich umso mehr die Miesmacher überraschen. Ich steh auf Herausforderungen.«

Nichts, aber auch gar nichts, konnte Arnold davon abbringen, ein Star zu werden, nicht einmal der Vorschlag, seinen Nachnamen zu ändern: »Mein Nachname ist einzigartig. Man muss ihn sich nur einmal merken und vergisst ihn nie wieder.«

Arnold verglich anfangs seinen neuen Beruf als Schauspieler mit dem eines Klempners oder Zimmermanns. »Das ist harte Arbeit. Du wirst schmutzig. Du musst am Boden herumkriechen. Ich fahre jeden Tag in aller Herrgottsfrüh in meinem Wagen zum Drehort, obwohl mir ein Auto und ein eigener Fahrer zur Verfügung gestellt wird. Nachts komme ich spät heim. Dann trainiere ich und esse und gehe ins Bett. Verstehst du? Das Scheinwerferlicht kommt erst dran, wenn der Film anläuft. Dann fährst du mit einer schwarzen Stretch-Limousine vor. Roter Teppich. Begeisterte Fans. Blitzlichtgewitter. Kameras. Und du gehst ins Kino rein. Das alles dauert drei Minuten. Und die Zuschauer glauben, es wäre dein Leben: Einmarsch im Smoking auf dem roten Teppich. Das ist es aber nicht.« Warum glaubt er, dass so viele Menschen in Hollywood seelisch kaputtgehen? »Na ja, eines darfst du nicht vergessen. Die Leute, die hierher kommen, sind ja schon ein bisserl beschädigt. Ich war am Anfang auch nicht der Stabilste. Ich bin mit der Einstellung hierher gekommen, richtig groß zu werden. Das bringt automatisch viel Verwundbarkeit mit sich.« Dabei wurde ihm klar, wie sehr er in dem unbeständigen Hollywood von seiner europäischen Erziehung profitiert. »Ich bin in einem Haus aufgewachsen, wo Vater und Mutter für einen da waren. Zu unserer Zeit hatten wir kein Auto, kein Motorrad, nicht mal einen Kühlschrank. Ich wurde nicht von fremden Leuten versorgt, weil man in jedem Zimmer einen Fernseher haben will, zwei Autos und ein schönes Haus und

148

deswegen die Frau arbeiten geht, um die Schulden abzuzahlen. Das stabile Elternhaus hat mir Sicherheit gegeben. Obwohl mein Vater manchmal abends weg war, zum Trinken mit seinen Freunden. Aber wir haben immer gewusst, er kommt heim, und in der Früh ist er wieder für uns da.«

Mit Arnold feierte ich viele gemeinsame Feste. Da gab's Sonntage, wo er mit seinen starken Bodybuilder-Freunden an meinen Pool kam. Einmal stemmte er auf meiner Terrasse Nastassja Kinski mit dem einen Arm und Donna Summer mit dem anderen. An heißen Nachmittagen sprangen wir vom Hausdach in den Pool und tobten ausgelassen im kühlen Wasser wie kleine Kinder. Wir grillten oder spielten Karten. Oder wir feierten bei ihm in seiner Junggesellenbude in Santa Monica. Er wohnte damals in einer zweistöckigen Wohnung in einem Vier-Parteien-Haus, das ihm gehörte. Vom Wohnzimmer aus führte eine Treppe in den ersten Stock zu seinem Schlafzimmer. Das Bett war maßgeschneidert: riesig stand es auf vier wuchtigen Holzpfosten mit einer »Fleckerldecke« darauf. Bei Arnold war und ist alles immer riesengroß.

Seine Partys waren eine »Gaudi«. In allen Räumen standen Muskel-Männer mit Bierflaschen in der Hand herum. Auf dem Küchentisch war das Buffet mit dem Essen aufgebaut. Pizzas wurden angeliefert. Einmal brachte ich David Cassidy mit, der neben Arnold wie ein Zwerg aus einem Kindermärchen wirkte. Ein noch unbekannter Drehbuchschreiber, der an Arnolds erstem Film mitarbeitete, war auch eingeladen. Sein Name war Oliver Stone …

Als Nachspeise naschten wir Eiscreme aus riesigen Schüsseln und dazu selbst gebackene Schokoladenplätzchen, die jemand mitgebracht hatte. Erst später stellte sich heraus, warum wir uns nach dem Genuss der Cookies in gackernde und kichernde Mädchen verwandelten: Eine der Zutaten war Marihuana.

Arnold war immer sehr auf seinen Körper bedacht und »sündigte« selten. Er trank kaum Alkohol und vertrug ihn daher auch nicht gut – er benahm sich dann wie ein pubertärer Halbstarker, spielte Kinderstreiche und gab Männersprüche zum Besten, wie ich sie vom Stammtisch aus Niederbayern her kenne.

Als Arnold in *Stay Hungry* eine zwar kleine, aber ernsthafte Rolle als Geiger überzeugend gespielt hatte, führte ich ihn 1976 bei der »Hollywood Foreign Press Association« ein. Er flirtete charmant mit allen weiblichen Kollegen, egal wie alt sie waren, und im gleichen Jahr wurde er als »Best Newcomer« mit einem *Golden Globe* ausgezeichnet. Das war ein wichtiger Schritt. Nun war er ganz offiziell ein *Schauspieler*, und niemand durfte ihn mehr *Bodybuilder* nennen.

# 9
## »Wissen Sie, wer Sie sind?«

Plötzlich gab es in der Pop-Szene wieder eine ganz neue Richtung: Nachdem Marc Bolans »Glitter Rock« von Alice Cooper und Kiss mit ihrem »Schock Rock« abgelöst worden waren, folgte der »Punk Rock«. Die prominenteste amerikanische Gruppe dieser brandheißen Welle waren die Ramones. »Man muss sie lieben – oder hassen!«, lautete die Überschrift eines Artikels, den ich 1976 für die *Bravo* schrieb. Die New Yorker Straßenrocker machten einen reinen, ungekünstelten, lauten Rock. Kein Glitter, keine Show, keine Mätzchen, keine Pause oder Ansprachen ans Publikum zwischen den einzelnen Nummern. Ihre Songs, aggressiv und kurz, meist nur zwei, drei Minuten lang, handelten von Schlägereien und Straßenkämpfen. Die vier Musiker trugen schwarze Lederjacken, Jeans mit Löchern und vergammelte Tennisschuhe. Daher der Name Punk Rock: von »punk«: schäbig, mies. Ihr Hit »I wanna be your boyfriend« passte eigentlich gar nicht zu ihrem Image. Wer steckte also in diesen schwarzen Lederjacken, fragte ich bei meinem ersten Termin …

Am Morgen nach dem Konzert der Ramones sitzen wir am Swimmingpool ihres Motels am Sunset Strip. Es ist im Frühsommer 1976. Die New Yorker genießen die kalifornische Sonne. Die Ramones wirken schüchtern, zurückhaltend und

151

bescheiden. »Wir träumen nur davon, alles das zu tun, worüber wir singen. Als Jungs waren wir in manche Prügelei verwickelt, aber heute sind wir nur noch Musiker. Wir wollen keinen Ärger«, erklärt mir Schlagzeuger Tommy Ramone. Er hätte das größte Mundwerk, aber einen Chef gäbe es nicht, sagt er. Joey, der lange Lulatsch von Leadsänger, lächelt vor sich hin: »Geld hatten wir nie. Ich habe Papierblumen verkauft, und wir haben alle mal in einer Wäscherei gearbeitet oder als Bauarbeiter oder Bote. Dee Dee auch mal als Friseur.« Ihren Erfolg können sie kaum fassen: »Wir hatten Glück. Die Journalisten finden unsere Musik toll und gaben unserem Stil sogar einen eigenen Namen: Punk Rock. Die Kids spielen verrückt. Da gab's doch tatsächlich Teenager, die 14 Stunden von Glasgow nach London getrampt sind, nur um uns zu sehen, unfassbar!« Als mein Fotograf Bilder machen will, zieren sie sich. »Nicht jetzt. Später. Wir sind nicht geduscht, und die Haare stimmen nicht. Wir sehen aus wie Wracks«, stöhnen sie. Diese Eitelkeit hätte ich von Straßenrockern, die sich auf der Bühne betont schäbig geben, nicht erwartet – aber auch nicht ihre liebenswürdige Art oder die Tatsache, dass sie heute als Rocklegenden gefeiert werden.

Bei ihrer ersten Tournee in England warteten englische Punk-Bands wie Groupies vor dem Club auf sie, »um uns zu erzählen, dass sie wegen uns grade Gruppen gründen. Leute, die später als Clash, The Damned und Sex Pistols berühmt wurden.« Die Sex Pistols waren ihrer Meinung nach zwar die beste englische Punk Band, aber deren Auffassung vom Leben könnten sie nicht teilen. »Die Pistols singen, es gäbe keine Helden, sie würden auf niemanden hören, sich nicht beeinflussen lassen. Das stimmt nicht, die Sex Pistols sind von den New York Dolls und von uns beeinflusst. Unsere Musik, unsere Show hat sie erst auf die Idee gebracht. Die Pistols sagen, es gäbe keine Hoffnung, keine Zukunft. Sie kritisieren alles. Klar, man kann kritisieren, aber man sollte dabei den Humor nicht vergessen. Die meisten Punk-Bands haben keinen Humor, sondern nur einen schlechten Geschmack«, schimpfte Tommy. »Unsere Songs haben keine weltverändernden Aussagen, höchstens die, dass man nicht alles so ernst nehmen sollte.« Die Ramones wollten nicht die Welt verändern, sie wollten nur gute Musik machen und die größte Rockband Amerikas werden: »Punk ist nur ein neues Wort für Rock 'n' Roll.«

Begegnungen mit Gruppen wie den Ramones waren Highlights in meiner Zeit als Musikjournalistin. Auch dass ich kreuz und quer durch Amerika reisen durfte, um über Konzertauftritte zu berichten. Ich habe dabei die unterschiedlichsten Musiker getroffen: von den Rolling Stones in Kansas City zu den Bay City Rollers und Gruppen wie Smokie, Rod Stewart and the Faces, die Beach Boys, Bee Gees, Aerosmith, Foreigner, Santana und viele andere.

Elvis hab ich live in New York, Hawaii und Las Vegas erlebt, und unzählige Male war ich in seiner Heimatstadt Memphis, sozusagen auf seinen Spuren nach seinem Tod, und um über seine treuen Fans zu berichten, die nach Graceland pilgerten wie zu einem Wallfahrtsort.

In bester Erinnerung ist mir geblieben eine »Hot Night in New York« im Februar 1971. So nannte man das Konzert, das George Harrison innerhalb von vier Wochen organisierte, indem er seine Freunde zusammentrommelte. Ein tragisches Ereignis war die Ursache: Ravi Shankar, der großartige Sitar-Spieler und Freund von George, hatte den Beatle am Telefon angefleht: »Hilf mir, mein Volk stirbt.« Nach dem Bürgerkrieg in Ostpakistan waren sechs Millionen Menschen aus Ravis Heimat, der Provinz Bangladesh, nach Indien geflohen.

Hunger und Cholera herrschten in den Flüchtlingslagern. »Täglich sterben Hunderte. Es fehlt an Medikamenten, an Helfern, an Nahrung – es fehlt an Geld.« George sagte Ravi sofort seine Hilfe zu. Es wurde das erste Wohltätigkeitskonzert dieser Art. Und die Schar der auftretenden Künstler hätte beeindruckender kaum sein können.

Der große Abend im Kuppelbau des New Yorker Madison Square Garden beginnt mit einem einsam kreisenden Lichtkegel. Langsam wandert er über die Bühne, bleibt schließlich am Schlagzeug hängen: ein Aufschrei des Wiedererkennens ertönt – es ist Ringo Starr. Ganz in schwarz, mit seinem typischen Ringo-Starr-Lächeln. Die Beatles-Fans sind außer Rand und Band. Der nächste Scheinwerfer kommt dazu: das Licht fällt auf Eric Clapton, dann auf Leon Russell, dann erfassen die Scheinwerfer den Bassisten Klaus Voormann, den Deutschen, der im Hamburger »Kaiserkeller« vor vielen Jahren zu Füßen der Beatles saß und sich nichts sehnlicher wünschte, als einmal ein fünfter Beatle zu werden. In den Applaus und das Rufen der Zwanzigtausend hinein erklingen die ersten Akkorde von »While my guitar gently weeps«, und Ringos Hit »It don't come easy« geht fast unter im tosenden Beifall. Ein Mann in Jeans und mit Vollbart – cool wie es nur ein Beatle kann – dreht sich zum Publikum um: »I am George Harrison. Darf ich euch einen lieben alten Freund vorstellen: Bob Dylan.«

George Harrison stand seit der Trennung der Beatles das erste Mal wieder auf der Bühne. Als Schlussnummer des Abends präsentierte er zusammen mit seinen Freunden seine neue Single »Bangladesh«.

30 Jahre später bin ich George zufällig bei einer privaten Silvesterfeier auf Hawaii wieder begegnet. Er lebte völlig abgeschieden auf der wenig besiedelten Seite von Maui. George

wirkte sehr entspannt und sprach ein paar Worte Deutsch mit mir, während sein Sohn im Teenageralter am Strand das Feuerwerk vorbereitete. An ihre Hamburger Zeit auf der Reeperbahn schien sich jeder Beatle gerne zu erinnern. Das bestätigte mir auch Paul McCartney bei einem Interview. Paul war der Unkomplizierteste von den vieren, warmherzig und zugänglich, kein bisschen eingebildet, immer zu einem Scherz aufgelegt. Ringo Starr empfand ich etwas arrogant. Er nahm sich selbst sehr wichtig. Allerdings sorgte er für eine weitere Gelegenheit, zwei der Beatles gemeinsam auf der Bühne zu erleben: Als Paul McCartney mit seiner neuen Band, den Wings, 1976 durch Amerika tourte, tauchte bei seinem Konzert in Los Angeles plötzlich Ringo Starr im Publikum auf. Im weißen Jackett, mit Bart und Sonnenbrille, hatte Ringo in der ersten Reihe Platz genommen. Dutzende von Ordnungshütern mussten ihn vor hysterisch kreischenden Girls schützen. Die Menge kam erst wieder zur Ruhe, als die Wings ihre Show begannen. Es war bei der zweiten Zugabe, die Band spielte auf der abgedunkelten Bühne, als plötzlich die Scheinwerfer aufflammten, und Ringo mit einem riesigen Blumenstrauß in der Hand auf die Bühne kam. Die beiden umarmten sich und strahlten übers ganze Gesicht. Ringo nahm Pauls Bass und entlockte ihm zum Spaß ein paar schräge Töne.

Meine beeindruckendste Begegnung aber hatte ich mit John Lennon, bis heute der Höhepunkt meiner Karriere. Es war im März 1975, kurz vor Ostern. In meinem damals noch holprigen Englisch bastelte ich lange an einem witzigen Brief, in der Hoffnung, dass er ihn auch lesen würde. Ich plante meinen nächsten Trip nach New York und bat um einen Interviewtermin. Ich machte mir keine Hoffnung, dass er tatsächlich antworten würde.

»John Lennon will sich mit dir treffen«, lautete der überraschende Anruf von Bob Grün, seinem Haus- und Hoffotografen. »Er kommt zu dir ins Hotel.«

Plötzlich schien mir mein Zimmer im Park Lane Hotel viel zu klein. Ich kämpfte um ein größeres mit Blick auf den Central Park. Die Bäume waren noch nackt, der Park noch nicht grün. Lennon lebte seit dreieinhalb Jahren in New York. Es war sehr ungewöhnlich, dass ein solcher Superstar sich aufmacht und zu einem Journalisten kommt. Mir war vor Aufregung regelrecht der Appetit vergangen. Nun saß ich da in meinem Zimmer und wartete nervös auf meinen Gast.

Es klopft an der Tür, und ein pfeifender John Lennon steht davor. Er mustert mich mit seinen wachen Augen und trällert »... I am tired of waking up on the floor ...« Lennon kam ganz allein, zu Fuß. Keine Limousine, keine Entourage, kein Bodyguard, kein Presseagent. Während er ins Zimmer spaziert, sich umschaut und auf meinem Doppelbett Platz nimmt, pfeift und singt er weiter. »Das ist Ringos neuer Hit ›No No Song‹«, sagt er, schaut aus dem Fenster auf den Central Park und schlägt vor: »Lass uns rausfahren in die Natur, die Sonne scheint. Ich hab mir extra für die Fotos einen hellen Anzug angeschafft, damit wir ein paar schöne ›Sommerbilder‹ schießen können.« Chic sieht er aus. Unter dem Jackett ein gestreiftes Hemd, um den Hals einen gestreiften Schal, auf dem Kopf eine beige Kappe, einen dunkelgrauen Staubmantel überm Arm und an den Füßen beige Cowboystiefel. Ich hatte mir John Lennon kleiner vorgestellt, weil er auf Fotos manchmal etwas schmächtig wirkte. Und ich hatte befürchtet, er könnte ein schwieriger Typ sein. Doch seine Lockerheit ist ansteckend, und ganz langsam vergesse ich, mit wem ich es zu tun habe. Ich fühle mich richtig wohl mit ihm.

In Bob Grüns altem Auto fahren wir nach Yonkers, raus aus

dem lauten, geschäftigen New York. Bob am Steuer, John und ich sitzen auf dem Rücksitz. Ab und zu raucht er eine halbe Zigarette, hebt den Stummel auf, den er später wieder anzündet. In der Zigarettenpackung sind viele Stummel und nur noch ein paar Zigaretten. Außerdem hat er eigenartige Wurzeln zum Kauen dabei. Eine davon schenkt er mir: »Die Wurzel hilft mir, das Rauchen aufzugeben«, sagt er, »bin schon von 60 auf zehn runter ... Aber ich trinke immer noch zu viel Kaffee.« Regelmäßig kontrolliert er mein Tonbandgerät, ob es noch läuft. »Damit ich nichts zweimal erzählen muss. Ist mir schon zu oft passiert, dass nach einem Interview nichts auf dem Tonband war.«

New York City passt zu John Lennon: sprudelnd vor Aktivität und künstlerischem Eifer, gemäß dem Motto: Live for Today!

Zuerst erzählt er mir von seinem Leben in New York, weil ich wissen will, wie sein Zuhause aussieht, das er sich geschaffen hat, ob er wie ein Star lebt: »Ich weiß nicht, wie ein Star lebt. Ich lebe nicht im großen Stil. Ich lebe auch nicht im kleinen Stil. Ich habe beides versucht. Besonders, wenn man zum ersten Mal an das große Geld kommt. Ich glaubte plötzlich, ich müsste die teuersten Autos der Welt haben ... dabei liegt mir gar nichts an Autos. Ich habe alles gekauft, was es nur zu kaufen gab. Das Einzige, was ich mir nicht geleistet habe, war eine Yacht. Diese Periode liegt also hinter mir. Heute lebe ich so, wie ich mich am wohlsten fühle – und dazu brauche ich Frieden und Ruhe und ein Klavier.« Er beschreibt begeistert seine Wohnung am Central Park im Dakota-Building. »Sie ist groß und wunderschön. Und wir haben sie zufällig bekommen. Es ist schwer, eine Wohnung in diesem Haus zu bekommen. Und wenn schon mal ein Apartment frei wird, erfährt das niemand. Wir hatten Glück. Vorher lebten wir in einem

Landhaus in England, mit großem Grundstück. Aber wir benutzten nur das Schlafzimmer. Oder die Küche. Als wir nach New York City zogen, lebten wir das andere Extrem: Wir hatten nur zwei Räume. 18 Monate lang. Und irgendwann wurde das zu eng, mit all den Sekretärinnen und Leuten um uns herum. Yoko und ich konnten uns nur im Schlafzimmer aufhalten.«

Wir sind im Stadtteil Yonkers, im Norden von Manhattan, angekommen. Der Fotograf sucht nach einem Parkplatz neben einem kleinen Park am Hudson River. Zwei Flötenspieler stehen davor. John: »Das erinnert mich an die 60er in England.« Wir klettern aus dem Auto. Lennon nimmt seine Schiebermütze ab, die Haare sind halblang, hinter die Ohren geklemmt und ganz glatt. Ich spreche ihn auf seine Locken auf dem Albumcover von »Walls and Bridges« an. Er biegt sich vor Lachen: »Ich hatte mit Lockenwicklern experimentiert. Manchmal wusste ich nicht, was ich mit meinen dünnen Haaren anfangen sollte. Ich wollte keine Dauerwelle, wie Ringo sie mal hatte, das ist nicht gut für das Haar. Also habe ich mir für dieses Foto eine Wasserwelle gemacht.«

Wir gehen in den Park. »Weißt du eigentlich«, sagt er zu mir, dass ich mich in der St. Josephs Kirche in Hamburg verewigt habe? ›John loves Cyn‹. Das war, als Cyn und ich so sehr verliebt waren. Sie war meine erste Frau. Die Kirche lag ein wenig von der Reeperbahn entfernt, aber noch nicht direkt in der Stadt, und hatte einen großen grünen Turm, den man besteigen konnte. Und dort haben wir alle unsere Namen eingeritzt. Schau dir das einmal an. Da steht: ›John + Cyn‹, ›Stew + Astrid‹, ›Paul und …‹ verdammt, wie hieß sein Mädchen zu der Zeit? Ich kannte viele deutsche Girls, mit einer war ich ganz fest befreundet, sie hat später einen Amerikaner geheiratet, und ich habe nie mehr von ihr gehört.«

Bob Grün schaut immer noch nach einem geeigneten Hintergrund. John und mir bleibt Zeit zum Plaudern. Plötzlich überrascht er mich mit deutschen Sprüchen: »Es ist 22 Uhr. Alle Jungen müssen die Lokal verlassen«, sagt er plötzlich in gebrochenem Deutsch. »Was sind die drei schönsten Dinge im Leben? Ficken, Licken, Blasen.«
Während Bob seine Fotos macht, halte ich mich im Hintergrund. Die zwei sind aufeinander eingespielt. »Bob, das ist wunderbar, mit dir durch dieses Gestrüpp zu kriechen. Ich hätte Jeans anziehen sollen, ich bin schon total schmutzig.« John lästert ein wenig darüber, ob auch wirklich etwas aus diesen Fotos wird, und unterhält mich mit einer Anekdote: »Einmal schleppte Bob mich zur Statue of Liberty, um Aufnahmen zu machen. Und plötzlich kletterte eine ganze Mädchenschule aus einem Bus und kam genau auf uns zu … Grauenhaft, mir ist eine Gänsehaut über den Rücken gekrochen.« Bob verteidigt sich: »Yeah, aber wir haben schöne Fotos gemacht.« »Stimmt«, sagt Lennon. »30 Stück, und sie sind auf der ganzen Welt erschienen. Aber wir haben den Preis dafür bezahlt. Niemand hat das Foto gedruckt, auf dem ich ein T-Shirt mit der Aufschrift ›Keep off the Grass‹ trage, weil ›Grass‹ auch Marihuana bedeutet, und ich habe keine ›Green Card‹ bekommen und durfte erst mal nicht mehr in den USA arbeiten.«
Nach der Fotosession haben wir Hunger. In einem kleinen Coffeeshop nehmen wir am Tresen Platz. John schaut sich nervös um, mit seinem englischen Akzent lenkt er immer die Aufmerksamkeit auf sich. Nachdem uns niemand anspricht, entspannt er sich. Ich bestelle mir ein Sandwich mit Schinken und Salat, Lennon schließt sich an: »Zweimal bitte. Keine Mayonnaise.« Vor uns stehen verlockende Süßigkeiten. »Oh, ich steh auf Schokolade. Aber das macht dick«, sagt Lennon. Er

müsse auf sein Gewicht achten. Er sei zweimal in seinem Leben zu fett gewesen. »Ich habe viel zugenommen, als wir reich und berühmt wurden. Ringo ging es ebenso, er hat auch immer schnell zugelegt – wurde fett wie ein Schwein. Am meisten plagte sich Paul mit dem Gewicht. Er war ja auch schon ein dickes Kind. Nur George konnte immer essen, soviel er wollte, und nichts ist passiert. Das hat mich richtig neidisch gemacht.«

Nach dem Essen raucht er genüsslich eine Zigarette, eine ganze diesmal, keinen Stummel. Lennon bestellt eine weitere Tasse Kaffee und lässt die Rechnung kommen. Als er die Dollars auf den Tisch legt, frage ich ihn, ob er weiß, wie viel Geld er besitzt: »Ich schaue mir nie den Kontoauszug an. Es ändert sich eh nichts. Die Bank überweist mir ab und zu ein paar Zinsen. Einmal sagte ich: Gebt mir eine Liste mit Vorschlägen, wo ich investieren könnte, ohne Menschen auszubeuten. Und sie konnten überhaupt nichts nennen außer Regierungsanleihen. Ich habe es gelassen. Das Einzige, in das man investieren kann, sind große, politisch und ethisch sehr zweifelhafte Dinge wie südafrikanische Goldminen. Ich mag damit einfach nichts zu tun haben. Deswegen lasse ich das Geld auf der Bank liegen.«

Auf der Nachhausefahrt frage ich ihn, wie er seine Songs schreibt, ob er eine bestimmte Stimmung brauche, um zu texten und zu komponieren. Lennon: »Eigentlich texte ich unentwegt. Die besten Sachen entstehen aus einem Impuls heraus. Oder einer plötzlichen Inspiration. Ich muss kaum drüber nachdenken. In ›the back of my head‹ bin ich ständig dabei, Anregungen aufzunehmen. Wenn jemand etwas Interessantes sagt, und mir dazu eine Idee kommt, mache ich Notizen. Ich schreibe kleine Notizzettel voll und lasse sie dann auf einem Haufen liegen. Irgendwann setze ich mich hin und schreibe.

...atherine Zeta-Jones zu *The Mask of Zorro* (*Die Maske des Zorro*), ihrem
...hbruch in Hollywood 1998 (Foto: privat)

mit Hugh Grant in London zu *Notting Hill* 1999 (Foto: privat)

tzte große *Oscar*-Party in meinem Haus 1999 (Foto: privat)

Charlize Theron in New York zu *Sweet November* 2000 (Foto: privat)

mit Irmelin und Leonardo DiCaprio zu *The Beach* bei der Berlinale 2000 (Foto: pri

Patrick Knapp (Arnolds Neffe), Daisy und Arnold Schwarzenegger bei Daisys
ı-School-Abschlussfeier 2000 (Foto: privat)

mit Halle Berry beim Plausch über Männer in Beverly Hills zu *Monster's Ball* 2001
(Foto: privat)

Dustin Hoffman in Toronto zu *Moonlight Mile* 2002 (Foto: privat)

mit Morgan Freeman im Beverly Wilshire Hotel zu *The Sum of all Fears*
(*Der Anschlag*) 2002 (Foto: privat)

mit Leonardo DiCaprio zu *Catch Me If You Can* 2002 (Foto: privat)

den »Sex and the City«-Damen in New York City 2003 (Foto: privat)

mit Meryl Streep und Al Pacino zu *Angels in America* 2003 (Foto: privat)

Tom Cruise zu *Collateral* 2004 (Foto: privat)

mit Gouverneur Arnold Schwarzenegger 2004 (Foto: privat)

Gwyneth Paltrow beim ersten Interview nach der Geburt ihres Töchterchens
ble in New York 2004 (Foto: privat)

Pierce Brosnan auf den Bahamas 2004 (Foto: privat)

mit Kate Winslet im Four Seasons Hotel zu *Finding Neverland (Wenn Träume fliegen lernen)* 2004 (Foto: privat)

George Clooney in Palm Springs zu *Ocean's Twelve* 2004 (Foto: Armando Gallo)

mit Clint Eastwood im Warner Brothers Studio zu *Million Dollar Baby* 2004
(Foto: privat)

Und wenn das Ganze Form annimmt, dann wage ich mich an die Schreibmaschine und tippe. Aber bis dahin ist der Text schon einige Male überarbeitet worden. Die endgültige Version ist immer die, die dann letztlich im Studio aufgenommen wird. Manchmal beneide ich Elton John. Bernie, sein Texter, schickt ihm jede Menge Vorschläge, und Elton macht daraus alle Songs für eine ganze Platte in nur fünf Tagen. Ich könnte das auch. Aber ich bin zu egozentrisch, um mich an den Texten anderer zu vergreifen. Das ist das Problem. Somit ist es mein eigener Fehler. Es gefällt mir, wenn die Worte zu mir kommen, dann ergibt sich die Musik dazu von selbst. Die Musik ist leicht. Die Musik ist immer da. Ich könnte eine Musik zu diesem Interview schreiben, wenn ich wollte. Es ist für mich überhaupt kein Problem zu komponieren.«

Als wir am Central Park vor dem Dakota-Building parken, bemerkt er: »Diese Wohnung ist perfekt und, man fühlt sich sicher. Da kann keiner reinkommen und einen bedrohen oder sagen: ›Ich bin Jesus aus Toronto‹.«

John Lennon geht in Richtung Hintereingang und sagt zum Abschied: »Wir sollten uns alle sechs Monate treffen.« Genau an dieser Stelle wurde er am 8. Dezember 1980 von Mark David Chapman ermordet.

»Do you know who you are?« »Wissen Sie, wer Sie sind?« Das waren die letzten Worte, die John Lennon vor seinem Tod hörte. Nachdem er angeschossen und schwer verletzt wurde, blieb keine Zeit, um auf einen Notarztwagen zu warten. Man packte ihn in ein Polizeiauto, um ihn so schnell wie möglich ins Krankenhaus zu bringen. Ein Beamter versuchte, den blutenden Lennon auf dem Rücksitz bei Bewusstsein zu halten, und schrie immer wieder das Gleiche: »Do you know who you are?«

»John Lennon wusste, wer er war«, lautete das Resümee von Salman Rushdie in einem Interview mit dem *Stern*. Dieser Satz ging mir ungeheuer nahe. Ich stellte mir diese Frage immer wieder selbst und hatte keine Antwort darauf. Ich war immer noch auf der Suche.

# 10
## »Ja, ich will!«

Als Korrespondent in Hollywood lebt man in zwei Welten gleichzeitig und kann es niemandem recht machen: Die Manager der Stars interessieren sich nicht dafür, was ein deutscher Chefredakteur von ihren »Schäfchen« will, und die Redaktionen in Deutschland verstehen nicht, warum sich die amerikanischen Künstler nicht geschmeichelt fühlen, dass man sie auf der anderen Seite des Atlantiks groß herausbringen will. Manche meiner Kollegen ließen sich deswegen versetzen, gingen nach New York oder London. Andere wurden zurück nach Deutschland beordert. Das kam für mich nicht in Frage, dazu war ich zu ehrgeizig. Aber als »Ein-Frau-Betrieb« hatte ich keine Möglichkeit, mich hochzuarbeiten. Nur hinter den Stars herzujagen und immer wieder über die gleichen Leute zu schreiben, befriedigt auf Dauer nicht und wird langweilig. Es ging auch gar nicht darum zu berichten, was in Hollywood gerade passierte, welche Filme und Serien »in« waren oder nicht. Da diese Serien erst viel später im deutschen Fernsehen liefen, konnte ich erst viel später darüber schreiben, und hinkte so immer hinterher. Manchmal wünschte ich, Nachrichtenreporterin zu sein, wo tägliche Aktualität gefragt war.

Plötzlich zeigte der Burda Verlag Interesse an mir: Ich sollte ein Büro an der Westküste für sie aufmachen. Das war eine einmalige Gelegenheit. Ich war 34 Jahre alt. Bei den Rockkonzerten fiel ich langsam auf, weil ich mittlerweile um einiges älter war als die übrigen Zuschauer. Außerdem litt ich darunter, dass ich als *Bravo*-Korrespondentin im Kreis meiner Journalisten-Kollegen nicht ernst genommen wurde. Obwohl jede meiner Geschichten auf einem persönlichen Treffen mit einem Star basierte und ich für meine Konzertkritiken kreuz und quer durch Amerika flog und die Artikel nicht wie andere Kollegen aus Zeitungsausschnitten zusammenschrieb – *Bravo* war eben eine Jugendzeitschrift und hatte kein großes Renommee.

Fritz Blumenberg, der New Yorker Korrespondent des Burda Verlags, ließ mich zu einer Party einfliegen, auf der ich Hubert Burda kennen lernen durfte, mit dem ich mich auf Anhieb gleich gut verstand. Sie nahmen mich exklusiv unter Vertrag. Ich musste nicht mehr von zu Hause aus arbeiten, sondern bekam ein richtiges Büro am Sunset Boulevard mit Angestellten und einem großzügigen Spesensatz für Reisekosten und Bewirtungen. Mein Einkommen war nicht wie bisher an die Zahl der veröffentlichten Geschichten geknüpft, sondern ich bekam zum ersten Mal in meinem Leben ein festes monatliches Gehalt, war krankenversichert, und es gab sogar einen Zuschuss zur Altersversorgung.

Es fiel mir schwer, bei meinem Chefredakteur Gert Braun zu kündigen. Er schätzte mich sehr, und ich hatte ein wunderbares Verhältnis zu der Redaktion. Aber ich wollte auch etwas Neues wagen, mich weiterentwickeln. Der Burda Verlag hatte zu der Zeit elf Zeitschriften auf dem deutschen Markt, und als Korrespondentin war ich für alle zuständig: von *Bunte* zu *Freizeit Revue*, *Bild und Funk* und *Ambiente*. Das reizte mich sehr. Allerdings wurde mir zugetragen, dass vor allem männliche Kollegen an meiner Qualifikation zweifelten: »Kann die das überhaupt?«

Während ich mich also auf meine neue Karriere vorbereitete, nach einem geeigneten Büro suchte und es einrichtete, funktionierte mein Privatleben immer weniger. Montfort und ich steckten in einer ausgewachsenen Beziehungskrise. Wir verbrachten nur noch sehr wenig Zeit miteinander. Ich war im Stress und er immer unterwegs, oft nicht erreichbar, und er schien mehr und mehr zu trinken. »Gibt es eine andere?«, fragte ich ihn. Montfort reagierte gereizt auf meine Verdächtigungen. Aber alles deutete darauf hin. Er sprach kaum noch mit mir und versetzte mich sogar, als wir zum Schnitzelessen bei Mutter Schwarzenegger eingeladen waren.

Der schöne George Hamilton hatte in meinem Fall Recht: Frauen haben ein gutes Gespür, Frauen wollen die Wahrheit wissen. Als Mann ist man besser beraten, nicht zu lügen oder den Seitensprung abzustreiten, dann wären Frauen leichter bereit, zu verzeihen – so seine Erfahrung. Ich vertrat den Standpunkt: Ich will von meinem besten Freund nicht angelogen werden.

Ich musste der Wahrheit auf den Grund gehen und beauftragte einen Detektiv. Schon ein paar Tage später lieferte er die Fakten: Die Überprüfung unseres Telefonanschlusses und der ein- und ausgehenden Anrufe hatte ihn zu einer Adresse in Redondo Beach geführt, einem Stadtteil direkt am Meer. Die Anschrift gehörte zu einer blonden Frau, und Montforts Auto parkte vor ihrem Haus. Nachdem ich Montfort mit den Tatsachen konfrontiert hatte, gab er mir die Schuld für sein Fremdgehen: Ich würde zu viel arbeiten, und es machte keinen Spaß mehr mit mir, wir hätten nicht einmal mehr Zeit, gemeinsam die Sonnenuntergänge anzuschauen.

Es war eine grauenvolle Zeit. Freunde hatten mir oft gesagt: »Du stehst immer im Mittelpunkt, das ist schwer für einen Mann. Hast du ein Glück, dass das dem Montfort nichts ausmacht«, und nannten mich spaßeshalber »Herr Schoenberger« – aber das war wohl ein Irrtum, er störte sich sehr wohl daran. Ich stand vor den Trümmern meiner Beziehung. Das einzige Gute dabei war, dass ich so schlank wurde wie noch nie …

Der neue Job bedeutete eine große Umstellung für mich: Ich musste meine Mitarbeiter und mich in die neue Aufgabe einarbeiten, und mein unmittelbarer Vorgesetzter in New York machte sich ein Vergnügen daraus, mir täglich die Hölle heiß zu machen. Kollegiale Unterstützung und professionelles Teamwork existierten nicht. Ich saß den ganzen Tag im klimatisierten Büro, musste zu jeder Tages- und Nachtzeit telefonisch erreichbar sein und hatte keine Zeit mehr, mich selbst auf die Suche nach Themen zu machen. Meine Aufgabe bestand hauptsächlich darin, das Material für die Storys zu beschaffen, die dann in Deutschland geschrieben wurden: Fotos einkaufen, Informationen und Texte sammeln, bei Skandalen als Erste vor Ort sein und möglichst die Exklusivrechte sichern. Der größte Druck war der Konkurrenzkampf mit den anderen deutschen Blättern. Das war beim *Stern* genauso wie bei *Bunte*: Ganz gleich, ob das teure Material auch wirklich gedruckt wurde, man kaufte, was immer man nur kriegen konnte, Hauptsache die Konkurrenz kam nicht dran. Es war überall das Gleiche.

Wirklich hinderlich war die Tatsache, dass ich mit den Redaktionen in Deutschland nicht direkt kommunizieren durfte, es musste alles über das New Yorker Büro laufen. Das war sehr kontraproduktiv und führte zu vielen Missverständnissen.

Ich war zu einem Bürohengst geworden und fühlte mich dabei schrecklich unglücklich. Büropolitik und Machtkämpfe entsprachen nicht meiner Natur. Ich verabscheute es, täglich

166

seitenlange Hausmitteilungen zu verfassen, um mich wichtig zu machen. Zwischen Blumenberg und mir war der Krieg ausgebrochen. Es war meine erste Erfahrung mit Mobbing. Ich bin mir nicht sicher, ob ich ohne die moralische Unterstützung von Will Tremper durchgehalten hätte. Er stand mir mit Rat und Tat zur Seite, war ein guter Berater und half mir, mich als Frau in der Männerwelt durchzusetzen. Er diktierte mir sogar die entsprechenden Antworten auf die bösartigen Seitenhiebe aus New York.

Ich hatte noch nie so viel Geld verdient, war aber auch noch nie so unglücklich in einem Job gewesen. »Du hast nicht das Zeug, um in der Geschäftswelt zu bestehen«, sagte meine Mitarbeiterin. Wenn es bedeutet, sich anzupassen und seine Ideale zu verleugnen, dann hat sie Recht, dachte ich mir.

Gott sei Dank hatte ich meine Freunde. Und auch meine Beziehung mit Montfort hatte sich nach seiner Affäre wieder gebessert. Die Zeit hatte auch hier Wunden heilen lassen, und wir fanden wieder zusammen. »Entweder du akzeptierst den Montfort so wie er ist, oder du trennst dich von ihm«, sagte damals mein bester und liebster Freund Jürgen Tiedt, als ich voller Wut und Enttäuschung Montforts Klamotten dramatisch auf den Mulholland Drive werfen wollte. Zu einer Trennung war ich aber nicht bereit. Ich wollte nicht alleine leben. Ich hatte mich in meinem Leben schon so oft allein gefühlt, dass ich große Angst vor dem Alleinsein hatte. Und durch den Psychoterror von Blumenberg bei Burda war mein Selbstwertgefühl so tief gesunken, dass ich mich fragte: »Wer will dich überhaupt noch?«

Kurz vor Weihnachten 1980, Mutti war gerade zu Besuch, und Will Tremper war zufällig auch in der Stadt, trafen wir uns alle zum Brunch bei Giorgio Moroder. Plötzlich fielen sie über Montfort und mich her: »Was ist los mit euch? Seit sie-

167

ben Jahren lebt ihr zusammen, es ist an der Zeit zu heiraten. Worauf wartet ihr noch?«

Ich war völlig überrumpelt. Ich hatte nie daran gedacht, zu heiraten. Eine Hochzeit ganz in Weiß, die Braut mit Schleier und Schleppe und das »happily ever after« – das war nie mein Traum gewesen. Im Gegenteil: Was Eheleben bedeutet, kannte ich von meiner Mutter, und das war in meinen Augen alles andere als erstrebenswert.

Schon einmal war Hochzeit ein Thema gewesen, aber ich hatte einen Rückzieher gemacht. Ich war noch nicht so weit. Ich hatte Bindungsängste. Ich spürte, dass Montfort nicht die Liebe meines Lebens ist.

An diesem Sonntagmorgen aber wurde ich von den Ereignissen überrollt: Plötzlich stand der Hochzeitstermin fest – der folgende Samstag, damit Mutti und Will Tremper auch dabei sein konnten. »Okay, warum auch nicht«, sagte ich, und fügte mich. Zwei Gründe sprachen immerhin für die Hochzeit: Meine Mutter könnte endlich dem Pfarrer Bodensteiner zu Hause melden, dass ich nicht mehr in Sünde lebe. Und Montfort würde als mein Ehemann einen Anspruch auf Einbürgerung bekommen.

Blitzschnell musste die Hochzeit organisiert werden. Giorgio mietete sofort eine Yacht in Marina del Rey mit dem dazugehörigen Personal, das sich um den Blumenschmuck, den Champagner und die Gästebewirtung zu kümmern hatte. Das war sein Hochzeitsgeschenk an uns.

Wie in Trance zog ich mit meiner Mutter los, um auf die Schnelle ein passendes Hochzeitskleid zu finden. Wir fuhren von einem Geschäft zum andern, von Hollywood nach Beverly Hills und wieder zurück. Frustriert warf ich die Kleider in die Ecke – ich war alles andere als eine glückliche Braut, die den großen Tag herbeisehnt …

Ich stellte die Gästeliste zusammen. Ich wollte eine ganz kleine Trauung. Nur die engsten Freunde und Familienmitglieder sollten beim Ja-Wort anwesend, Tremper und Moroder unsere Trauzeugen sein. Die restlichen Freunde bat ich, erst eine Stunde später an den Hafen zu kommen, um mit uns auf der Yacht zu feiern. Und so machten wir es auch. Auf dem Weg zur Trauung schleppte Tremper meinen Montfort noch schnell zu Tiffany, um einen Ring zu kaufen. Und dann stachen wir in See, entlang der Küste von Santa Monica und Malibu.

Meinen Namen wollte ich aus beruflichen Gründen behalten. Ich hatte mir schließlich einen gewissen Bekanntheitsgrad erarbeitet. Die Leute in Hollywood wussten, wer Frances Schoenberger ist, wenn ich am Telefon war und durchgestellt werden wollte. Frances Montfort wäre zwar ein schöner Name gewesen, aber damit hätte ich wieder von vorne anfangen müssen.

Es war eine lustige Hochzeit und ich war eine schöne Braut, im schulterfreien weißen Kleid, das viel Bein zeigte, und einem Blumenkranz im Haar. Arthur Cohn, der berühmte und mit vielen *Oscars* ausgezeichnete Schweizer Filmproduzent, spendierte als Hochzeitsgeschenk für uns und unsere besten Freunde ein elegantes Abendessen im noblen Beverly Hills Hotel. Charles Bukowski war einer der Gäste. Er hatte sich schon auf dem Schiff besoffen, anders hätte er eine so sentimentale und spießige Veranstaltung gar nicht überstehen können. Vom steifen Ambiente im Beverly Hills Hotel war er dann gänzlich überfordert, und er zog sein Messer und bedrohte damit einen befrackten Ober. Das war für ihn das Ende der Veranstaltung: Hank wurde von zwei starken Männern hinausbegleitet und in das Auto seiner Freundin Linda verfrachtet. Montfort fand diese Behandlung unerträglich. Ohne Hank hatte er keine Freude mehr an seinem eigenen Fest und fing erst richtig an zu trinken. Die Hochzeitsnacht war wie meine bevorstehende Ehe: einsam. Montfort schlief schnarchend im Nebenzimmer seinen Rausch aus und ich lag alleine in der Honeymoon Suite im Beverly Wilshire.

Am Montag erschien ich wieder im Büro. Ich war in dieser Zeit so gestresst, dass meine Periode schon seit Monaten ausgeblieben war. Aber ich war eine Kämpfernatur und sehr zäh. Ich hielt durch und etablierte mich langsam aber sicher durch harte Arbeit und mit guten Storys in allen Zeitschriften des Burda-Verlags.

Nachdem das Büro organisatorisch endlich lief, fand ich neben meiner Aufgabe als Bürochefin ab und zu Zeit, auch wieder als Reporterin loszuziehen. Für *Ambiente*, die stilvolle Architektur-Zeitschrift, produzierte ich 1982 eine Homestory mit Billy Wilder. Ich besuchte ihn in seiner Penthouse-Wohnung in Westwood und auch in seinem Strandhaus im wunderschönen Trancas, einem Geheimtipp an der Pazifikküste. Wie viele Stars hatten sich auch die Wilders ein zweites Domizil außerhalb von Hollywood zugelegt. Billy war der Erste, den es weiter weg zog als nur bis ins exklusive, bei vielen beliebte Malibu. Aber schon kurze Zeit später gehörten Jack Lemmon, Goldie Hawn, Walter Matthau und Ali MacGraw zu seinen Nachbarn.

In dem Strandhaus verbrachte ich einige entspannte Nachmittage, die ich vor allem seiner Frau Audrey zu verdanken hatte. Frau Wilder nahm nie ein Blatt vor den Mund, und ich konnte von ihren Geschichten nicht genug bekommen. »Alle unsere Freunde und Bekannten hatten sich längst ein Zweithaus in Malibu zugelegt. Aber als Österreicher ist Billy den Strand nicht gewöhnt. Dann verbrachten wir ein paar Wochenenden mit einem Kaufhausbesitzer in dessen Haus in Trancas. Der sagte zu Billy: ›Warum kaufst du nicht hier was?‹ Billy war interessiert, weil Trancas im Gegensatz zu Malibu sehr preisgünstig war und Sanddünen hatte.« Das Geschäft hatte sich in mehrfacher Hinsicht gelohnt: Die Wilders hatten ihr Strandhaus in den 70er Jahren für 72000 Dollar erstanden, heutzutage ist es viele Millionen wert.

Ich liebte Audrey Wilders trockenen Humor, der beim Kaffeeklatsch so schön zum Vorschein kam. Als junges Mädchen stand sie bei Paramount unter Vertrag, obwohl sie ihrer Meinung nach gar kein Talent hatte: »Ich hatte die Figur von Audrey Hepburn und die schauspielerischen Fähigkeiten von Jane Russell. Umgekehrt wäre ich ein großer Star geworden. Aber so war ich ein hoffnungsloser Fall und steckte mein ganzes Geld in Gesangsunterricht. Ich war halt ein ›Girl‹. Damals waren Kurven gefragt, und die hatte ich nicht zu bieten. Wie ich hieß und was ich konnte hat niemanden interessiert.« Dann begegnete sie Billy Wilder. Nach der Hochzeit hatte sie nie mehr gearbeitet, weil Billy das nicht wollte.

»Zwei Wochen nach der Hochzeit besuchte uns Marlene Dietrich – und blieb einen ganzen Monat! Das war schrecklich. Sie hat mich wie eine Sklavin behandelt. Eine gemeine Frau. Ich sagte fortwährend zu Billy, wie blöd ich sie finde. Sie konnte Frauen nicht leiden, außer es handelte sich um eine Liebesaffäre.« Ich war es als Journalistin in Hollywood nicht gewohnt, dass jemand derart offen und auch negativ über eine Berühmtheit spricht, ohne Angst vor Konsequenzen. Frau Wilder hatte keine Furcht. Während sie die Lebensmittel in der Küche verstaute, die Billy in der Zwischenzeit eingekauft hatte, erzählte sie weiter: »Marlene Dietrich kannte nur ein Thema: sich selbst. Jedes Mal, bevor sie uns oder sonst jemanden besuchte, ließ sie einige Stunden vor der Verabredung durch einen Boten einen Umschlag mit Fotos von ihrem letzten Auftritt in Las Vegas oder ihrem neuesten Film abgeben. Und sie sorgte dafür, dass

171

den ganzen Abend über nichts anderes mehr geredet wurde. Sie hat auch ein Buch geschrieben, das war so langweilig, dass der Verleger das gezahlte Honorar wiederhaben wollte. Sie schrieb nur über ihre Karriere und die jeweiligen Regisseure, mit denen sie gearbeitet hatte. Hätte sie die wahre Geschichte ihres Lebens niedergeschrieben, es wäre phantastisch geworden. Ich sage dir, die hatte ein Ego ... Und heute ist sie so furchtbar verbittert.«

Wilders große Leidenschaft war seine Kunstsammlung, die er vor seinem Tod für über 20 Millionen Dollar versteigern ließ. Er besaß Bilder von Picasso, Fernando Botero, Egon Schiele, Renoir, Chagall, ein Mobile von Calder, Stühle von Charles Eames, eine Corbusier Couch und unglaublich viel Krimskrams aus der ganzen Welt. Manche in Hollywood hielten Billy Wilder für einen bösartigen alten Mann und fürchteten seine scharfe Zunge. Andere schätzten seinen Humor, seine Schlagfertigkeit und seinen Witz. Obwohl ich ihn nur als charmanten, liebenswürdigen Herrn voller Geschichten und Anekdoten, in denen er oft selbst den Kürzeren zog, erlebt habe, fühlte ich mich in seiner Gegenwart immer ein wenig eingeschüchtert.

Bei dem Gedanken, über den legendären Billy Wilder und seine Kunstsammlung schreiben zu müssen, fühlte ich mich unbehaglich. Als hätte er meine Gedanken gelesen, sagte er eines Nachmittags: »Wenn du mir ein kostenloses Abonnement von *Ambiente* besorgst, schreib ich was für dich.« So kam es zu einer Kolumne von Billy Wilder über seine Sammelleidenschaft. »Ich kaufe, lagere, speichere, horte, sammle – in Wohnungen, Büros, Lagerhallen, im Strandhaus, im Kofferraum meines Autos. Die Wahrheit ist: Ich bin krank. Ich sollte einen Psychiater aufsuchen. Aber nach 60 Jahren ist es zu spät, um noch etwas gegen meine Sammelwut zu unternehmen ...« Die

172

Bildunterschriften diktierte mir Wilder und ich tippte sie auf seiner klapprigen alten Schreibmaschine.

Durch diesen Artikel hatte ich bei Hubert Burda, einem großen Verehrer von Billy Wilder, einen Stein im Brett. Der ständig nörgelnde Blumenberg musste endlich einmal seine große Klappe halten.

In den 70ern verdiente ich mein Geld fast nur mit Interviews von Rockmusikern. Das änderte sich, als die blutjunge Nastassja Kinski nach Hollywood kam. Für *Bunte*, *Bild und Funk* und die *Freizeit Revue* schrieb ich regelmäßig Storys über sie, die von der amerikanischen Presse mit Attributen wie »die neue Garbo« oder »das Beste aus Deutschland seit Marlene Dietrich« gefeiert wurde. Ich war die einzige Journalistin, der Nastassja vertraute, wir hatten einen sehr guten Draht zueinander. So konnte ich eine exklusive Titelgeschichte nach der andern liefern. Ich begleitete sie sogar nach Japan auf ihre Promotion-Reise für *Tess* und erlebte, wie ihr die japanische Presse zu Füßen lag. Tagelang gab sie den Japanern ein Interview nach dem andern und wurde mit Geschenken und Blumen überhäuft. *Tess* war dort ein riesiger Erfolg, im Gegensatz zu Deutschland, wo Polanskis Film fast nur verrissen wurde.

Als Nastassja zum ersten Mal in Los Angeles am Flughafen ankam, waren schon alle Journalisten und Fotografen, die für deutsche Blätter arbeiteten, hinter der 15-Jährigen her. Ein Team vom *Stern* war sogar im gleichen Flieger. Auch ich hatte den Auftrag, über Nastassja in Hollywood zu berichten. In Deutschland war sie über Nacht durch einen *Tatort* von Wolfgang Petersen berühmt geworden. Danach brachte ihre Begegnung mit Roman Polanski den Stein für eine internationale Karriere ins Rollen. Es war Polanskis Idee, Nastassja in Hollywood das Handwerk erlernen zu lassen: Schauspiel, Ballett, Sprachunterricht.

Ich bekam die Information, dass Nastja – so nannte sie sich selbst – an der Lee Strasberg Schule für Schauspiel angemeldet war. Ich fuhr also zum Hollywood Boulevard. »Ja, Fräulein Kinski ist bei uns eingeschrieben,« bestätigte mir der Schuldirektor. »Wissen Sie, Mr. Polanski hat sie empfohlen.« Also setzte ich mich auf die Besucher-Couch und wartete, bis sie auftauchte. Den ersten Eindruck werde ich nie vergessen: Sie trug ein buntes Sommerkleid und eine Art Gretchen-Frisur. Ihre Mutter Ruth Brigitte Kinski begleitete sie. Die Mama dunkelhaarig, die Tochter blond. Ich war von ihrer natürlichen, atemberaubenden Schönheit und liebenswerten Ausstrahlung sofort in Bann gezogen. Es ist eigentlich nicht meine Art, Menschen aufzulauern, und so war mir dieser Moment sehr peinlich. Dennoch ging ich sofort auf die Mutter zu, die einen sehr resoluten Eindruck machte, und stellte mich vor. Nastja stand ein wenig abseits und beobachtete mich kritisch und neugierig zugleich, während ihre Mutter, die Biggi genannt werden wollte, ihr ins Ohr flüsterte, wer ich war. Plötzlich kam sie auf mich zu und sagte in ihrer kindlichen Art: »Du hast aber schöne Hände! Schau mal, Mama … hat die schöne Hände.« Das Eis war gebrochen. Nastassja, von der deutschen Presse belagert und gejagt, fasste auf Grund meiner Hände Vertrauen zu mir und stimmte spontan einem Interview zu.

Mich interessierte vor allem ihre außergewöhnliche Kindheit. Klaus Kinski, ihr Vater, hatte sie in ihrer frühen Kindheit sehr verwöhnt: »Wenn ich einen Luftballon haben wollte, kaufte er einen ganzen Bund mit 30 Stück. Wenn ich ein Stückchen Torte als Nachspeise haben wollte, ging er in die nächste Konditorei und kam mit zwei ganzen Torten zurück.«

Als sie sieben Jahre alt war, endete ihr Prinzessinnendasein schlagartig. Die Kinskis trennten sich. Mama Biggi zog mit Nastassja nach Deutschland, Papa Klaus lebte weiterhin in einem Schloss mit 20 Zimmern an der Via Appia Antica in Rom auf einem riesigen Grundstück. Irgendwann ging Klaus das Geld aus, und er konnte den Unterhalt nicht mehr bezahlen. Plötzlich hatten die Frauen nicht mal mehr genug Geld für die Wohnungsmiete. »Wir haben mit Pola (Nastassjas Halbschwester) in einer Art Kommune gelebt, und ich habe mit dem Stricken von Pullovern Geld verdient«, erzählte Biggi. »Und ich habe Bilder gemalt, Landschaften und Porträts, die ich an einem Stand auf der Leopoldstraße verkauft habe. Und ich fing an zu klauen, Essen, Geschenke für Freunde …« Mit 13 wurde Nastassja in einem Münchner Popclub von Wim Wenders entdeckt und bekam eine kleine Nebenrolle in seinem Film *Falsche Bewegung*. »Wenn die sagten: ›Kamera ab‹, musste ich immer lachen, weil die Schauspieler sich plötzlich wie Marionetten benahmen … Es war so komisch.« Petersens *Tatort* brachte für sie den Durchbruch, und kurz danach war Hollywood dran.

Ich war fasziniert von diesem jungen Wesen: verrückte Eltern, eine unstete Kindheit, zu früh zu viel Verantwortung, ein finanziell unsicheres Dasein … Als wir den Hollywood Boulevard entlang spazierten und redeten, überkam mich plötzlich das Gefühl, sie beschützen zu müssen. Leute blieben stehen, starrten sie an, gafften ihr nach. In einer Boutique riefen sich die Verkäufer zu: »Boy, she is beautiful, what a foxy girl!« Durch Nastassja habe ich erlebt, was passiert, wenn ein junges, hübsches, talentiertes Mädchen nach Hollywood kommt: Aus allen Löchern kriechen die Ratten: gierig, eiskalt, hinterhältig, falsch. Alle wollen vom potentiellen aufsteigenden Sternchen profitieren: Agenten, Friseure, Manager, Möchtegerne. Sogar mein Arzt wollte sie sofort bei Hugh Hefner einführen …

Für die deutsche Presse wurde der Hollywood-Aufenthalt von Nastassja Kinski vor allem dadurch interessant, dass zur gleichen Zeit Klage gegen Roman Polanski erhoben wurde, eine 13-Jährige unter Drogen gesetzt und vergewaltigt zu haben. Polanski hatte für die französische Ausgabe der *Vogue* junge Mädchen fotografiert. Doch es blieb nicht nur bei den Aufnahmen. Einige Monate später lud Polanski eines der Mädchen in Jack Nicholsons Haus am Mulholland Drive ein und landete mit einer 13-Jährigen nackt im Jacuzzi. Das Mädchen vertraute sich ihrer Mama an, diese ging sofort zur Polizei: Der internationale Skandal war da.

Genau so stellt man sich Hollywood vor: Sodom und Gomorra. Und Polanski war schon immer gut für Schlagzeilen, ob er wollte oder nicht: entweder durch seine schrägen Filme oder die Tragödien in seinem Leben, wie die Ermordung seiner Frau, Sharon Tate, und des gemeinsamen, noch ungeborenen Kindes.

»Kinski lässt sich von Polanski aushalten«, spotteten die deutschen Blätter, was gar nicht der Wahrheit entsprach. Tatsache war, dass Polanski seinen Freund und Hollywood-Agenten Ibraham Moussa eingeschaltet hatte, um Nastassja nach Hollywood zu holen und auszubilden. Moussa organisierte eine möblierte Wohnung an der Kings Street, wo Nastassja zum ersten Mal seit langer Zeit in einem eigenen Bett schlief und es nicht wie in München mit ihrer Mutter teilen musste. Moussa finanzierte auch den Aufenthalt und die Schauspielschule. Nastassja war für ihn eine Art Investition. Schon kurze Zeit später handelte er einen Vertrag für seine Klientin aus. Sie musste für kurze Zeit zurück nach Deutschland, um in einem kleinen deutschen Film zu spielen – er wollte sein investiertes Geld so schnell wie möglich wieder zurückhaben.

Die besten und bekanntesten Regisseure und Schauspieler

wollten mit Nastassja arbeiten: Francis Ford Coppola, Robert Mitchum, Roman Polanski, Marcello Mastroanni, Jody Foster, Rudolf Nurejev. Richard Avedon, einer der größten Fotografen dieses Jahrhunderts, fotografierte Nastassja nackt mit einer Schlange um ihren Körper gewunden. Das Foto ist mittlerweile ein Klassiker und wurde zum meistverkauften Poster der Welt – und bis heute ist es auch nach unzähligen Versuchen immer noch nicht gelungen, diese laszive Erotik zu kopieren.

Erfolg bringt Neider, und Nastassja hatte viele. Einer davon war Klaus Kinski. Als er für ein paar Wochen nach Hollywood kam, um den Film *Murder by Mail* (*Schizoid*) zu drehen, bemühte ich mich sofort um ein Interview – wie ich zugeben muss, hauptsächlich aus Neugierde. Denn in der *Bunten* hatte ich erst kurze Zeit zuvor einen Artikel gelesen mit der Überschrift: »Rabenvater gegen blöde Kuh«.

Ich traf Klaus Kinski spätabends während einer Drehpause in einem Bürohaus am Sunset Boulevard. Obwohl ich mich auf unsere Begegnung sehr gut vorbereitet hatte, kam ich nicht recht zum Zuge. Schon den Ansatz meiner ersten Frage: »In letzter Zeit machen die Kinskis viel von sich reden ...«, unterbricht er sofort. »Was heißt hier in letzter Zeit? Ich mache schon seit 30 Jahren viel von mir reden. Und meine Kinder in letzter Zeit, auch sie werden ja immer größer, das ist ganz natürlich. Seit ich *Tess* gesehen habe, weiß ich, dass Nastassja ein enormes Talent hat. Die anderen Filme habe ich mir nicht angeguckt. Warum soll ich mir Scheißfilme angucken? Ich hab 180 Idiotenfilme gemacht. Obwohl manche große Erfolge waren, von einem bestimmten Punkt an ist jeder Film ein Idiotenfilm.« Ohne dass ich überhaupt eine einzige Frage gestellt hatte, redet Kinski wie ein Wasserfall auf mich ein, ohne Punkt und Komma und meist ohne Zusammenhang. Ich höre geduldig zu und denke daran, was Biggi mir im Vorfeld des Interviews über Klaus Kinski und die erstklassigen Kritiken zu *Fitzcaraldo* gesagt hatte: »Er kann nur Irre spielen, sein ganzes Leben lang gibt er irre und kaputte Typen. Das ist doch keine Kunst. Kunst ist das, was Dustin Hoffman macht: zwischen ganz unterschiedlichen Charakteren zu wechseln. Der Klaus macht doch immer nur das Gleiche. Das beeindruckt vielleicht noch jemanden, der ihn nicht kennt. Für mich ist er kein Schauspieler, der stellt doch nur sich selbst dar.«

Er hätte kein Zeitgefühl, gesteht er mir an diesem Abend. »Das ist so unheimlich manchmal. Was vor 30 Jahren passiert ist, denke ich, ist eben erst passiert. Jede Art von Zeitgefühl ist völlig aufgelöst.« Ich fragte ihn frech, ob er auf den Erfolg seiner Tochter eifersüchtig sei. Kinski: »Ich bin überhaupt nicht eifersüchtig, auf niemand. Weil ich immer behauptet habe, dass ich der Beste bin. Sich messen ist schwachsinnig. Meine Tochter hat meinen Namen Kinski genommen, ohne mich zu fragen. Warum hat sie meinen Namen genommen? Sie hat einen Familiennamen, einen polnischen, genau wie ich: Nakszynski.«

Nach Beendigung seines Redeschwalls besteht Kinski darauf, die Tonband-Abschrift gegenzulesen. Ich schicke ihm das Manuskript und bekomme es »bearbeitet« zurück: Die erste halbe Seite hat er durchgestrichen und mit Großbuchstaben drübergeschrieben: »Das hat überhaupt keinen Zusammenhang!« Nach der siebten Seite hat er offenbar selbst genug von seinem Wirrwarr und lässt die restlichen neun Seiten unredigiert …

Weniger anstrengend, aber oft umso beeindruckender war es, Berühmtheiten zu treffen, die nichts mit dem Showbusiness zu tun hatten. Betty Ford, die alkoholsüchtige Frau des ehemaligen US-Präsidenten, war eine davon. Ich durfte sie in ihrem Haus in Palm Springs interviewen. Es war ein unvergesslicher Tag. Mrs. Ford war 61 Jahre und sah aus wie 50. Zwei Jahre zuvor, im Frühjahr 1978, hatten ihre Kinder sie zu einer Entziehungskur geschickt. Jahrelang war sie von Schmerztabletten abhängig gewesen, schluckte unter anderem große Mengen Valium und trank dazu noch stark. Sie beschrieb mir ihre Abhängigkeit: »Ich trank keine besonders großen Mengen, sondern ganz normal, wie alle Leute: Ein Cocktail vor dem Essen, einige Gläser zum Essen. Aber das Ganze ist natürlich eine große Selbsttäuschung. Denn der Alkohol multipliziert nur die schädlichen Wirkungen der Medikamente. Ganz langsam verändert sich die Persönlichkeit, ohne dass man es merkt. Ich verlor zum Beispiel das Interesse an vielen Dingen, die mir früher Spaß gemacht hatten. Ich zog mich von allen Freunden und Bekannten zurück, sagte Einladungen unter den lächerlichsten Vorwänden ab. Oder ich hatte plötzlich Gedächtnislücken, vergaß eine Telefonnummer oder eine Verabredung.« Betty Ford bekannte sich öffentlich zu ihrer Alkoholsucht, genauso, wie sie früher öffentlich über ihren Brustkrebs gesprochen hatte. Diese Offenheit war ihr anfangs zwar unangenehm, »aber ich spürte schnell, dass die Menschen dankbar sind für solche ehrlichen Worte. Ich bekam täglich mehrere hundert Briefe, und fast alle waren positiv. Ich war glücklich darüber, dass ich vielen Frauen in ähnlicher Situation helfen konnte, zum Arzt zu gehen oder eine Entziehungskur zu machen.« Betty Ford bekannte sich auch ganz offen zu ihrer Schönheitsoperation. »Ich finde nichts Schlimmes dabei. Ich will eben so aussehen, wie ich mich fühle.«

# 11
## Working Mom

Los Angeles wurde immer internationaler. Das war sehr positiv für mich, weil dadurch auch mehr und mehr Deutsche in die Stadt kamen. Bei meiner Ankunft im Jahr 1972 war L.A. noch recht provinziell und sehr amerikanisch: So gab es z.B. noch nicht einmal ein Restaurant, wo man draußen sitzen und essen konnte – und das bei dem ewigen kalifornischen Sonnenschein!

Hildegard Knef meldete sich plötzlich wieder bei mir und bat mich, ihr bei der Suche nach einem Haus behilflich zu sein. Sie war mittlerweile von David Cameron geschieden, lebte mit Paul von Schell in Berlin und wollte die Sommerferien mit ihrer Tochter Christina in Los Angeles verbringen. Ich hatte Glück und fand ein wunderbares Domizil. Das Haus bot kalifornisches Lebensgefühl pur: es war sonnendurchflutet und hatte einen großen Swimmingpool. Vor Hildes Ankunft füllte ich den Kühlschrank. Paul hatte mir eine Einkaufsliste geschickt: »Toast, Butter, Eier, Milch, Tee und Kaffee, Speck, Cola und für die Bar Cutty Sark, Campari, Bacardi (weiß), trockenen Weißwein und gutes deutsches Bier. Komm auf einen Willkommens-Drink vorbei.«

Hilde fühlte sich sehr wohl auf den Hügeln Hollywoods mit Blick über Los Angeles und blühte auf: »So banal es klingt:

Es ist einfach schön, wieder mal im Warmen zu sein, nicht unentwegt Rollkragenpullover tragen zu müssen und Schals und dicke Mäntel.«

Hardy Krüger kam auf einen Besuch vorbei. Er lebte schon seit vielen Jahren zurückgezogen in den San Bernadino Bergen, zwei Stunden außerhalb von L. A. Vor Hardy hatte Hilde großen Respekt, weil er als Schauspieler und Mensch immer neue Wege gegangen ist. Eine zärtliche Freundschaft verband die beiden. Auch Horst Buchholz kam zu Besuch. Es war für mich sehr aufregend, den Schwärmen meiner Jugendzeit nun persönlich zu begegnen. Vor allem Hardy Krüger hatte ich als Teenager angehimmelt. Jahrelang trug ich sein Foto in meinem Portemonnaie.

Nun saß ich ganz selbstverständlich unter ihnen und hörte zu, wie sie Erinnerungen und Erfahrungen austauschten. Sie sprachen über den Ärger mit ihren Agenten, warum sie lieber hier lebten und darüber, was die anderen Kollegen so machten.

Es dauerte nicht lange, und Hilde beschloss nach einem weiteren Sommerurlaub, sich ganz in Los Angeles niederzulassen. Das geschah vor allem Christina zuliebe. Ihre Tochter genoss es, hier unerkannt leben zu können und nicht mehr als die Tochter der Knef angegafft zu werden. Einen Teil der Möbel verkaufte Hilde in Berlin, ihre Lieblingsstücke ließ sie nach Los Angeles schicken: Antiquitäten, Bücher, Kunstwerke, Gemälde. Auf Besucher wirkte ihr Zuhause wie ein Museum. Auf der Toilette hing ein Plakat des Musicals *Silk Stocking* – eine Erinnerung an ihre Jugend, als sie als junges Mädchen am Broadway Furore machte.

Knef nannte ihren Aufenthalt in Amerika »meine große Pause von der deutschen Presse«, unter der sie enorm gelitten hätte: »Jeder Hund, der an meiner Haustür vorbeigeht, wird gefragt, was er von mir hält. Ich bin nicht verbittert, ich bin nicht beleidigt – ich suche mir die Leute aus, die mich beleidigen dürfen«, wetterte sie, »aber ich verwahre mich gegen Rufmord. Dass man einfach Falschmeldungen in die Welt setzt: ›Die Knef ist pleite!‹ Ich bekäme keine Rente – was heißt das schon? Ich bin ja nicht zur Post gegangen.«

Ich brachte Hilde mit Nastassja Kinski zusammen. Sie war fasziniert von der jungen Frau: »Das Mädchen ist von einer Schönheit, die einen traurig werden lässt. Das ist so eine Gemeinheit, dass das Alter diese Schönheit zerstören wird. Es braucht sehr viel Reife und Verstand, um mit dem Alter umgehen zu können. Die schöne Nastassja ist ein rührendes und sensibles Geschöpf, ein sehr liebes, zauberhaftes und sehr verletzbares Mädchen. Ich hoffe nur, dass sie das Glück hat, in gute Hände zu kommen – so wie ich damals bei Ludwig Markuse und Henry Miller, die mir Horizonte eröffnet haben.«

Hilde verglich sich mit Nastassja, die genau wie sie ganz jung und unerfahren nach Hollywood kam. Nastassja hätte es leichter, beobachtete die Knef. »Sie kommt zu einer Zeit nach Amerika, wo nicht mehr dieses verdammte Hakenkreuz auf jede Stirn geklebt wird. Als ich nach Amerika kam, gab man mir das Gefühl, ich hätte Hitler erfunden.« Hilde war 1947 zum ersten Mal in Los Angeles. Damals erwartete David Selznick, ein legendärer Studioboss, dass sie sich Gilda Christ nennt und als Österreicherin ausgibt …

Nastassja verstand genau, wovor die Knef sie beschützen wollte: »Du brauchst zehn verschiedene Gesichter, die du bei den passenden Gelegenheiten aufsetzt. Sonst bleibt in zwei, drei Jahren nichts mehr von dir übrig. Das habe ich ja gesehen. Ich war vor einem Jahr völlig ausgelaugt, weil ich gegeben und gegeben habe und mich so gezeigt habe, wie ich bin, und das wurde nur ausgenützt. Nichts kam zurück.«

Mein ganz persönlicher Lebenstraum war eine kleine Familie. Jahrelang lag ich Montfort damit in den Ohren, doch der wollte nichts davon hören. Ich war inzwischen 37 Jahre alt, und die biologische Uhr tickte. Bei einem gemeinsamen Termin in Memphis / Tennessee, als wir für eine Geschichte über Elvis Leben recherchierten, hatten wir viel Zeit zum Reden. Ich setzte ihm die Pistole auf die Brust: »Ich muss nicht verheiratet sein, wenn ich kein Kind habe. Ich will eine Familie gründen, und nur deswegen habe ich geheiratet.« Montfort verstand, dass es mir sehr ernst war: »Jetzt oder nie – sonst gibt es für mich keinen Grund, weiterhin mit dir zusammen zu bleiben.« Er ließ sich darauf ein, und ich setzte die Pille ab.

Monatelang geschah nichts. Plötzlich, nach einer Reise durch Südamerika, blieb meine Periode aus. Meine Ärztin in Beverly Hills fand eine einfache Erklärung. Ihre Diagnose: »Sie haben zu viel starken Kaffee getrunken … das wird schon wieder.« Meine Friseurin deutete die Symptome dagegen ganz anders: »Du bist schwanger.« Mit diesem Verdacht suchte ich ein zweites Mal meine Ärztin auf, sie machte einen Test und bestätigte die Vermutung. Jetzt, wo es quasi amtlich und ich schwanger war, überfielen mich Panik und eine schreckliche Angst: Wie soll ich das alles unter einen Hut bekommen? Ein stressiger Job, ein Partner, der freiberuflich arbeitet, ein unsicheres Familienleben in Hollywood? Schweigsam ging ich von der Ärztin nach Hause, legte mich ins Bett und zog die Decke über meinen Kopf.

Wie sollte das nur weitergehen? Mir fiel Arnold ein und seine wunderbare Lebenseinstellung. Er ließ sich nie herunterziehen, drehte sofort den Spieß um und suchte das Gute in jeder Situation. Diese Einstellung wollte ich meinem Kind mit auf den Lebensweg geben.

Ich verabredete mich mit ihm und Maria zum Abendessen. Arnold oder irgendjemanden um einen Gefallen zu bitten, lag mir überhaupt nicht. Erst nach einem Glas Wein kam meine Bitte endlich über die Lippen. »Arnold«, stotterte ich verlegen, »ich hätte dich gerne als Patenonkel. Wenn das Kind nur ein bisschen von deiner positiven Art abbekommt, dann hat es eine gute Chance, glücklich zu werden.« Nachdem ich den ganzen Abend so bedrückt gewirkt hatte, war Arnold richtig erleichtert: »Ja, wenn das alles ist …«

Wenig später kam meine Tochter Daisy auf die Welt – und Arnold stand zu seinem Wort. Gleich nach der Geburt besuchte er mich mit einem riesigen Blumenstrauß im Krankenhaus. Ein paar Monate später hielt er das kleine Püppchen bei der Taufe zärtlich in seinen starken Händen. Und als sie zu weinen anfing, weil ihr das Weihwasser zu kalt war, busselte er es zur Beruhigung ab. Arnold war noch lange kein Superstar, aber doch schon bekannt genug, dass ihn der Pfarrer zum Abschied um ein Autogramm und ein gemeinsames Foto bat …

Überhaupt waren meine alten Freunde in dieser Zeit sehr wichtig für mich. Denn auch im Beruf standen wieder Veränderungen an: der Burda-Verlag wollte mich nicht mehr haben. Mein Dreijahresvertrag lief aus und wurde nicht mehr verlängert.

Ich war zu dem Zeitpunkt hochschwanger und konnte nicht nach Deutschland fliegen, um mich um einen neuen Job zu kümmern. Drei Jahre lang hatte mir mein New Yorker Kollege die Hölle heiß gemacht, und endlich war es ihm gelungen, mich abzusägen.

Will Tremper, der mich in der anstrengenden Anfangsphase ständig mit Rat und Tat unterstützt hatte, kam im August 1982 sogar nach Los Angeles geflogen, um mir zur Seite zu stehen und auch bei Daisys Geburt vor Ort zu sein. Er fuhr mich tagelang in seinem gemieteten Cadillac mit Klimaanlage durch die Gegend, von einem schönen Restaurant zum anderen, um mir die hochsommerliche Hitze erträglicher zu machen, während ich auf das Einsetzen der Wehen wartete. Will stöberte sogar durch die Babyabteilung von Robinson May in Beverly Hills und überschüttete mich großzügig mit Geschenken.

Und er versuchte, mich zu beruhigen und mir meine Zukunftsängste zu nehmen. Er erzählte von einigen neuen Projekten, für die Korrespondenten in Hollywood gebraucht würden. So war z. B. das ZDF dabei, eine Nachfolgesendung für Margret Dünsers *VIP-Schaukel* zu entwickeln, und sie suchten nach geeigneten Journalisten. Ich meldete mich beim ZDF. Aber die Produktionsfirma war nur an meinen Kontakten interessiert: Ich sollte die Termine mit den Stars machen, für die Interviews würden dann Journalisten aus Deutschland eingeflogen werden. Das interessierte mich nicht. Ich wollte nicht mehr für andere die Türen öffnen.

Bis zum Schluss war ich für Burda aktiv, ich kannte es nicht anders. Aber ich litt wie ein Hund. Was mich am meisten verletzt hatte, war die Tatsache, dass eine meiner Mitarbeiterinnen hinter meinem Rücken nach New York geflogen war – angeblich in Urlaub –, um einen Vertrag als meine Nachfolgerin auszuhandeln. Ich war im 9. Monat, als sie mich, damit konfrontiert, auch noch belog und alles abstritt. Ich war am Boden zerstört.

Die Trennung vom Burda-Verlag verlief wenigstens fair. Ich bekam alles ausbezahlt, was mir vertraglich zustand. Und ich gab mir vier Monate Zeit, um mich beruflich neu zu orientieren. Zwei Dinge waren mir schnell klar: Das Fernsehen bot für eine Journalistin wie mich die interessanteren Möglichkeiten, hier wollte ich arbeiten. Und zum Zweiten: Bei den Printmedien hatte ich mir einen Namen gemacht, bei den Sendern dagegen musste ich mich aktiv anbieten, um meine Chance zu bekommen.

Da kam mir die Idee, ein Demo zu drehen, um mich vorzustellen. Aber welcher berühmte Künstler würde sich schon die Zeit für ein TV-Interview nehmen, das überhaupt nicht gesendet wird? Mein lieber Freund Giorgio! Mit Hilfe eines Jungregisseurs heuerte ich ein professionelles Filmteam an, und wir drehten mit Giorgio Moroder in dessen Glaspalast. Meinen dicken Bauch versteckte ich unter einem hellblauen Designerkleid von Krizia.

Der Einsatz lohnte sich: Dem ZDF war der große Erfolg der TV-Serie *Dallas* in der ARD ein Dorn im Auge. Sie waren neidisch auf die Einschaltquote und boten mir an: »Wenn du J.R. für uns an Land ziehst, dann darfst du ihn auch selbst interviewen ...« Das war meine Chance. Natürlich hatten die Kollegen vom ZDF selbst schon versucht, einen Termin zu bekommen, doch ohne Erfolg. Larry Hagman war der gefragteste Star von Hollywood, und es sah nicht vielversprechend aus, an ihn heranzukommen. Aber ich ließ einfach nicht locker. Nach der Geburt von Daisy war ich wieder voller Energie, und plötzlich klappte, was ich mir nie hätte träumen lassen. Und das habe ich »Sue Ellen Ewing« Linda Gray zu verdanken, der ich auf der Toilette im Neiman Markus, einem exklusiven Kaufhaus in Beverly Hills, begegnete. Ich war gerade dabei, Daisy zu stillen, und nutzte meine Chance. Linda und ich kannten uns von Zeitschriften-Interviews her, und ich klagte ihr mein Leid und wie sehr mich ihr PR-Agent mit Absagen quälen würde. »Mach dir keine Sorgen«, sagte sie, »ich kümmere mich darum.« Und schon bald hatte ich die Termine.

Regisseur Peter Otto flog mit einem Team aus Hamburg ein. Linda Gray war mein erstes Interview. Wir mieteten eine Hotelsuite im Beverly Hills an. Es lief sehr gut. Man vertraute uns. Danach durften wir sogar bei ihr zu Hause drehen. Larry Hagman empfing uns sogar im japanischen Kimono in seinem Strandhaus. Nachdem die Termine mit den beiden größten *Dallas*-Stars so gut verliefen, stellten sich selbstverständlich auch Victoria Principal und Patrick Duffy alias Bobby Ewing zur Verfügung.

Wir machten daraus ein 45 Minuten langes *Dallas*-Special, das im ZDF lief, während die ARD und deren Zuschauer ungeduldig auf neue Folgen der Serie warteten. Das war ein Coup! Ich wurde für Zeitungsinterviews nach Deutschland eingeflogen. Daisy war fünf Monate alt und reiste zum ersten Mal nach Europa. Meine Mutter fuhr nach Hamburg, um auf mein Baby aufzupassen, damit ich in Ruhe arbeiten konnte. Oma war glücklich, ihr erstes Enkelkind in die Arme zu nehmen.

Leider bekam ich danach lange Zeit keinen Auftrag mehr, was an internen Querelen im ZDF lag. Der Redakteur und der Produzent der Margret Dünser-Show wollten auf keinen Fall eine Nachfolge, die eine solch mächtige Rolle spielen würde wie die Dünser. Mittlerweile waren von den vielen Journalisten, die sie für die Nachfolgesendung testeten, nur noch drei übrig geblieben, mich eingerechnet, und man spielte uns gegeneinander aus – und irgendwann wurde das Projekt dann ganz eingestellt.

Trotzdem konnte ich für die Sendung »Exclusiv« mit meinen Interviews große Erfolge verzeichnen. Ich traf Tom Selleck, den *Magnum*-Darsteller auf Hawaii, Anthony Quinn in Florida, Paloma Picasso in New York und Paris, die Millionärin Lynn Wyatt in Houston und drehte je ein 45 Minuten langes *Denver Clan*-Special und ein weiteres über die TV-Serie *Hotel*. Ich fand es sehr bedauerlich, dass ich während der Ausstrahlungen nicht in Deutschland sein konnte. Ich hätte so gerne die Reaktionen der Zuschauer gesehen und erlebt, dass mir die Bäckerin am nächsten Morgen beim Brötchenkauf sagt: »Das haben Sie gut gemacht!« Aber so musste ich auf die »15 Minuten Ruhm« verzichten, die Andy Warhol jedermann prophezeit hatte.

Die TV-Zeitschriften berichteten über mich, und einmal sorgte ich sogar für Schlagzeilen in der *Bild*-Zeitung, weil James Brolin, der den Chef in der Serie *Hotel* spielte, mitten im Interview das Mikrophon wegwarf und wütend davonstürmte. Brolin war frisch verheiratet. Ich hatte ihn nach seiner neuen Frau gefragt und ob es richtig sei, was so geredet würde, dass er von seiner ersten noch nicht geschieden sei. Für die Sendung war sein Auftritt großartig, aber auf dem Set herrschte plötzlich eine extrem schlechte Stimmung. Eine Zeitlang stand nicht fest, ob ich die anderen Darsteller überhaupt noch interviewen dürfte oder ob das Team unverrichteter Dinge wieder nach Deutschland fliegen musste. Erst nachdem wir Brolins PR-Agenten schriftlich versichert hatten, dass dieser Vorfall nicht gesendet würde und wir die entsprechende Filmrolle bei ihm zur Verwahrung abliefern würden, durften wir weiterdrehen. Meine Produktionsfirma hatte allerdings ihren eigenen Plan: sie gab nur eine Kopie ab, und Brolins Auftritt lief Monate später im deutschen Fernsehen. Die *Bild*-Zeitung sorgte für die entsprechenden Schlagzeilen und Brolins PR-Agent bekam einen Tobsuchtsanfall. Und den hatte ich alleine auszubaden – alle Beteiligten waren längst abgereist und zurück in Deutschland, wo man ihnen nichts anhaben konnte. Der Agent aber rächte sich: Er sorgte dafür, dass ich nie wieder ein Interview mit einem seiner Stars führen konnte.

Ganz nach meinem Geschmack war dagegen mein Erlebnis mit *Magnum*. Ob ich mehr in Tom Selleck oder in seinen Charakter Thomas Magnum verschossen war, lässt sich schwer sagen: Schnurrbart und Grübchen beim Lächeln, meist in Shorts, mit haariger Brust und 1 Meter 95 groß – wahrscheinlich in beide. Ich hielt mir jeden Donnerstagabend frei für die TV-Serie *Magnum* mit dem ungewöhnlichsten und charmantesten Detektiv im amerikanischen Fernsehen. Er bestand haarsträubende Abenteuer per Hubschrauber, Boot oder im geliehenen feuerroten Ferrari, und das an den schönsten Plätzen der Hawaiis. Ein Traummann, eine Augenweide, aber kein Frauenheld. Kein Casanova, sondern ein Kumpel, auf den man sich verlassen kann.

Als das deutsche Fernsehen die Serie einkaufte, erkannte ich meine Chance. Alle deutschen Zeitschriften wollten über *Magnum* berichten, und ich wurde aktiv. Ich begegnete Tom Selleck zum ersten Mal auf der Insel Oahu. Das Sexsymbol saß ganz allein im Restaurant vom Colony Surf Hotel beim Frühstück. Mir klopfte das Herz, als ich ihn zufällig vom Strand aus entdeckte, wo ich ein Sonnenbad nahm. Ich wickelte mir kurz entschlossen ein Handtuch um und ging zu ihm. Ich stellte mich vor und trug ihm höflich mein Anliegen vor. Ich hätte alle offiziellen Stellen angeschrieben und um einen Interviewtermin mit ihm gebeten, ohne etwas zu erreichen. Scheinheilig fragte ich um seinen Rat. Er schien sich überhaupt nicht belästigt zu fühlen. Ganz im Gegenteil: »Setzen Sie sich mit meiner PR-Agentin Ezme Chandlee in Verbindung. Sie wird das organisieren. Dann sehen wir uns wieder«, sagte er schmunzelnd. Dass Ezme mich schon hundertmal abgelehnt hatte, verschwieg ich. Sie beschützte ihren Star wie eine Löwin ihre Jungen. Kaum war ich zurück in Los Angeles, hörte ich von Frau Chandlee höchstpersönlich: »Herr Selleck erwartet Sie in einer Woche auf Hawaii. Melden Sie sich bei seiner Sekretärin Patricia Bowman für die Details. Einzelheiten hängen von den Dreharbeiten ab.« Na also!

Plötzlich ging alles Schlag auf Schlag. Ich war für *Exclusiv* unter Vertrag, der Nachfolgesendung von Margot Dünsers *Hollywood Schaukel* im ZDF. Es war das erste Interview eines deutschen Fernsehsenders, für das sich Selleck zur Verfügung stellte. Normalerweise kam für Starporträts von *Exclusiv* immer die gesamte Crew aus Deutschland angereist. Doch dafür war nun die Zeit zu knapp. Ich hatte nur einen Kameramann und den Tontechniker an meiner Seite. Plötzlich lag die ganze Verantwortung auf meinen Schultern.

Selleck erlaubte uns sogar, bei den Dreharbeiten zu filmen. Drehort: der Strand. Die Bodyguards waren damit beschäftigt, Touristen und Fans fernzuhalten. Am Drehort herrscht immer Spannung. Zeit ist Geld. Selleck drehte sechs Tage die Woche von sechs Uhr morgens bis es abends dunkel wurde. Ich stand etwas abseits und beobachtete ihn. Er war wie seine Filmfigur Magnum: kumpelhaft, charmant, ein bisschen tollpatschig. Keine Allüren – und schüchtern.

Als Selleck mich hinter einer Palme entdeckt, winkt er mir zu. Nach seiner nächsten Drehpause kommt er herüber und begrüßt mich. Ich bin verlegen wie ein Teenager. »Reiß dich zusammen, Schoenberger!«, sage ich mir. Aufgeregt gehe ich immer und immer wieder meine Fragen durch, bis er sich zu mir setzt.

»Lass uns loslegen, ich habe ein wenig Zeit, bis ich zu meiner nächsten Einstellung muss.« Stramme Männerbeine in Shorts, breite Brust im offenen Hawaii-Hemd und eine Baseball-Kappe auf dem Kopf. »Wie reagieren Sie auf Komplimente, wie gut aussehend Sie sind. Ist Ihnen das peinlich?« Blöder hättest du das Interview nicht beginnen können, sage ich mir!

»Ja, es ist mir peinlich, und ich weiß nicht warum. Was soll ich schon sagen, wenn das jemand so empfindet. Wie bei jedem

191

Kompliment sollte man einfach nur ›Danke‹ sagen, und dann ist das erledigt. Aber das schaffe ich nie, ich stottere herum wie gerade jetzt auch ...«

Meine nächste Frage ist noch peinlicher: »Was denken Sie, hat Ihr Aussehen Ihrer Karriere geholfen?«

»Einerseits hat es mir geholfen, andererseits auch geschadet. Es gab Jahre in meiner Karriere, da waren Typen wie Dustin Hoffman und Al Pacino gefragt. Es gab gar keine Rollen für jemanden wie mich. Um Geld zu verdienen, drehte ich Werbefilme, z. B. für Cola und Zigaretten. Wenn ich mit meinen 1 Meter 95 einen Raum betrete, reagieren manche, als könnte ich nicht allzu intelligent sein. Am wenigsten aber traut man mir das Schauspielern zu. Das muss ich immer wieder aufs Neue beweisen.«

Wir reden über sein Leben auf Hawaii: Es besteht nur aus Arbeit. »Jede Woche dichtet man mir eine andere Affäre an – von Victoria Principal zu Goldie Hawn. Meist kenne ich die Ladies nicht mal persönlich. Ich habe überhaupt keine Zeit fürs Privatleben.«

Er erzählt mir sein größtes Missgeschick, als er die Hauptrolle in Spielbergs Film *Raiders of the Lost Ark* (*Jäger des verlorenen Schatzes*) in der Tasche hatte und zur gleichen Zeit 12 Episoden von *Magnum* bestellt wurden: »Sechs Jahre lang drehte ich einen Pilotfilm nach dem anderen, und nie wurde eine Serie daraus. Und nun, wo ich ausgerechnet bei Spielberg eine große Rolle bekommen hatte, entschlossen sich die Produzenten, *Magnum* in Serie gehen zu lassen. Ich konnte aus dem *Magnum*-Vertrag nicht raus und musste Steven Spielberg absagen.« Der damals noch unbekannte Harrison Ford übernahm die Rolle ...

Tom Selleck wirkt immer attraktiver und sympathischer auf mich. Ein charmanter, wohlerzogener Mann, der nicht flucht, raucht oder trinkt. Humorvoll ist, Nachtleben und Partys meidet. Und dann ist meine Zeit um. Tom muss zum Set zurück. Er verabschiedet sich und sagt ein wenig verlegen: »Ich melde mich noch mal bei dir, wenn sich die Dreharbeiten nicht bis in die Nacht hinziehen.«

Das Star-Porträt ist im Kasten, die Erleichterung groß. Ich ziehe mit dem Kameramann los, um noch ein paar atmosphärische Aufnahmen von Hawaii zu machen. Später entdecke ich auf meinem Zimmer eine Telefonnachricht: »Mr. Selleck hat versucht, Sie zu erreichen!« Seine Telefonnummer hat er, wie es sich für einen Star gehört, nicht hinterlassen. Ich kann die ganze Nacht nicht schlafen. Monatelang verfolgt mich der Gedanke, was hätte sein können, wenn ich auf dem Zimmer gewesen wäre, als mein Traummann anrief …

In Los Angeles bin ich ihm später oft wieder begegnet: Sein Charme, die Aufmerksamkeit, die er mir schenkte – beim *Golden Globe* stellte er mir sogar seine Eltern vor –, versetzten mich jedes Mal in neue Schwärmereien.

Die Geburt von Daisy im September 1982 bedeutete die einschneidendste Veränderung in meinem Leben. Ich war nicht mehr allein, hatte die Verantwortung für einen anderen Menschen übernommen. Ich brauchte z. B. auch mehr Platz im Haus, schließlich sollte Daisy ein eigenes Kinderzimmer haben. So ließ ich die großzügig dimensionierte Garage zu einem separaten kleinen Häuschen ausbauen: zwei Zimmer mit Bad – eines als mein neues Büro, das andere für eine Haushälterin, die ich anzustellen gedachte. Ich wollte mich nicht mit wechselnden Babysittern herumschlagen müssen, ich wollte auch keine Au-Pair-Mädchen, die immer nur für ein Jahr bleiben. Ich wünschte mir eine zweite Bezugsperson für Daisy, die bei uns lebt, sich um den Haushalt kümmert und es mir dadurch ermöglicht, weiterhin als Reporterin jederzeit spontan das Haus verlassen zu können.

Jemanden zu finden war in Los Angeles nicht schwierig. Es gab so viele Lateinamerikanerinnen in der Stadt, die illegal aus Mexiko, San Salvador oder Guatemala über die Grenze gekommen waren. Ich entschied mich für Amy aus Guatemala. Sie hatte drei Kinder bei ihrer Mutter zurückgelassen, um für die Familie Geld zu verdienen. Mir gefiel Amys warme Ausstrahlung, sie hatte Erfahrung mit Kindern, sprach ganz gut Englisch und konnte Auto fahren. Das war wichtig in meiner Situation, damit ich sie auch zum Einkaufen schicken konnte.

Nach meinem Ausscheiden bei Burda waren meine Star-Porträts für das ZDF zwar eine großartige nächste Stufe auf meiner Karriereleiter, aber leben konnte ich davon nicht. Ich war für jeden zusätzlichen Auftrag dankbar. Für den *Stern* hatte ich schon zu meinen *Bravo*-Zeiten nebenbei freiberuflich gearbeitet, und die waren auch weiterhin an meiner Mitarbeit interessiert.

»Uschi Obermaiers Freund ist tödlich verunglückt, setz dich sofort ins nächste Flugzeug!« Michael Jürgs, der Chefredakteur vom *Stern*, war am Telefon. Es war noch mitten in der Nacht, am Neujahrsmorgen 1984. Daisy schlief unruhig, weinte, klammerte sich an mich. Es fiel mir schwer, sie für ein paar Tage zu verlassen. Doch Amy setzte eins ihrer Wundermittel ein und legte der Kleinen meinen Schlafanzug unter ihr Kopfkissen. Der vertraute Geruch beruhigte mein Mädchen sofort. Ich packte meine Reisetasche.

Von Uschi Obermaier war ich schon immer fasziniert. Kennen gelernt hatte ich sie auf einem Parkplatz in Venice Beach. Dort parkte ihr unverwechselbarer Mercedes Bus. Das war ihr Zuhause. In diesem Bus ist sie mit ihrem Freund Dieter

Bockhorn jahrelang durch die Welt gegondelt. Sie war gerade beim Saubermachen, als ich sie ansprach. Uschi reagierte sehr aufgeschlossen, als ich sie fragte, ob ich sie interviewen dürfe, und sie verwies mich an Bockhorn, er sei »der Chef«. Bockhorn war clever, er vermarktete Uschi, den Bus, die Reisen. Aus dem Interview wurde allerdings nichts, und bald darauf waren die beiden unterwegs nach Mexiko zum Überwintern auf der Baja California.

Und dorthin schickte mich nun der *Stern*. Noch auf dem Weg zum Flughafen beorderten sie mich wieder zurück. Uschi war nämlich mit dem Leichnam schon wieder auf dem Weg nach Los Angeles, weil das Einäschern im katholischen Mexiko nicht erlaubt ist. Bockhorn wollte aber eine Seebestattung, und dazu musste er erst einmal verbrannt werden. Uschi erstand für 21 000 Pesos einen mexikanischen Plüschsarg, und mit einer kleinen Bestechung bekam sie Bockhorns Leichnam frei. Sie schmückte ihn mit seinem Hochzeitsturban aus Indien und legte die Dinge in den Sarg, die ihm etwas bedeuteten: ein Lasso aus Texas, sein mexikanisches Lieblingsmesser und sein Lieblingsfoto von ihr. In der Nacht wachte sie wie eine Indianer Squaw vor dem himmelblauen Sarg in den Dünen von Cabo San Lucas und nahm Abschied von ihrem geliebten Dieter, bevor sie mit dem Leichnam nach Los Angeles flog.

Ein paar Tage später schickte mich der *Stern* wieder los, um mit Uschi Obermaier nach La Paz, am Zipfel der Baja California zur Beerdigung zu fliegen. Sie hatte Bockhorns Überreste in einer Plastikschachtel in ihrer Handtasche, und als der Beamte an der Sicherheitskontrolle misstrauisch schaute, sagte sie nur: »Sorry, das sind die Überreste meines Mannes!«

Wie das Leben so spielt, dachte ich mir. Jetzt sitze ich mit Deutschlands berühmtestem Sex-Symbol der 70er Jahre im Flugzeug. Und sie, die ehemalige Geliebte von Mick Jagger und Jimi Hendrix – um nur ein paar ihrer interessanten Affären zu nennen – ist glücklich, mir den ganzen Flug über von ihrer großen Liebe vorzuschwärmen, die sich in ihrer Handtasche befindet. »Ich hab einen echten König geliebt. Wir haben an Märchen geglaubt und ein Märchen gelebt. Wir sind wie zwei Königskinder durch die Lande gezogen, und die Menschen haben uns zugewinkt. Die Einzigen, die Bockhorn nicht mochten, waren die, die in Hamburg zurückgeblieben sind.« Er war kein einfacher Typ, sagte sie. »Ich musste schon stark sein, sonst wäre ich bald ein Fettfleck an der Wand gewesen.«

Zehn Jahre zuvor hatten die beiden sich kennen gelernt. Damals konkurrierten Keith Richards von den Rolling Stones und der Typ vom Kiez um Uschis Gunst. Der Mann aus St. Pauli gewann, weil sie bei ihm das Gefühl hatte, das echte Leben zu bekommen. »Bei den Stones wäre ich im besten Falle für die Joints zuständig gewesen. Bockhorn versprach mir die Welt …« Und er hielt sein Versprechen: »Was ich mit ihm erleben durfte, in den Paprikafeldern Ungarns, in den Steppen Afghanistans, in Indien, in Kaschmir, in Amerika … das erleben andere ihr ganzes Leben nicht.«

Nun war er mit seiner Suzuki GS 300 L tödlich verunglückt – bei Kilometer 28 auf dem Highway Number One, der Traumstraße der Welt, die von Alaska nach Feuerland führt, 2000 Kilometer südlich von Los Angeles. Bockhorn wollte fürs Neujahrsfest einen Hammelbraten organisieren. »Er war so glücklich an dem Tag«, sinniert Uschi, »freihändig ist er mit seinem Motorrad durch San Jose del Cabo gefahren und hat ›hipp, hipp hurra‹ geschrien. Viel zu viel Tequila und Bier hat er getrunken, und dreimal hat er wiederholt: ›Das ist der letzte Tag …‹«

Uschi Obermaier hatte in ihrem Bus alles dabei, was eine Frau

196

von Welt braucht, sogar für eine Beerdigung war sie ausgerüstet. Sie wollte immer die Schönste für ihn sein. Nun war sie die schönste Witwe. Wie sie da im schwarzen Tüllkleid mit Nahtstrümpfen in schwarzen hochhackigen Pumps und Spitzenhandschuhen, Schleier und schwarzem Hut aus dem Bus in den weißen Sand der mexikanischen Wüste trat, hatte schon etwas von Ionesco.

Mit einigen Flaschen Tequila an Bord stechen wir ein paar Tage später in einem klapprigen Fischerboot in See. Langsam legt das Boot mit einer Handvoll Trauergästen vom Pier ab. Pelikane umkreisen uns, Mexikaner starren uns hinterher. Aus dem mitgebrachten Radio schallen mexikanische Revolutionslieder. Plötzlich ist es still – die Batterien sind leer. Uschi besteht darauf, dass wir umkehren: »Diese Lieder hat er bis zum Erbrechen gehört, deswegen hab ich die Kassetten oft versteckt. Jetzt tut mir das sehr Leid. Bei seiner Beerdigung soll diese Musik richtig laut spielen.«

Wieder an Land wechseln wir die Batterien. Ein Schluck Tequila hilft, die Verzögerung zu überstehen. Langsam nimmt das Boot wieder Kurs auf die Sea of Cortez. Nach drei Meilen steuern wir ins offene Meer. Tequilaflaschen kreisen. Und Joints. »Hier vielleicht?«, fragt ein Freund. »Noch zehn Minuten«, haucht Uschi und umklammert das Bündel in ihrem Schoß: Bockhorns Asche eingewickelt in seinen indischen Hochzeitsturban. Plötzlich wirft sie sich schluchzend auf die Schilfmatte, auf der sie seine Habseligkeiten befestigt hatte – seine Rockerjacke, einen afrikanischen Elefantenschwanz, das indische Hochzeitsfoto, einen bronzenen Adler, Halsketten aus Lapislazuli und Federschmuck. Langsam schieben wir die Bastmatte mit seinen Siebensachen über Bord. Uschi wirft eine Handvoll Asche darauf. Wir anderen tun es ihr gleich. Der Wind bläst mir ein wenig Dieter Bockhorn ins Gesicht. Ich hab Sehnsucht nach meiner kleinen Daisy. Unter bleigrauem Himmel tuckern wir schweigend zurück in den Hafen. »Sein Tod ist das größte Unglück meines Lebens«, sagt Uschi zum Abschied. »Das tiefgehendste und schönste Kapitel in meinem Leben ist definitiv vorbei.« Sie ist 37 Jahre alt.

Uschi und ich haben uns seither nicht mehr aus den Augen verloren. Sie blieb noch ein Weilchen in Mexiko, sie konnte ja nicht mal Auto fahren. Irgendwann siedelte sie nach Los Angeles über. Wir gingen gemeinsam durch unsere Midlife-Crisis und beneideten die jeweils andere um ihren Lebensstil. Uschi war überzeugt, ich hätte das richtige Leben gelebt, Haus und Kind und Krankenversicherung. Ich wiederum fand ihre Wahl besser: Abenteuer und Freiheit. Das Gras scheint immer grüner auf der anderen Seite des Zaunes.

Den allergrößten Beweis ihres Vertrauens machte sie mir mit der Bitte, Keith Richards 1988 für ihr Buch zu interviewen.

Das kam so. Zur selben Zeit, als Bockhorn tödlich verunglückte, feierte Keith Richards in Cabo San Lucas, nur einige Kilometer entfernt, seine Hochzeit. Als er von dem Unfall hörte, machte er sich sofort auf, um Uschi zu besuchen und ihr in dieser schweren Zeit beizustehen.

Dadurch war der Kontakt wieder hergestellt. Uschi hatte mir immer vorgeschwärmt, was für ein wunderbarer Mensch Keith sei, und das durfte ich nun selbst erleben. Uschi und ich fuhren ins Sunset Marquis Hotel, wo Keith während der Plattenaufnahmen von *Steel Wheels* lebte. Da es sich um ein Mitglied der Rolling Stones handelte, musste das Interview vom Management genehmigt und ein Vertrag unterschrieben werden. Keith saß auf der Couch und hörte Reggae Musik. Nachdem Uschi uns vorgestellt hatte, ließ sie uns alleine, damit wir freier reden konnten. Zwei Stunden später war sie

198

wieder da und schaute mich mit erwartungsvollen Augen an. Keith hatte sehr offen und detailliert erzählt, wie er Uschi in München kennen gelernt hatte, von der Zeit, als sie zusammen waren, und wie sehr er sich ihr immer noch verbunden fühlt. Er hatte großen Respekt vor ihrem ehrlichen Charakter. Es war ein sehr schönes Interview, aber irgendwie hatte ich ein ungutes Gefühl und ging mit meinem Tonbandgerät ins Badezimmer, um zu prüfen, ob auch alles gut zu verstehen war oder ob die Reggae Musik im Hintergrund vielleicht zu sehr störte. Mir wurde schlecht vor Schreck! Es war kein einziges Wort auf dem Band, nur unerklärliche Geräusche! Die ganze Arbeit war vergebens! Was tun? Eine Fehlfunktion war bei meinem besten Tonbandgerät, das ich vorher unzählige Male getestet hatte, noch nie vorgekommen.

Wenn das Interview nur für meine eigenen Zwecke gewesen wäre, hätte ich damit leben können. Aber im Auftrag meiner Freundin Uschi? Unverzeihbar! Ich ging wieder zu den beiden zurück und gestand das Missgeschick. Im Zimmer war es plötzlich mucksmäuschenstill. Uschi machte einen verzweifelten Eindruck. Keith blieb ganz ruhig und versuchte mich zu trösten: »Das ist uns Stones nicht nur einmal passiert. Im Studio war plötzlich mal ein ganzer Song weg. Da gibt's nur eins«, sagte er, »wir treffen uns noch einmal. Ich nehme mir die Zeit. Kein Problem.«

Ich kaufte mir nicht nur ein, sondern zwei neue Tonbandgeräte, und beim nächsten Treffen war alles im Kasten. Zwei gemütliche Abende alleine mit Keith Richards zu verbringen war ein großes Geschenk für mich, aber der Schreck sitzt mir bis heute in den Knochen – jedes Mal, wenn ich nach einem Interview das Tonband abhöre, muss ich an diesen Moment denken.

Von der *Bild*-Zeitung bekam ich den Auftrag, Charles Manson zu interviewen. Er saß seit 1970 wegen Mordes an Sharon Tate, der Frau Roman Polanskis, im Gefängnis. Ich schrieb einen Brief an die Gefängnisverwaltung mit der Bitte um Weiterleitung. Sie machten mir keine Hoffnungen. Es kämen viele Anfragen, und Charles Manson würde alle ablehnen. An einem grauen, tristen Montagmorgen im Januar 1984 klingelte das Telefon: »Akzeptieren Sie ein R-Gespräch von Charles Manson?«, fragte eine Telefonistin. Plötzlich war ich hellwach. Wie bitte? Natürlich akzeptierte ich, die Telefonkosten zu übernehmen, und ließ mich durchstellen.

»Sie wollen ein Interview mit mir? Was hab ich davon?«, fragte Charles Manson. »Sagen Sie mir, was Sie wollen, und ich werde versuchen, es zu beschaffen.« Er wünschte sich eine Gitarre: »A spanish classical guitar.« Der Redakteur von der *Bild* hatte nichts dagegen. Aber der Verkäufer im Musikgeschäft. Aus Sicherheitsgründen musste die Gitarre direkt vom Geschäft zu Manson ins Gefängnis geschickt werden, ich durfte sie nicht einfach bei meinem Besuch mitbringen. Als der Verkäufer nun erfuhr, dass die Gitarre für Charles Manson bestimmt ist, wollte er sie mir nicht verkaufen. So musste ich erst den Manager des Ladens rufen lassen, der so sehr am Zustandekommen dieses Geschäfts interessiert war, dass es ihn nicht störte, einen Mörder zu beliefern, und den Versand für mich erledigte.

Ein paar Tage später kam ein weiteres R-Gespräch von Charles Manson an. Er klingelte durch, um einen Termin für das Interview zu vereinbaren mit der Bedingung, dass ich nichts Blaues tragen sollte. Ich zog meine knallrote Lederjacke und einen weißen Pullover an und machte mich auf den Weg nach Vacaville, einem kleinen Ort zwischen Sacramento und San Francisco.

Im Gefängnis musste ich meine Taschen leeren, die Schuhe ausziehen und wurde mit einem Metalldetektor abgesucht. Nachdem die letzte Kontrolle vorbei war, schlossen sich drei Stahltüren hinter mir. Im halbdunklen Gefängnisgang kommt uns ein kleiner, unscheinbarer Mann mit Bart entgegen. »Da ist ja schon Ihr Charlie«, sagt der Aufseher, der mich begleitet. Ich folge Manson zur Gefängniskapelle, wo er mich, ganz Gentleman, dem Pfarrer vorstellt. »Willst du mich in der Kapelle oder im Garten interviewen?«, fragt er höflich und zuvorkommend. Mir ist alles recht. »Lass uns lieber nach draußen gehen, da können wir ein bisschen spazieren gehen und uns kennen lernen.« Mit dem Tonband in der Hand gehen wir immer im Kreis herum, ich darf ihm nicht zu nahe kommen. Setzen will Manson sich nicht. Das sei ein typisches Verhalten bei Inhaftierten, die an kleine Zellen gewöhnt sind, erklärt mir der Gefängniswärter.

Manson redet viel, manchmal klingt es recht wirr, dann wieder sehr intelligent. Zwischen seinen langen Monologen nutzte ich meine Chance, Fragen zu stellen: Warum hat er Sharon Tate umbringen lassen? »Sagen Sie Polanski, ich habe seine Frau nicht umbringen lassen.« Kann er das näher erklären? »Ich habe es schon vor Gericht gesagt. Ich habe gesagt: Ich bin nie zur Schule gegangen, habe nie richtig schreiben und lesen gelernt. Da ich immer im Gefängnis war, bin ich ein Kind geblieben, während ich beobachtete, wie Eure Welt erwachsen wurde.« Hat er Angst vor dem Tod? »Tod? Hat der Adler Angst, er könne vom Himmel fallen?«

Charles Manson ist gerade 50 geworden, 35 Jahre seines Lebens hat er im Gefängnis verbracht, nur 15 in Freiheit. Seine Mutter war Prostituierte, seinen Vater hat er nie kennen gelernt. Er erzählt mir von seinem Sohn in Texas, der Polizist geworden ist. Nach 45 Minuten Rundgang ist die genehmigte

Zeit um. Er verabschiedet sich von mir mit: »Ich mag Euren Planeten nicht.« Das tätowierte Hakenkreuz auf seiner Stirn erklärt er mit »Das ist der Name meines Vaters, der Zweite Weltkrieg.«

Nach dieser Begegnung flog ich völlig erschöpft zurück nach Los Angeles. Es fiel mir schwer, später die Tonbandabschrift zu lesen. Manson wirkte weniger wie ein Monster, sondern vielmehr wie ein kleines, kauziges Männchen, das im Gefängnis Puppen bastelt.

Ein Psychologe fragte an, ob er mein Interview für eine Studie auswerten dürfe. Manson würde nur ganz selten mit jemandem sprechen, und so war er dankbar für das Material.

Ich hielt sporadisch schriftlichen Kontakt mit Manson. Er schickte mir Postkarten und Briefe. Irgendwann erfuhr ich dann, dass die Gitarre nicht mehr existierte. Eine Gang von Strafgefangenen hatte versucht, Manson umzubringen, und dabei war das Instrument verbrannt.

# 12
## Trennung und Neubeginn

Ich hatte eine Familie, war verheiratet, hatte eine süße kleine Tochter, meine Karriere, wohnte in einem großen Haus mit Swimmingpool auf den Hügeln Hollywoods – und war doch unglücklich. Was bin ich nur für ein undankbares Geschöpf?, fragte ich mich. Was ist nur los mit mir? Eine befreundete Produzentin, die immer über die neuesten Trends informiert war, machte mich auf ein Selbstfindungsseminar aufmerksam: »Man lernt etwas über sich. Jeder, der sich drauf eingelassen hat, fühlt sich anschließend fabelhaft und voller Tatkraft. Schau es dir doch mal an.« Ich folgte ihrem Rat und meldete mich an.

Das Wochenende verschaffte mir wirklich Klarheit. Von außen betrachtet hatte ich alles, was man zum Glücklichsein braucht. Doch in mir sah es ganz anders aus. Ich war einsam. Einsam in meiner Ehe. Nach vierzehn langen Jahren wurde mir endlich klar, dass meine Beziehung mit Montfort so nicht länger weitergehen konnte. An diesem Wochenende lernte ich, der Tatsache ins Auge zu sehen, dass unsere Ehe nicht funktionierte. Ich schämte mich und fühlte mich als Versagerin, eine Frau, die vom eigenen Mann nicht begehrt wird, der die Flasche vorzieht. Das Schlimmste daran war, dass ich meiner Tochter nie das antun wollte, worunter ich mein ganzes

Leben lang gelitten hatte: ohne Vater aufwachsen zu müssen. Ich wollte ihr Geborgenheit geben, ein Gefühl, das ich selbst nie zu spüren bekommen hatte.

Montfort und ich machten einen letzten Versuch, unsere Ehe zu retten, und gingen zur Eheberatung. Dort wurde uns beiden klar, dass unsere Beziehung endgültig vorbei war. Die Beratung half zwar unserer Ehe nicht, ermöglichte es uns aber, die Trennung so friedlich wie möglich über die Bühne zu bringen.

»Lassen wir uns scheiden!«, sagte Montfort. »Wir teilen uns das Haus und Daisy.« Es war Ostern 1987. Ich hatte auf Hawaii einen Termin für das ZDF, Montfort kam mit Daisy für einen gemeinsamen Osterurlaub nachgeflogen. Mir fiel ein Stein vom Herzen: Eine Entscheidung war gefallen. Ich war erleichtert.

Alle, die uns kannten, waren entsetzt. Die Knef wollte mir die Trennung unbedingt ausreden. Sie erzählte von ihrer eigenen Enttäuschung und warnte mich vor den finanziellen Verlusten, mit denen sie aus ihrer Scheidung herausgegangen war.

Aber ich hörte nicht auf Hilde. Bei uns läuft das anders, schwor ich mir, bei uns wird sich nicht alles in Hass verwandeln! Montfort und ich lebten nach unserer Entscheidung tatsächlich auch noch monatelang zusammen, ohne uns zu streiten, aber die düstere und trostlose Stimmung im Haus wurde immer unerträglicher. Es musste etwas geschehen. Einzig die Statistik beruhigte mich, die besagte, dass Kinder unter fünf Jahren am wenigsten unter der Scheidung der Eltern leiden würden.

Eines Morgens begegnete ich beim Briefkastenleeren zwei jungen Leuten, die das Haus gegenüber betrachteten. Neugierig wie ich bin, kamen wir ins Gespräch, und ich erfuhr, dass unsere Nachbarin Schwierigkeiten mit ihrer Hypothek hatte. Wenn sie den monatlichen Zahlungen nicht bald nachkäme, würde das Haus versteigert werden. Das Schicksal war wieder auf meiner Seite. Ich rief die Nachbarin sofort an und machte ihr ein Angebot. So wurde Montfort mit meiner Unterstützung der neue Hausbesitzer. Eine wunderbare Lösung für Daisy, die weiterhin beide Eltern um sich hatte.

Während Daisy und ich Weihnachten in Mexiko verbrachten, zog Montfort aus. Das war nun meine neue Realität: allein stehende Mutter, Midlife-Crisis und jede Menge Schulden. Die anfängliche Euphorie über meine neu gewonnene Freiheit verblasste, und langsam trat ein, was die Knef mir vorausgesagt hatte: Ich musste mir mein neues Leben wieder mal erkämpfen. Ich musste noch mehr verdienen. Meine monatlichen Kosten hatten sich durch die Trennung nahezu verdoppelt. Manchmal saß ich morgens um vier Uhr schweißgebadet im Bett. Ein Wasserrohrbruch oder eine größere Reparatur wären für mich eine finanzielle Katastrophe. Meine größte Sorge war, ob ich mir weiterhin meine Haushälterin Amy leisten konnte, ohne die ich verloren gewesen wäre. Das einzige regelmäßige Einkommen kam von der *Neuen Revue*, deren Chefredakteur mich für eine Kolumne unter Vertrag genommen hatte. Ich war als Klatschtante nicht gut, das lag mir nicht, aber es war mein vorläufiger Rettungsanker während meiner Scheidung. Mit diesem regelmäßigen Honorar waren wenigstens meine monatlichen Ratenzahlungen für das Haus gesichert.

Langsam aber sicher hatte ich überhaupt kein Privatleben mehr. Ich wollte nicht das dritte Rad am Wagen sein und reduzierte die Kontakte mit den befreundeten Paaren. Aber ich hatte nach meiner 14-jährigen Beziehung keine Ahnung mehr, wie man als Single lebt, und es gab auch niemanden, der mich unter seine Fittiche genommen hätte. Ich kannte keine Frauen in meinem Alter, die in einer ähnlichen Situation waren. Entweder hatten meine Freundinnen einen erfolgreichen Mann, der sie versorgte, und wir hatten uns über den beruflichen Kontakt mit ihren Männern kennen gelernt. Oder die Frauen waren viel jünger als ich und hatten kein Kind. Ich fühlte mich entsetzlich allein, steckte voller Ängste und war wohl auch unerträglich: eine Mischung aus Frust und Wut, Überempfindlichkeit, Hilflosigkeit und Angst. Aber ich hatte einen starken Willen und gelernt, mich durchzuboxen. Und ich besaß wunderbare Freunde ...

Wer mir in dieser schwierigen Trennungsphase unter die Arme griff wie kein anderer, war Thomas Gottschalk. Er war wie ein großer Bruder zu mir. Als ich mich durch die Scheidung quälte, kam er regelmäßig vorbei, um Daisy zu Familienausflügen der Gottschalks nach Disneyland oder sonst wohin abzuholen, damit ich ein bisschen Zeit für mich alleine hatte und mich erholen konnte. Er sei das »Müttergenesungswerk«, sagte er scherzend. Sein Sohn Roman und Daisy sind gleichaltrig und spielten gerne miteinander. Thomas war immer ganz Gentleman, er behandelte mich mit Respekt, Charme und Verständnis. Es war niedlich zu beobachten, wie sein Sohn Roman dem Vorbild seines Vaters folgte und schon als kleiner Junge Daisy rücksichtsvoll, höflich und charmant als kleine Lady achtete.

Auch beruflich griff mir Thomas unter die Arme. Einmal in der Woche brachte er einen Beitrag von mir in seiner Hörfunksendung beim Bayerischen Rundfunk, und ich organisierte seine Drehs für das ZDF in Los Angeles. Die Sendung nannte sich »Thommys Hollywood Report«. Die Frage »Wer kommt auf die Idee, sich nachts um halb drei Mozzarella zu kaufen?«, inspirierte Thomas zu seinem ersten Bericht über Hollywood und die Tatsache, dass die Supermärkte hier 24

Stunden geöffnet haben. Dieses Konzept kam gut an, und weitere Reports folgten: »Wie viel wiegt die Sonntagsausgabe der Los Angeles Times?« »Warum gibt es Käse in Sprühdosen?« In diesen 45-minütigen Reportagen zeigte Thomas die Traumstadt aus seiner ganz persönlichen Sicht. Er war zu Gast bei Rod Stewart und Zsa Zsa Gabor, er arbeitete als Tütenpacker im Supermarkt und als Parkwächter, er präsentierte die neuesten Ideen für den amerikanischen Haushalt, er testete Achterbahnen in den Vergnügungsparks und führte den Zuschauer als Reiseleiter über den Sunset Boulevard. Außerdem bediente er als Hilfskoch im berühmten Restaurant »Spago« prominente Gäste.

Kennen gelernt hatte ich Gottschalk ein Jahr zuvor. Sein TV-Produzent Holm Dressler, der meine Telefonnummer vom ZDF hatte, wandte sich im Frühsommer 1987 mit einem Anliegen an mich: ob ich für eine sechsköpfige Reisegruppe zwei Wochen Kalifornienurlaub planen und begleiten könne? Klar, gerne! Und dann kamen sie: Thomas und Thea Gottschalk, der Manager Antonio Geissler, Fritz Egner und Holm Dressler mit Frau. Thomas war ganz und gar kein Amerika-Freund, er war nach England hin orientiert, wo er auch lebte, um dem Rummel in Deutschland zu entfliehen. Sein erster Besuch in New York für ein Zeitschrifteninterview hatte ihn eher verschreckt – Chaos, Lärm, Schmutz und der Kontrast von Arm und Reich waren nichts für ihn.

Ich dagegen liebte Kalifornien, es war meine zweite Heimat und ich wollte, dass die Truppe mit einem positiven Eindruck nach Hause fährt. Und so arbeitete ich einen ausgefeilten Plan für die 14 Tage aus. Allein die Stretch-Limousine, mit der ich die Truppe am Flughafen abholte, war schon der Hit! Dann folgten die ganzen Highlights: alle Sehenswürdigkeiten in Hollywood, wie der Sunset Boulevard, ein VIP-Besuch in den

Universal Studios, Disneyland, eine Poolparty bei mir, eine romantische Autofahrt auf dem Highway Number One durch Kalifornien nach San Francisco vorbei an Big Sur, Carmel und Monterey. Höhepunkt war der Abend bei »Spago«, wo Thomas Whoopy Goldberg, Linda Blair und Arnold Schwarzenegger begegnete. Er flog begeistert zurück nach München. Durch diesen Besuch hat Gottschalk seine Liebe zu Kalifornien entdeckt.

Zu Weihnachten war er schon wieder da. Während ich in Mexiko Ferien machte, wohnten Thomas und Thea in meinem Haus. Ein paar Monate später verbrachte er den ganzen Sommer in Horst Wendlandts Haus in Beverly Hills und suchte nach einer eigenen Bleibe, die er gleich bei mir um die Ecke am Larmar Drive fand. Es war ein kleineres Häuschen mit Swimmingpool, um das ich mich während seiner Abwesenheit kümmerte. Bei meinem nächsten Deutschlandbesuch revanchierte er sich: er führte mich in den Biergarten aus, ich saß in der ersten Reihe bei »Wetten, dass« und war Gast in seinem Haus in Inning – ein Tabu für jeden anderen Journalisten. Außerdem stellte er mir für weitere Heimatbesuche seine Schwabinger Wohnung zur Verfügung.

Thomas und Thea verbrachten mehr und mehr Zeit in Los Angeles. Sobald Roman Ferien hatte, kamen sie. Wir feierten sogar ein Weihnachtsfest zusammen. Thea dekorierte den Weihnachtsbaum aus Plastik. Und ich war richtig gerührt, als Thomas, festlich gekleidet, am Heiligen Abend erst aus der Bibel las, bevor die ungeduldigen Kinder die Geschenke auspacken durften.

Thea liebte es zu dekorieren und Häuser einzurichten. Und Thomas unterstützte sie, wo er nur konnte. Mit Begeisterung studierte er die Immobilienanzeigen in der *Los Angeles Sunday Times*. Bald kaufte er das nächste Haus. In Malibu, nicht weit vom Strand, mit Tennisplatz. Und abgeschiedener als das erste, versteckt hinter einer großen Hecke. Im anderen Haus wurde die ganze Familie einmal von Paparazzis am Swimmingpool abgelichtet. Ich war auch auf den Bildern zu sehen, und zum ersten Mal wurde mir bewusst, wie unheimlich es ist, sich selbst in einer Zeitschrift im Bikini zu entdecken. Der Fotograf hatte sich in der Hecke versteckt, während wir uns ahnungslos sonnten und Eis lutschten.

Es machte Thomas großen Spaß, mit den Kindern in ausgefallene amerikanische Restaurants zu gehen. In Los Angeles störte niemand seine Familie, weil er hier nicht erkannt wurde. Thomas war stolz und glücklich, wenn ihm Fremde im Restaurant ein Kompliment über seinen Sohn machten, weil er so ein süßer Junge war. In Deutschland wurde er immer nur angesprochen, wenn man ihn erkannt hatte. Und das war der eigentliche Grund, warum Gottschalks nach Los Angeles gezogen sind. Der Familie wegen.

Kaum war das Haus am Blue Jay Drive eingerichtet, entdeckte Thomas das nächste: eine Mühle im Stil eines englischen Schlosses mit Türmchen und allem Drum und Dran wie Tanzsaal, Tennisplatz, Zugbrücke und Wassergraben rund ums Haus. Diesmal mehr im Landesinneren.

Ich habe noch nie einen Ehemann erlebt, der seine Frau so verwöhnt wie Thomas seine Thea. Besonders in meiner Trennungsphase fiel es mir schwer, ihnen zuzuschauen. Ein Ehemann kann eben auch anders sein. Aufmerksam, großzügig, liebevoll.

»Zwei Menschen haben mein Amerika-Bild maßgeblich beeinflusst – Jerry Cotton und du. Von der Idee, FBI-Agent zu werden, habe ich mich relativ früh verabschiedet. Aber dass ich heute in Kalifornien mehr Kühlschränke besitze als in Deutschland, ist ganz allein dein Verdienst. Was für die ersten

Einwanderer die Freiheitsstatue war, bist du für uns. Du hast uns vom ersten Moment das Gefühl gegeben, in Los Angeles zu Hause zu sein, und bist uns bis heute nicht losgeworden«, schrieb mir Gottschalk vor einigen Jahren, und darüber freue ich mich heute noch.

Ich war 42 und wollte nach meiner Scheidung weder allein bleiben, noch in Hollywood alt werden. Die Berliner Mauer fiel, ich kam nicht mehr weg vom Fernseher und dachte daran, zurück nach Deutschland zu gehen, etwas Neues aufzubauen, mich nützlich zu machen. Ich sehnte mich plötzlich nach den dicken Mauern der deutschen Bürgerlichkeit. Thomas und alle, die es gut mit mir meinten, rieten mir davon ab: »Frances, du bist viel zu selbständig. Du kannst dich nicht mehr anpassen. Dein Leben ist Hollywood ...«
Beinahe hätte ich mir eine Wohnung in München genommen. Aber nachdem ich alles durchgerechnet hatte, stellte ich fest: Ich kann mir das Leben in Deutschland nicht leisten. Ich müsste meinen gewohnten Lebensstandard zu sehr herunterschrauben. Eine befreundete Astrologin brachte meine Zukunft auf den Punkt: »Alles, was du dir von deinem Leben in München erwartest, findest du ebenso gut hier. Du darfst nicht aufgeben, was du dir hier erarbeitet hast.« Das leuchtete mir ein. Ich hörte auf die Ratschläge meiner Freunde und konzentrierte mich wieder auf meine Korrespondententätigkeit.
»Irgendwas passiert immer«, sagte John Lennon einmal, als die Beatles auf dem Weg zu einem Auftritt in einer einsamen Gegend hoffnungslos im Schlamm stecken geblieben waren. An diese Anekdote muss ich immer denken, wenn ich nicht mehr weiter weiß. Ich kann mich nicht mehr erinnern, wie sie es schafften, aber die Beatles kamen rechtzeitig zum Konzert. Genauso ging's auch bei mir immer weiter.

Seit meiner *Bravo*-Tätigkeit hatte ich freiberuflich für den *Stern* gearbeitet, und diese Zusammenarbeit entwickelte sich immer produktiver, bis sie mich 1992 sogar exklusiv für Deutschland unter Vertrag nahmen. Ich galt zwar weiterhin als freie Mitarbeiterin, bekam aber ein monatliches Garantiehonorar. Dafür durfte ich für keine anderen deutschen Zeitschriften mehr tätig sein, was mir ganz recht war.

Am meisten Spaß machte mir die Arbeit im Team, d. h. wenn ein Redakteur aus Hamburg angereist kam, um gemeinsam mit mir ein Interview zu machen. Ich verfügte über die Beziehungen und konnte gut mit Menschen, der Hamburger Kollege war meist ein besserer Schreiber und durch ihn war die Chance größer, dass das Interview auch wirklich veröffentlicht wurde. Ich musste es schließlich vor Ort ausbaden, wenn ich ein Exklusivinterview z. B. mit Brad Pitt ergattert hatte und das Gespräch dann plötzlich doch nicht gedruckt wurde. Und durch ein aktuelles politisches Ereignis konnte es immer passieren, dass Unterhaltungsthemen in letzter Minute aus dem Blatt geworfen wurden. Titelgeschichten zu bekommen war die größte Anerkennung für mich. Und ich hatte einige Titel, so mit Kevin Costner, Sharon Stone oder Steven Spielberg.

Was mir besonderen Spaß machte war die Tatsache, dass der *Stern* auch an der älteren Generation von Hollywood-Stars interessiert war. Diese Begegnungen sind mir bis heute unvergesslich. Die ganz Großen erlebte ich durchweg als ehrlich, geradeaus und im Gegensatz zu den heutigen Superstars bescheiden, aber mit großer Persönlichkeit. Bei den Interviews saß kein »Wachhund« in Form eines PR-Agenten mit im Zimmer, um sich bei unerwünschten Fragen sofort einzumischen. Die Legenden von Hollywood nahmen kein Blatt vor den Mund. Das hatte mich schon bei Henry Fonda überrascht, den ich vor einiger Zeit in der Wüste von Arizona interviewt hatte, wo er mit Terence Hill und Bud Spencer einen Italo-Western drehte. »Jedes Mal, bevor ich einen Film abdrehe, kommt die Panik in mir auf: Ist das mein letzter Film? Will man jemals wieder mit mir arbeiten?« Fonda war dankbar für die Möglichkeit, in dieser Westernparodie mitspielen zu können. Er beklagte sich weder über die bedeutungslose Rolle, das schwache Drehbuch, noch über den Klamauk von Bud Spencer und Terence Hill. Er würde sich seine Filme sowieso nicht ansehen, sagte er: »Ich kann meine Stimme nicht ausstehen.«

Walter Matthau war mein absoluter Liebling. Zum ersten Mal traf ich ihn 1989 am Swimmingpool des Beverly Hills Tennis Club. Er war 68 Jahre alt und seit 30 Jahren verheiratet, Evelyn Holst, meine Hamburger Kollegin, gerade seit drei Jahren. »Was macht Ihr Mann allein im Bett, wenn Sie nicht da sind?«, fragt er. »Meine Frau Carol ist im Augenblick zur Zahnbehandlung in New York«, seufzt er, »ich bin so scharf, ich dreh fast durch.« Matthau bekommt glänzende Augen. »Meine Frau ist für mich noch immer das erotischste Geschöpf der Welt. Ich habe Orgasmen mit ihr, die ich mit 40 nicht für möglich gehalten hatte. Stellen Sie sich vor – zwei so alte Krähen wie wir, und immer noch die Weltmeister.«
Das machte das Interview mit Walter Matthau zu einem so ungetrübten Vergnügen: Er ist zwar ein Hollywood-Star, hat aber keine einzige Allüre. Kein Agent, der mahnend auf die Uhr schaut, kein nervöser Hofstaat um ihn herum. Matthau ist ein netter älterer Herr in grauem Anzug mit blaugestreiftem Hemd und Zeit und Lust zum Plaudern. »Ich bin in Hollywood nicht mehr gefragt«, sinniert er. »Mich will keiner mehr.« Es ist traurig und ungerecht, aber die Filmmetropole

ist erbarmungslos. Matthau bestellt sich einen chinesischen Geflügelsalat und klopft auf seinen leichten Bauchansatz: »Der wäre auch weg, wenn ich wieder arbeiten könnte.« Was macht er, wenn er nichts macht? Mozart hören und joggen. Und schon ist Matthau wieder bei seinem Lieblingsthema. »Kürzlich sehe ich beim Laufen einen tollen Hintern vor mir. Ich keuche an der Frau vorbei, frage sie, ›Meine Güte, Lady Wirbelwind, wie alt sind Sie denn?‹ ›Ich bin 81 Jahre‹, sagt sie. Ist das nicht irre – dass mich ein 81-jähriger Arsch so in Wallung bringt?«

Es muss an den melancholischen Dackelaugen liegen, dass diese Geschichten bei Walter Matthau so gar nichts von Dirty Old Man haben. Da er so offen über sein Liebesleben spricht, frage ich ihn nach seinen Finanzen. Als gnadenloser Verhandlungspartner gefürchtet, war er einer der bestverdienenden Männer Hollywoods.

Matthau verschluckt sich fast an einem Schokoladenkeks. »Wollen Sie mich provozieren oder verarschen?«, fragt er böse. Dann holt er tief Luft und sagt: »Was wollen Sie hören, die Wahrheit oder Bullshit?« Die Wahrheit, bitte. Er habe in seinem Berufsleben insgesamt rund 50 Millionen Dollar verdient, sagt er leise und traurig, und davon fast alles verspielt. Poker, Pferderennen, Spieltische. »Ich bin süchtig, sogar nach dem Verlieren«, sagt er. Seiner Frau zuliebe hat er mal sechs Jahre lang aufgehört, es war die schlimmste Zeit seines Lebens. Jetzt spielt er wieder – jeden Tag. Seine Konten sind fast leer. Und da er als ein Mann bekannt ist, der Höchstgagen verlangt, bietet niemand in Hollywood Matthau eine Nebenrolle an.

Für seinen Lebensunterhalt – ein paar Autos, die Villa in Pacific Palisades – braucht er im Monat allein schon 15 000 Dollar. Ein Jahr lang reicht sein Geld noch. Danach muss er – wenn kein Wunder geschieht – das nächstbeste Angebot annehmen, sei es was es wolle. »Ich hab in meinem Leben schon so viel Scheiß gespielt, ich werde es weiter tun«, sagt Matthau. »Nur das Geld muss stimmen.«

Fünf Jahre später treffe ich ihn in Begleitung meiner Freundin und Kollegin Christine Kruttschnitt wieder für den *Stern*. Diesmal zusammen mit Jack Lemmon, mit dem er 28 Jahre zuvor den ersten gemeinsamen Film gedreht hat. Jetzt, 1994, standen Lemmon, 69, und Matthau, 73, zum fünften Mal gemeinsam vor der Kamera: In der Komödie *Grumpy Old Man* (*Ein verrücktes Paar*) spielen sie zwei brummige alte Männer, die durch eine attraktive Witwe in den dritten Frühling kommen – Paraderollen für die sich auf der Leinwand stets zankenden Komödien-Virtuosen, die in Wirklichkeit seit 30 Jahren eng befreundet sind. Sie wirken wie ein altes Ehepaar: Matthau, der baumlange Grantler mit Knautschgesicht, und der sensible, zappelige, stets gegen die Widrigkeiten der Welt Alarm schlagende Lemmon.

»Haben Sie im wirklichen Leben Ähnlichkeit mit dem verrückten Paar, das Sie spielen?«, fragen wir.

Matthau: »Ich bin überhaupt nicht so. Ich kann Gefühle zeigen, und ich kann sie ohne Umwege ausdrücken. Ich meine, wenn ich Probleme mit jemandem habe, muss ich ihn nicht wie im Film mit »Hello Dickhead« begrüßen. Wie wird ›dickhead‹ wohl ins Deutsche übersetzt? ›Schwanzkopf‹?« Ich bin von seinen Deutschkenntnissen überrascht, aber er winkt ab und sagt, er kenne nur ein, zwei Worte. »›Bescheidenheit ist eine Zier, doch weiter kommt man ohne ihr.‹ Dieses Sprichwort hat mir Marlene Dietrich beigebracht.«

Lemmon: »Unter meinen Vorfahren waren sogar Deutsche. Mein zweiter Name ist Uhler. Ich wusste gar nicht, wie man das ausspricht, bis Billy Wilder es mir sagte.«

Eigentlich müssen Christine und ich kaum Fragen stellen. Die

214

beiden sind aufeinander eingespielt. »Wir sind ein gutes altes Ehepaar«, sagt Matthau.

Lemmon: »Wie lange bist du eigentlich verheiratet? Länger als ich?«

Matthau: »Ich hab 1959 geheiratet. Aber unsere Beziehung fing schon 1955 an.«

Lemmon: »Dann bist du 35 Jahre verheiratet. Ich erst 31.«

Matthau: »Ich weiß jedenfalls, warum du immer noch verheiratet bist. Weil du Angst hast vor deiner Frau.«

Lemmon: »Das stimmt. Besonders jetzt, sie hat gerade einen Verband am Arm, der wiegt eine Tonne. Letzte Nacht hat sie sich umgedreht und mir damit einen Schlag versetzt. Ich fühlte mich, als würde ich von einem Lastwagen überrollt.«

Matthau: »Ich fragte meine Großmutter mal, wann Schluss ist mit dem Sex, da war sie 91, und sie fauchte: ›Woher zum Teufel soll ich das wissen?‹ Andererseits kriegt man so seine Zipperlein, das kann einem Angst machen.«

Lemmon: »Ja, das macht mir auch Angst. Plötzlich diese Schmerzen im Kreuz …«

Matthau: »Das sind die Dinge, die einem wirklich nahe gehen. Vor 29 Jahren hatte ich einen Infarkt. Deshalb muss ich ständig mein Herz untersuchen lassen, die linke Arterie ist leicht verschlossen. Ich bin immer wieder überrascht, dass ich noch da bin.«

Lemmon: »Ich auch.«

»Haben Sie sich das Alter so vorgestellt, fragen wir?

Matthau: »Nein, gar nicht. Früher dachte ich, mit 50 ist man ein Greis. Heute weiß ich, dass man mit 73 diese grandiosen Orgasmen haben kann. Mein Orgasmus dauert eine halbe Stunde!«

Lemmon: »Herrgott, ich kann's kaum abwarten, so alt zu werden.«

# 13
## »And the Oscar goes to ...«

»Irgendwas passiert immer ...« Wieder traf John Lennons Satz auf mich zu. Durch Karl Spiehs von Lisa-Film, einer Münchner Produktionsfirma, wurde die »Export-Union des Deutschen Films« auf mich aufmerksam. Karl Spiehs hatte ich als Vermittlerin und Agentin zugearbeitet. Ich engagierte für seine Filme Hollywood-Schauspieler, mit denen er in der deutschen Presse Aufmerksamkeit erregen konnte. Sie waren zwar nicht Stars der ersten Riege – weder hätte Spiehs sich das leisten können, noch wäre einer der wirklich Großen im Entferntesten daran interessiert gewesen –, aber die Hauptsache war, sie hatten in Deutschland einen bekannten Namen. Vor allem amerikanische Fernsehschauspieler nahmen gerne diese Gelegenheit wahr, endlich mal einen Kinofilm zu drehen. Denn damals, in den 80er und 90er Jahren, waren Fernseh- und Filmproduktionen noch ganz unterschiedliche Dinge. Ein Fernsehschauspieler kam für eine Besetzung beim Film in Amerika schlichtweg nicht in Frage.
Ich konnte die blonde Morgan Fairchild von *Flamingo Road* anheuern, Telly Savalas von *Kojak*, Michael York aus *Cabaret*, George Hamilton, David Cassidy oder auch Geschwister von Superstars wie Sylvester Stallones Bruder.
Für mich war diese Agententätigkeit eine gute Sache, denn ich

konnte auf meine bisherigen Erfahrungen zurückgreifen, als ich Stars aus Hollywood für Shows wie »Wetten, dass?« und »Na sowas« vermittelt hatte. Es machte mir Spaß, Drehbücher zu lesen und vorzuschlagen, wer für die eine oder andere Rolle in Frage kommen könnte. Dagegen war das Verhandeln mit Agenten und Rechtsanwälten extrem nervenaufreibend. Ich konnte mich erst entspannt zurücklehnen, wenn ein John Hillerman aus *Magnum* oder Telly Savalas aus *Kojak* oder Michele Philips von The Mamas and the Papas auch wirklich im Flugzeug nach Deutschland saßen und der Vertrag unterschrieben war. Das wurde immer bis zur letzten Sekunde hinausgezögert, es könnte ja noch ein besseres Angebot aus Amerika kommen. Die Agenten der Stars waren nie wirklich davon begeistert, ihre Klienten nach Europa zu vermitteln. Die Gagen waren ihnen zu niedrig und das Risiko, dass ihr Klient nicht wie ein Star behandelt würde und das Geld auch wirklich überwiesen wird, zu hoch. Sie hatten damit schon schlechte Erfahrungen gemacht.

Die »Export-Union des Deutschen Films« suchte nun eine Vertretung in Amerika, und Karl Spiehs hatte mich vorgeschlagen. Im Februar 1989, während des American Film Markets in Santa Monica, besuchten mich drei Herren in Anzug und Krawatte, um zu sehen, ob ich was zu bieten hatte: ein funktionierendes Büro, ein Umfeld zum Repräsentieren. Man erwartete von mir, Verbindungen zu Fachorganisationen sowie den offiziellen Vertretungen der Bundesrepublik Deutschland zu entwickeln und zu pflegen, deutsche Filmproduzenten zu beraten und zu unterstützen, PR-Arbeit durchzuführen, Berichte zu schreiben, Information über Filmfestspiele aller Art zu liefern usw.

Nach dem Gespräch hörte ich monatelang nichts mehr, daher schrieb ich diese berufliche Möglichkeit ab. Als Journalistin war ich gewohnt, dass alles sofort passiert – oder gar nicht. Im August kam dann plötzlich ein Fax, dass »erfreulicherweise und endlich beschlossen wurde, Sie als Auslandsbeauftragte der Filmförderungsanstalt (FFA) für das Gebiet der USA zu bestellen.« Vorab sollte ich eine »Marktstudie über den US-Markt und insbesondere die Position sowie bestehende und neue zu entwickelnde Möglichkeiten für den deutschen Film« ausarbeiten. Zur Durchführung dieser Aufgaben »unterhält die Auslandsbeauftragte ein eigenes Büro in Los Angeles«. Mit meinem Honorar waren entstehende Bürokosten bereits abgegolten. Und ich war berechtigt, Nebentätigkeiten auszuüben. Ich hatte gemischte Gefühle. Einerseits war die Freude über eine neue Berufsrichtung groß, andererseits war mir dieses Beamtendeutsch so fremd, dass ich kaum verstand, was nun eigentlich meine neue Aufgabe war. Es stellte sich heraus, dass die Herren das so vage verfasst hatten, weil es ihnen selbst nicht klar war. Diese Position existierte bisher nicht, und es gab niemanden, der mich hätte einarbeiten können.

Ich hatte keine Bedenken, den Job anzutreten, mir graute nur vor der Marktstudie, die normalerweise von einer etablierten Marktforschungsgesellschaft erstellt wird. Doch ich wusste mir zu helfen. Mit Hilfe von zwei Studentinnen, die ein wenig Ahnung von Betriebswirtschaft hatten, sammelte ich in monatelanger Kleinarbeit die Fakten. Außerdem freundete ich mich mit der Vertreterin des französischen Films an, die schon vor einigen Jahren eine ähnliche Aufgabe übernommen hatte, und sie ließ mich sehr großzügig an ihren Erfahrungen teilhaben. Den deutschen Film in Hollywood an den Mann zu bringen war ein wenig wie Sonnenschutzcreme in Sibirien zu verkaufen: es gab keinen wirklichen Bedarf. Der Marktanteil des gesamten ausländischen Films in Amerika beträgt kaum

219

ein Prozent. Amerikaner mussten sich nie an synchronisierte Filme gewöhnen und mögen es nicht, wenn die Lippen nicht genau die Worte formen, die zu hören sind. Filme mit Untertiteln liegen ihnen genauso wenig. Ausländische, also fremdsprachige Filme haben nur in den amerikanischen Metropolen eine Chance. In kleineren Städten besteht so gut wie kein Interesse.

Der Film *Das Boot* von Wolfgang Petersen war die große Ausnahme. Er zählte nicht nur zu den erfolgreichsten ausländischen Filmen, was das Einspielergebnis betrifft, er wurde sogar 1982 mit sechs *Academy Awards* nominiert und erhielt somit die höchste je erreichte Auszeichnung für einen fremdsprachigen Film. Davon profitierte der Regisseur Petersen enorm. Er siedelte bald danach sogar nach Hollywood über. Kein deutscher Film hat seither so viel Aufsehen erregt.

Als ich Will Tremper, meinem Mentor, begeistert von meinem neuen Job berichtete, lächelte er nur müde und sagte: »Was soll das Ganze? Da kommt doch nichts bei raus.« Und trotzdem machte ich mich unverdrossen an die Arbeit. Ich unterstützte Neuankömmlinge mit Rat und Tat, Studenten der Filmwissenschaften, die einen Praktikumsplatz oder eine Unterkunft suchten, vermittelte Agenten, Schauspieler, Drehbuchautoren, gab meine Erfahrungen an jeden Deutschen weiter, der von Hollywood träumte. Ich ließ mich durch nichts entmutigen.

Meine erste große Tat bestand darin, ab 1990 in Zusammenarbeit mit der American Cinematheque in Hollywood, dem Modern Museum of Art in New York und dem Goethe Institut jährlich zur Jahreswende eine ausgewählte Filmreihe der neuesten Filme aus Deutschland zu präsentieren. Dafür wurde der eine oder andere deutsche Filmemacher oder Schauspieler für die Präsentation nach Amerika eingeladen. Jeder noch so kleine Artikel über den Deutschen Film in einer amerikanischen Zeitung war ein Triumph. Zeitweise waren die Filmkritiken sogar besser als zu Hause in Deutschland. Doch »Geld mit fremdsprachigen Filmen zu verdienen ist eines der schwierigsten Dinge auf der Welt«, sagte Harvey Weinstein, Chef von Miramax Films, sehr richtig – der Einzige, der sich überhaupt für ausländische Filme interessieren ließ.

Das Schöne an dem neuen Job war, dass er mir Deutschland wieder näher brachte. Ich war mittlerweile seit 20 Jahren von zu Hause weg, zu lange, um das dortige Filmgeschäft beurteilen zu können. Aber wie alle Auslandsbeauftragten wurde ich jedes Jahr im Februar zur Berlinale eingeladen, um die neuen deutschen Filme für den ausländischen Markt zu begutachten. Ich lernte viel dazu.

1991 kam es zu einem kleinen Skandal. Jedes Jahr wird von einem Komitee, gebildet aus Mitgliedern der Filmförderanstalt, ein Film vorgeschlagen, der Deutschland beim *Oscar* vertreten soll. 1991 aber reichte das Komitee überhaupt keinen Film ein – völlig unverständlich, nachdem *Europa, Europa* (*Hitlerjunge Salomon* war der deutsche Filmtitel) in Amerika von den Kritikern gefeiert worden war und erfolgreich in den amerikanischen Kinos lief. Aus Deutschland kam die Begründung, der Film würde die Vorschriften der Academy nicht erfüllen, es sei kein rein deutscher Film, weil er nicht in Deutschland allein mit deutscher Beteiligung hergestellt wurde. Es gab zwar einen deutschen Produzenten, Atze Brauner, aber eine polnische Regisseurin, Agnieska Holland, gedreht wurde außerhalb Deutschlands, allerdings wurde das Projekt von der FFA, der Filmförderungsanstalt, gefördert.

»Sie hätten uns nur fragen müssen«, sagte Bruce Davis, der Direktor der Academy of Motion Picture Association, die die *Os-*

*cars* vergibt, und bestätigte in einem Zeitungsinterview, »»Hitlerjunge Salomon‹ erfüllt unsere Bestimmungen. Der Film könnte in der Kategorie ›Bester ausländischer Film‹ im Wettbewerb laufen.« In Hollywood war klar: Der Film hatte sogar Siegerchancen. Nach Volker Schlöndorffs Triumph mit *Die Blechtrommel* im Jahr 1980 wäre endlich wieder ein Erfolg möglich gewesen.

»Eine Entscheidung ist eine Entscheidung, wir lassen uns von den Amerikanern nicht dreinreden«, war die Reaktion aus München auf einen langen Brief von Michael Barker, Chef von Sony Classics, dem amerikanischen Filmverleih von *Hitlerjunge Salomon*, der das deutsche Komitee gebeten hatte, den Entschluss zu überdenken. Langsam entwickelte sich die deutsche Verweigerung, den Film vorzuschlagen, in der amerikanischen Presse zu einem kleinen Skandal. »Warum wollen die Deutschen nicht, dass wir diesen Film sehen? Warum stehen sie nicht zu diesem Film über den Hitlerjungen?« Berühmte deutsche Filmemacher wie Michael Ballhaus oder Volker Schlöndorff setzten eine ganzseitige Anzeige mit vielen weiteren Unterzeichnern in die *Daily Variety*, um klarzustellen, dass sie diese Entscheidung bedauern und nicht dahinter stehen. Sogar das Auswärtige Amt musste eingeschaltet werden.

Für mich, als Vertreterin des deutschen Films, war der Vorfall eine heikle Sache geworden. Um zu zeigen, wie brisant die Situation war, ließ ich bei der Berlinale einen Fernseher in den Sitzungsraum bringen, um den Vertretern des deutschen Films einen Bericht aus den NBC Abendnachrichten zu zeigen. Bilder sprechen Bände, sagte ich mir. Plötzlich wurde es laut im Raum. Wer hat das genehmigt? Das steht nicht auf der Tagesordnung! Einige wollten mich aus dem Raum werfen, andere bestanden darauf, informiert zu werden, das sei schließlich meine Aufgabe als Auslandsbeauftragte.

Am gleichen Nachmittag noch wurden die *Oscar*-Nominierungen bekannt gegeben: *Hitlerjunge Salomon* war in der Kategorie »Bestes Drehbuch« nominiert worden – ein politisches Statement der Academy.

Diese Missstimmung war endlich vergessen, als im Jahr danach Helmut Dietls *Schtonk!* als deutscher Filmbeitrag für den *Oscar* 1992 angekündigt wurde. Plötzlich wurde meine Tätigkeit interessant. Jedes Jahr ab September / Oktober beginnt in Hollywood die Hochsaison für anspruchsvolle Filme: Das *Oscar*-Fieber bricht aus! Die Filmstudios lassen es sich Millionen kosten, um auf ihre *Oscar*-würdigen Filme aufmerksam zu machen: Monatelang schalten sie Anzeigen in den Branchenblättern, machen Fernsehwerbung, stellen riesige Werbetafeln, die so genannten Billboards, am Sunset Boulevard auf, laden zu Premieren, Filmvorführungen, Pressekonferenzen und Partys ein. Nun waren wir dabei: Ich arbeitete mit Helmut Dietl an meiner ersten Kampagne, um *Schtonk!* Nominierungen für den *Golden Globe* und den *Oscar* zu verschaffen. Für kleinere Filme, Independants, also Filme, die ohne finanzielle Absicherung durch die großen Studios gedreht wurden, und fremdsprachige Filme kommen aufwändige und teure Hollywood-Premieren aus Kostengründen gar nicht infrage. Trotzdem wird auf kleinerer Ebene nichts unterlassen, um die entsprechenden Juroren, die dann über die Vergabe der Auszeichnungen bestimmen, zu einer privaten Vorführung zu locken. Hätte ich die Zeit, könnte ich als Mitglied im Auswahlkomitee des *Golden Globe* jeden Tag mindestens zwei Filme ansehen.

*Schtonk!* lief nicht im Kino, und das erschwerte unsere Arbeit. Die wichtigste Voraussetzung war allerdings gegeben: Es war ein guter Film, und er war bei Filmfestspielen willkommen.

Und das nutzten wir. Als Helmut Dietl beim Palm Springs Festival als »Bester neuer Regisseur« ausgezeichnet wurde, schafften wir es dank unserer Freundschaft zu Len Klady, dem *Variety*-Journalisten, dass dieses Ereignis zu einer Überschrift im Branchenblatt wurde. Daraufhin fragten Filmverleiher an und wollten den Film sehen. Ich veranstaltete Privatvorführungen, auf die ich mit Anzeigen aufmerksam machte, und Helmut dinierte mit den Mitgliedern der *Academy* und des *Globe*, um für seinen Film zu werben. Er war zeitweise frustriert, weil er nicht wie in München die Macht hatte, Dinge zu bewegen. Es half nicht, den Filmkritiker von der *Los Angeles Times* zu kennen. Auch wenn der den Film mochte, er würde *Schtonk!* nicht besprechen, weil er nicht im Kino lief.

Ich schickte Videokassetten des Films an alle *Golden Globe*-Mitglieder, in der Hoffnung, sie würden sie anschauen können. Denn ich erlebte es als Mitglied ja selbst, wie man mit Einladungen zu Filmvorführungen überhäuft wird, wobei Hollywood-Produktionen natürlich immer Priorität hatten. Man rast täglich kreuz und quer durch die Stadt, von einer Vorführung zur nächsten, bleibt im Verkehr stecken und kann unmöglich alle Filme sehen. Es kommt vor, dass zum offiziellen Screening eines fremdsprachigen Films nur ein oder zwei Zuschauer auftauchen.

Kurz vor Weihnachten wurden morgens früh um fünf Uhr die *Golden Globe*-Nominierungen bekannt gegeben. Dies geschieht zu so früher Stunde, weil es in New York dann bereits acht Uhr ist und damit die beste Zeit für Nachrichten. An diesem Morgen brauchte ich keinen Wecker. Mir blieb schier das Herz stehen vor Aufregung. Die Darsteller und die Filme werden immer nach dem Alphabet verlesen, und der letzte Film auf der Liste der Nominierungen – war *Schtonk!* Ich hätte mir kein schöneres Weihnachtsgeschenk wünschen können.

Helmut Dietl schaffte es allerdings nicht, im Januar zur Preisverleihung anzureisen, er war nervlich so angespannt, dass er einen Hautausschlag mit unerträglichem Juckreiz bekommen hatte. Vielleicht hatte er auch geahnt, dass er den *Golden Globe* nicht gewinnen würde. *Indochine* mit Catherine Deneuve war der große Favorit in diesem Jahr.

Aber nun ging's erst richtig los mit dem *Oscar*-Fieber. Eine *Golden Globe*-Nominierung bedeutet, dass Hollywood wach wird, neugierig auf den Film und den Filmemacher. Mit Talent kann man hier viel Geld machen, und wenn's ums Talent geht, interessiert sich niemand mehr dafür, woher man kommt. Plötzlich waren die Agenten an Helmut Dietl interessiert. Das beruhte allerdings nicht auf Gegenseitigkeit, denn Dietl hatte bereits einige Zeit in Hollywood verbracht, als er mit Patrick Süsskind an *Monaco Franze* arbeitete, und kannte sich aus. Er wusste, dass seine Zukunft nicht in Hollywood liegt, hier würden ihm zu viele Leute in seine Arbeit reinreden. In Deutschland hatte er sich eine kreative Freiheit bewahrt, die er auf keinen Fall aufgeben wollte.

Im Februar, wieder morgens früh um fünf Uhr, war es so weit: die *Oscar*-Nominierungen wurden verkündet. *Schtonk!* war unter den fünf ausländischen Filmen vertreten!

Nun ist es eine Tradition in Hollywood, dass der Konsul des jeweiligen Landes für die Filmemacher des nominierten Films einen Empfang gibt. Der deutsche Konsul interessierte sich jedoch viel mehr für die *Oscar*-Tickets als für die schöne Tradition. Das fand ich unerträglich. Also überzeugte ich die Bavaria Film, mit einem kleinen Budget eine Party zu sponsern, und organisierte einen Empfang zu Hause auf meiner Terrasse. Das war zugleich der Beginn meiner *Oscar*-Partys, die mit jedem Jahr größer und beliebter wurden und über die sogar das deutsche Fernsehen und die Zeitschriften berichteten.

225

Ich ließ eine mexikanische Mariachi-Band aufspielen, um für die richtige Stimmung zu sorgen. Meine Freundin und Hobbyköchin Petra von Ölffen, von Beruf Filmcutterin, kreierte das Menü und stand tagelang zur Vorbereitung in der Küche. Außer Götz George waren alle *Schtonk!*-Darsteller aus Deutschland eingeflogen: Uwe Ochsenknecht mit Frau, Christiane Hörbiger und Veronica Ferres, die sowieso immer an Helmut Dietls Seite war.

Und alle wollten bei der Verleihung dabei sein. Das war ein großes Problem für mich. Man kann nämlich keine Eintrittskarten kaufen, man muss eingeladen werden. Selbstverständlich gibt es eine Einladung nur dann, wenn man nominiert ist. Aber selbst dann wird mit den Karten geknausert: Der Nominierte bekommt ein Ticket für sich selbst und darf einen Gast mitbringen. Das gilt auch für Superstars wie Leonardo DiCaprio oder Johnny Depp. In der Kategorie »Foreign Language Film« stellt die Academy sogar vier Tickets zur Verfügung, jeweils eines für den Regisseur mit Begleitung und eines für den Produzenten mit Begleitung. Eine heikle Situation für Helmut Dietl: Jeder seiner Darsteller wollte neben ihm Platz nehmen. Er entschied sich für Christiane Hörbiger.

Es gelang mir, im letzten Moment noch eine ausreichende Anzahl Eintrittskarten auf dem so genannten »Schwarzmarkt« aufzutreiben. Man kann sich als eines der knapp 5000 Mitglieder der »Academy Art and Sciences«, die den *Oscar* vergibt, selbst um ein Ticket bewerben, und erfährt dann ungefähr zehn Tage vor der großen Zeremonie, ob man zu den Glücklichen gehört. Da es mehr Anfragen als Sitzplätze gibt, entscheidet das Los. Und das war meine Chance. Nach vielen Jahren in Hollywood hatte ich mittlerweile gute Beziehungen zu diversen Academy-Mitgliedern, die sich gegen eine kleine

Spende »überreden« ließen, mir ihre Eintrittskarte abzugeben – und dafür sogar ihre Mitgliedschaft riskierten.

Es war ein wunderbarer *Oscar*-Abend. Clint Eastwood und sein Film *Unvorgiven* (*Erbarmungslos*) dominierten die Veranstaltung, Audrey Hepburn und Elizabeth Taylor, zwei großartige Schauspielerinnen, bekamen den Ehren-*Oscar* für ihre humanitären Verdienste um die Filmindustrie, und Federico Fellini wurde als herausragender Regisseur mit einem Ehren-*Oscar* bedacht.

*Schtonk!* schaffte es leider wieder nicht. Erneut gewann *Indochine*. Der französische Beitrag – als Favorit ins Rennen gegangen – war leider einfach zu stark. Natürlich waren Helmut Dietl und seine Akteure enttäuscht, aber das gehört zum *Oscar* dazu: große Sieger und noch größere Platzierte ... Durch die Oscar-Nominierung von *Schtonk!* wurde Hollywood allerdings wieder neugierig auf den deutschen Film. So hatten wir Deutsche doch allen Grund zum Feiern.

Überhaupt ist die Verleihung der *Academy Awards* eine einzige Mammutveranstaltung.

Schon eine Woche vor dem Festabend werden die Straßen vor dem Kodak Theatre am Hollywood Boulevard gesperrt, was für gewaltige Staus sorgt und die Einwohner zum Wahnsinn treibt. Aber diese Maßnahmen dienen dazu, die entsprechenden Sicherheitsvorkehrungen zu treffen, Zuschauertribünen aufzubauen, den roten Teppich auszurollen und den reibungslosen Ablauf der Show zu proben. Jeder, auch ein Kabelträger, muss am Tag der Verleihung einen Smoking tragen, den sich die meisten leihen. Nicht nur die Smokings sind ausgebucht, auch die langen, schwarzen Limousinen, mit denen berühmte und weniger berühmte Gäste ab drei Uhr nachmittags vorfahren. Hunderte von akkreditierten Fotografen und Kameraleuten rangeln schon am frühen Morgen um die besten Plätze.

Seit dem 11. September 2001 kommt man als Fan überhaupt nicht mehr in die Nähe der Veranstaltung. Die ganz fanatischen Filmfreaks auf der Tribüne bewerben sich Monate zuvor schriftlich, und erst nachdem sie im Vorfeld von Sicherheitsleuten überprüft worden sind, bekommt der eine oder andere eine Chance.

Auch die Eintrittskarten sind personengebunden, und jeder Gast muss sich ausweisen. Natalie Portmans Vater hatte beim letzten *Oscar* seinen Pass im Hotel vergessen und wurde nicht hereingelassen. Seine für *Closer* (*Hautnah*) nominierte Tochter sorgte sich vor laufenden Fernsehkameras, ob ihr Papa die Verleihung wohl noch rechtzeitig schaffen wird.

Nachdem ein Star aus der Limousine geklettert ist, wird er von seinem PR-Agenten am Spalier der Kameras und Journalisten vorbeigeleitet und muss immer und immer wieder die gleichen Fragen beantworten. Als unbekannter Gast wird man ständig gemahnt, nicht im Wege stehen zu bleiben, schwimmt im Gedränge buchstäblich ins Theatre. Als Nobody ist man immer im Weg.

Ob ich als Journalistin am *Oscar* teilnehmen, und wo ich sitzen darf, entscheidet übrigens auch ein Komitee. Hunderte von Anfragen von Journalisten aus der ganzen Welt werden jedes Jahr studiert, diskutiert und aussortiert. Wenn man zu den Glücklichen zählt, bekommt man entweder ein Ticket ganz oben in den letzten Reihen des Kodak Theatre oder einen Platz im Presseraum hinter der Bühne. Auf jeden Fall erlebt man die Veranstaltung nur auf dem Bildschirm mit. Die Bühne ist nämlich so weit entfernt, dass man das Geschehen höchstens noch mit einem Fernglas beobachten kann. Im Presseraum hinter der Bühne kann man wenigstens noch miterleben, wie die Gewinner zu den Pressekonferenzen geführt werden.

Die Fernsehübertragungen vermitteln hier immer ein völlig falsches Bild, denn sie zeigen nur die ersten drei Reihen im Kodak Theatre, dort, wo die Filmstars sitzen. Auch die Veranstaltung selbst ist eher langatmig. Eigentlich sind bei der über drei Stunden langen Verleihung nur sechs *Oscars* wirklich interessant, nämlich die für die besten weiblichen und männlichen Haupt- und Nebendarsteller, den besten Regisseur und den besten Film des Jahres. Und nur dann kommt Leben in die Bude der wartenden Reporter und Fotografen. Seit ich die *Oscar*-Verleihung einige Male live erlebt habe, bleibe ich ihr lieber ganz fern und schaue mir den Trubel bei einem Glas Champagner im Fernsehen an. Das letzte Mal war ich 1987 dort, als Paul Newman, zum 8. Mal nominiert, endlich den *Oscar* für *The Color of Money* (*Die Farbe des Geldes*) bekam – er selbst war gar nicht anwesend, weil er schon so oft leer ausgegangen war und es vorzog, zu Hause in Connecticut zu bleiben.

Ins Kodak Theatre kommen nur die nominierten Schauspieler und die Laudatoren, die den Preis überreichen. Alle anderen Celebrities treffen sich ab 18 Uhr auf Partys, um die Verleihung im Fernsehen mitzuerleben. Die Party, die man unbedingt besuchen muss, wird seit einigen Jahren von der amerikanischen Zeitschrift *Vanity Fair* veranstaltet und findet im »Morton's Restaurant« an der Melrose Avenue statt. Davor drängeln sich Fernsehteams und Fotografen genau wie vor dem Kodak Theatre, weil dort oft noch mehr Stars als beim *Oscar* selbst erscheinen. Außerdem kommen die Gewinner nach der Verleihung mit ihren goldenen Statuen dazu.

Das Aufregendste am *Oscar* wie auch am *Golden Globe* war und ist für mich immer noch der Gang über den roten Teppich. Der Moment, in dem das Publikum seinen Lieblingsstar entdeckt und begeistert zu jubeln anfängt, bleibt unvergesslich. Das Schreien, das Klatschen, das Toben vor Begeisterung ist so laut und markerschütternd, dass es sogar die Hubschrauber übertönt, die ständig über der Veranstaltung kreisen. Das ist das wahre Barometer für jeden Star, da er daran ablesen kann, wo er in seiner Karriere steht. Ganz schlecht ist es, wenn nicht mal mehr die Fotografen schreien: »Schau hierhin ... Nein hierhin, links von dir!« und sich aggressiv zur Seite schieben. Nicht mehr gefragt zu sein ist der Tod jeder Karriere.

Wie schnell das gehen kann, erzählte mir Matt Damon in einem Interview. Ben Affleck und er waren die Glamour-Boys einer *Oscar*-Saison – und plötzlich klingelte das Telefon nicht mehr. Damon: »Charlize Theron und ich waren die Stars in Robert Redfords Film *The Legend of Bagger Vance* (*Die Legende von Bagger Vance*). Keiner wollte den Film sehen, das Publikum blieb aus. Dann floppte mein nächster Film *All the Pretty Horses* (*All die schönen Pferde*). Mein dritter Film *The Bourne Identity* (*Die Bourne Identität*) war gerade abgedreht, und das Gerücht kam auf, das Studio selbst glaube nicht mehr an den Film, weil er nicht funktionieren würde. Ich wollte schon lange eine Pause machen, und plötzlich war der Moment gekommen – gezwungenermaßen. Ich hab ein Jahr lang nicht gearbeitet, nicht unbedingt freiwillig. Das Telefon klingelte einfach nicht mehr.«

Matt zog nach London und spielte Theater. Das tat ihm gut, er hatte zehn Jahre lang nicht mehr auf der Bühne gestanden. Er nahm sich eine kleine Wohnung und ging jeden Tag zu Fuß ins Theater. Niemand interessierte sich für ihn. »Das war eine gute Erfahrung«, behauptet er. »Ich lebte ein ganz normales Leben in London, bis an einem Freitag in Amerika *The Bourne Identity* ins Kino kam. Am Samstagmorgen klingelt das Telefon: Der Film ist ein Hit. Keiner konnte es fassen. Verdattert ging ich ins Theater und spielte mit Casey Affleck meine letzte Vorstellung. Am Sonntag flog ich nach Hause, zurück nach New York, und fiel todmüde ins Bett. Als ich am Montagmorgen aufwachte, lagen 35 Filmangebote bei meinem Agenten!

Ich war immer nett zu allen Menschen, denen ich in diesem Business begegnete, weil ein guter Umgangston für mich persönlich wichtig ist. Aber das spielt überhaupt keine Rolle in Hollywood, das bringt der Karriere gar nichts. Das Einzige was hilft ist, wenn dein Film Geld einspielt. Nur dann will man wieder mit dir arbeiten!«

Seit einigen Jahren geht es am roten Teppich nicht mehr allein um den Film. Der *Oscar* hat sich zum Bedauern vieler inzwischen zu einer reinen Modenschau entwickelt. Kate Hudson, 2001 für *Almost Famous* nominiert, erzählte mir in einem Interview, wie sehr sie darunter leidet: »Welches Kleid von welchem Designer man trägt hat leider oft größeren Nachrichtenwert als die Rolle, die man spielt, oder was der Film zu sagen hat. Meine Welt ist oberflächlich, es geht viel zu viel darum, wie man aussieht, was man anhat. Ich liebe meine Arbeit und möchte mit der Schauspielerei nicht aufhören. Ich kann aber ehrlich sagen, dass ich das ganze Drumherum nicht vermissen würde – vor allem nicht das Berühmtsein.« Und das kennt die Tochter von Goldie Hawn und Kurt Russell schon Zeit ihres Lebens.

Der Oscar ist zum Laufsteg für die Mode-Designer geworden, die Filmstars sind die neuen Super-Models. Nicht nur die Konkurrenz der Modeschöpfer untereinander ist groß, keiner kann sich sicher sein, ob der Star das Kleid schlussendlich auch wirklich trägt. Die Abendroben werden inzwischen nicht mehr nur kostenlos zur Verfügung gestellt, sondern die Agenten haben eine neue Einnahmequelle entdeckt: Sie handeln Gagen bis zu 200 000 Dollar aus, damit die eine oder andere Schauspielerin auch ganz sicher ein Kleid oder ein Schmuckstück von diesem oder jenem Designer trägt. Hilary Swank wählte dieses Jahr – weil es etwas kühl war und der Gang über den roten Teppich von Interview zu Interview mindestens eine Stunde dauert – eine langärmelige, allerdings rückenfreie bodenlange blaue Robe. Von den Modezeitschriften wurde sie mit diesem Kleid zu einer der bestangezogenen Frauen gekürt und deswegen in jeder Zeitschrift der Welt abgebildet. Dass sie außerdem den *Oscar* als beste Hauptdarstellerin für *Million Dollar Baby* gewann, wurde nur in den Tageszeitungen berichtet.

Die Öffentlichkeit bekommt heute nur noch die Schokoladenseite der Stars präsentiert. Und weil Schauspieler oft sehr unsichere, komplexbeladene Menschen sind und extrem viel Aufmerksamkeit brauchen, spielen Friseure und Visagisten eine besonders große Rolle. Einen von ihnen, Andy LeCompte, habe ich kennen gelernt, als er 19 Jahre alt war und als Assistent arbeitete. Heute ist er 23 und Madonna eine seiner vielen Kundinnen, die ihn erster Klasse aus Los Angeles nach London, Cannes oder Monte Carlo einfliegen lässt, wann immer sie einen Auftritt hat – zum Tageshonorar von 4000 Dollar.

Was macht ein Superstar wie Leonardo DiCaprio nach einem *Oscar*, fragte ich seine Mutter Irmelin. »Leonardo war erschöpft. Er ging schnurstracks nach Hause ins Bett. Er schlief ein paar Stunden, und dann erst ist er auf einer Party aufgetaucht.«

Für Johnny Depp sind Veranstaltungen dieser Art eine echte Herausforderung, weil er schüchtern ist und unter Klaustrophobie leidet. Als er für *Neverland* (*Wenn Träume fliegen lernen*) zum zweiten Mal nominiert wurde, erzählte er mir in einem Interview, wie schrecklich nervös ihn das machen würde: »Als ich das erste Mal für *Pirates of the Caribbean* (*Fluch der Karibik*) nominiert wurde, war ich erstaunt und schockiert zugleich. Es war einerseits ein großartiges Gefühl, in einem Atemzug mit so tollen Schauspielern wie Sean Penn, Ben Kingsley oder Bill Murray genannt zu werden. Und festzustellen, dass das, was ich mache, respektiert wird. Andererseits war ich auch unglaublich angespannt. Nicht weil ich Angst hatte, nicht zu gewinnen, sondern weil ich mich solchen Veranstaltungen nicht gewachsen fühle. Ich kann nicht öffentlich sprechen. Und ich bekomme Angst, wenn zu viele Menschen in einem Raum sind.«

# 14
## Willkommen bei Frances

Ich war bekannt für meine Feste. »Bei Frances lernt man immer die interessantesten Menschen kennen«, sagte Michael Ballhaus, Deutschlands erfolgreichster internationaler Kameramann. Mein Haus und meine Terrasse mit Blick auf Hollywood eigneten sich gut für große und kleine Empfänge. Manchmal hatte ich bis zu 200 Menschen zu Hause. Weil ich wusste, wie schwer es ist, in dieser weitflächigen Stadt Freundschaften zu entwickeln und aufrechtzuerhalten, wenn man an seiner Karriere arbeitet, wollte ich bei meinen Partys anderen ein Gefühl von Zugehörigkeit und Wärme geben. Es gab keine Trennung mehr zwischen meinem Privat- und dem Berufsleben – und der Job ging immer vor. Ununterbrochen klingelte das Telefon. Ich hatte drei Leitungen und antwortete meist kurz und knapp: »Moment bitte, ich bin auf der andern Leitung.«

Ich erlebte ein ständiges Kommen und Gehen von Menschen, die in Los Angeles lebten. Mehr und mehr Deutsche kamen und blieben: Journalisten, Filmschaffende und Träumer. Irgendwann hatte ich in meinem Computer eine Gästeliste von 350 »Germans in Hollywood«.

Bei mir lernte man sich auf ungezwungene Weise kennen, tauschte sich aus. Für manche war das ein profitables »Networking«: Ralph Möller begegnete Roland Emmerich und bekam dadurch eine Rolle in Rolands Film. Eine Kunstfotografin begegnete dem deutschen Konsul, der ihr zu ihrer ersten Ausstellung verhalf. Oft sprachen mich Leute an und fragten verwundert: »Frances, kannst du dich nicht an mich erinnern? Ich war doch bei dir zu Hause!«

*Buzz*, das kalifornische Society-Blatt, resümierte: »Frances Schoenberger ist seit zwei Jahrzehnten die absolute Leitfigur für all das, was in Hollywood mit deutschen Dingen zu tun hat. A Dynamo of European bohemia who came to America in 1969 for Woodstock and never left.«

Es gab Abende, wo sich Wolfgang und Maria Petersen, Thomas und Thea Gottschalk, Bernd Eichinger und der Neuankömmling Sönke Wortmann an meinem Tisch austauschten. Meine Mutter, die Gastwirtin, war zu Besuch und hatte Sauerbraten, Blaukraut und Knödel für die deutsche Truppe gekocht. Da waren sie alle im 7. Himmel, und Bernd Eichinger nahm begeistert eine Portion Knödel in einem Plastikbeutel mit nach Hause. Ein andermal spielte *Oscar*-Preisträger Giorgio Moroder auf meinem Klavier. Armin Müller-Stahl unterhielt sich mit Muskelmann Ralph Möller, Uschi Obermaier mit Wim Wenders, Nina Hagen mit Elke Sommer, Udo Kier mit Desiree Nosbusch, Percy Adlon mit Christian Oliver, Jürgen Prochnow mit Hannes Jänecke, Friede Springer mit Arthur Cohn, Wim Wenders mit Katja von Garnier.

Bei mir lernte man sich kennen. Thomas Kretschmann schlüpfte in meinem Gästezimmer unter und verbrachte einen gemütlichen Adventssonntag mit Olympiasieger Edwin Moses und begegnete zum ersten Mal Regisseur Sönke Wortmann, der anschließend ganz begeistert von Kretschmann war. Til Schweiger ließ seine Schuhe bei mir stehen, als er versuchte, bei einem Brand in der Nachbarschaft der Feuerwehr zu hel-

236

fen, Catherine Zeta-Jones zeigte uns, wie man sich mit einem Waschbär anfreundet, der sich auf meine Terrasse verirrt hatte, indem man ihm ein rohes Ei serviert.

Neuankömmlinge scharten sich mit Vorliebe um Roland Emmerich und lasen ihm jedes Wort von den Lippen – Roland war nicht nur einer der erfolgreichsten, er war auch einer der großzügigsten Regisseure und half vielen jungen deutschen Talenten, in Hollywood Fuß zu fassen.

Am liebsten mochte ich selbst meinen Sonntagsbrunch, der sich langsam zu einer Tradition entwickelte. Sonntags fühlen sich alle Workaholics etwas verloren. »Komm gegen 11 Uhr vorbei«, telefonierte ich meist am Freitag durch. Weil ich nicht kochen konnte, servierte ich Bagels mit Creamcheese und Lachs, Champagner mit Orangensaft und frische Früchte. Bei den größeren Empfängen war ich natürlich kreativer, das fing schon bei der Gestaltung der schriftlichen Einladung an. Ich legte größten Wert darauf, dass schon der Umschlag sich von der üblichen Post, die bei jedem eintrudelte, abhob.

Eine Weile benutzte ich durchsichtige Pergamentpapierumschläge, die die edle Einladung schon erahnen ließen, und klebte die neuesten Sammlermarken darauf, am liebsten fröhlich und bunt.

Ohne meinen Caterer Kai Löbach, der ursprünglich aus dem Rheinland stammte und schon für die Stones und Tom Cruise gekocht hatte, ging bald gar nichts mehr. »Da machen wir schon was Schönes«, sagte er jedes Mal zuversichtlich, wenn ich ihn mit meinem minimalen Budget konfrontierte. Manchmal waren es ein paar Hundert Dollar, manchmal einige Tausend. Es wäre bei mir nie vorgekommen, dass Kaffee in einem Styropor-Becher serviert wird, wie ich es erst kürzlich beim deutschen Konsul erlebt habe. Bei großen Empfängen ließ Kai morgens Tische, Stühle und Gläser liefern, einmal auch ein riesiges Zelt, weil Regen vorausgesagt war. Blumen waren für mich ganz wichtig, großzügige Blumenarrangements durften nie fehlen. Als Bedienstete engagierten wir meist gut aussehende Schauspieler, die nebenbei etwas verdienen wollten. Kai selbst war ein Meisterkoch. Keiner konnte seinen frischen Leckereien widerstehen. Wenn ich Kai engagiert hatte, musste ich mich um gar nichts mehr kümmern. Das war auch gut so, damit ich mich ganz auf meine Gäste konzentrieren, sie ungezwungen miteinander bekannt machen und die Entsprechenden zusammenführen konnte. Ich achtete immer darauf, dass nie jemand alleine herumstand.

Einladungen zu meinen Empfängen waren begehrt, bot ich doch interessante Menschen, gutes Essen und eine entspannte Atmosphäre, in der auch die Großen und Berühmtheiten sich wohl fühlten. Gleichzeitig machte ich mich aber unbeliebt bei denen, die nicht eingeladen wurden. Aber mir war eine gute Mischung wichtig: Berühmtheiten, hübsche Mädchen, interessante Menschen – wen immer ich sympathisch fand. Es war schließlich mein Zuhause, und ich wollte und konnte bestimmen, wer bei mir ein und aus ging. Ein deutscher Pass allein war kein Grund, auf meiner Gästeliste zu stehen.

Ich legte größten Wert darauf, dass sich meine Gäste wie Gäste fühlten. Verwöhnt und entspannt. Bernd Eichinger nannte mich allerdings einmal »spießig«, weil ich von ihm erwartete, bei Regenwetter seine Schuhe auszuziehen, um meinen weißen Berber zu schonen. Er fühlte sich wahrscheinlich ohne seine Turnschuhe, die sein Markenzeichen waren, nackt.

Aber die Partys und Empfänge machten nicht nur mir sehr viel Spaß, sondern auch meinen Gästen, die sich mit wunderbaren Worten bedankten. So schrieb mir der legendäre Produzent Günter Rohrbach zu meinem 50sten: »Frances Schoenberger – solange ich sie nicht kannte, habe ich Los

Angeles gehasst. Die Stadt kam mir unbewohnt und unbewohnbar vor, ein Moloch, mit dem mich nichts verband außer den Qualen eines europäischen Studioleiters, der seine leeren Hallen füllen musste. Seit ich Frances begegnet bin, fühle ich mich dort zu Hause, erlebe ich eine andere Stadt, freue mich auf jeden Besuch.«

Rohrbach und ich kannten uns schon lange. Wir trafen uns zum ersten Mal Ende der 80er Jahre in Berlin zum Lunch in der Paris-Bar. Es war Sympathie auf den ersten Blick. Natürlich sprachen wir auch übers Geschäft. Es ging um *Schtonk!* und darum, wie ich helfen könne, den Film in den USA zu präsentieren. Günter kommt auf dieses erste Treffen zurück und schreibt weiter: »Aber vor allem sprachen wir über uns. Frances überfiel mich mit ihrer wunderbaren Direktheit, und ich hatte nicht die mindeste Chance, auf jene Distanz zu gehen, die ein langes Berufsleben mir antrainiert hat. Wie lernt man das, so offen zu sein für viele und dennoch so vertraut mit dem Einzelnen? Denn darin darf man sich nicht täuschen: Frances gehört einem nicht allein, obwohl es ihr immer wieder gelingt, gerade diese Illusion in einem zu wecken.

Frances Schoenberger ist die Rahel Varnhagen der deutschen Kolonie in Hollywood. Ohne sie wären alle Einzelkämpfer in einer feindlichen Umgebung, sie würden einander nicht einmal kennen. Mit ihr haben sie ein Stück Heimat, ein unsichtbares Netz, das Sicherheit gibt und Wärme. Für uns, die daheimgebliebenen Provinzler, ist sie die Boje, an der wir anlegen dürfen, wenn wir gelegentlich in See stechen, um in die große Welt des Films zu reisen.«

Auch die deutsche Presse berichtete über mich: »Wenn die Big Shots aus Deutschland die Hot Shots von Hollywood treffen wollen, rufen sie Frances an. Das war auch der Fall, als Wolfgang Clement, Wirtschaftsminister in Nordrhein-Westfalen, in Los Angeles durch ihre Vermittlung auf Medien-Tycoon Rupert Murdoch traf, der gern ins digitale Fernsehgeschäft in Deutschland einsteigen wollte, und gleich noch mit Starregisseur Roland Emmerich verhandelte, der ebenfalls wieder in good old Germany aktiv werden wollte. Für Wolfgang Clement und seine Mannen, WDR-Intendant Fritz Pleitgen, RTL-Chef Helmut Thoma, VIVA-Boss Dieter Gorny und Dieter Kosslick, Chef der NRW-Filmstiftung, hatte Frances die geschäftlichen Vorbereitungen getroffen. Aber als man ein privates Zusammentreffen plante, wollte die deutsche Reisegruppe nicht in einem noch so berühmten Promi-Lokal auf den USA-Erfolg anstoßen, sondern lieber bei der Schoenberger. Die hat mit solchen Partys Erfahrung: Ihr kunterbuntes, fröhliches Haus ist das Parkett, auf dem viele Deutsche Gesellschaftstanz in Hollywood lernen.« So schrieb die deutsche Journalistin Christine Karich für *Petra*.

Und selbst die amerikanische Presse erkannte meine Vermittlertätigkeit an und verlieh mir den Ehrentitel: »Germany's First Lady of Hollywood«.

Ich hatte aus der Berufsbeschreibung der »Export-Union« mehr gemacht, als ursprünglich vorgesehen war, und wollte nach einigen Jahren neu verhandeln. In meinem Honorar war alles inbegriffen, die Büromiete und alle anfallenden Kosten für Bewirtung, Bürohilfe, meine Krankenversicherung, einfach alles. Diesen Betrag in Höhe von 10 000 DM musste ich aber als Einkommen voll versteuern. So fragte ich an, ob wir nicht das Büro separat führen könnten, weil für mich kaum etwas übrig blieb. Ich musste sehen, wie ich mit anderen Jobs als Journalistin über die Runden kam. Doch mit meinem Wunsch nach einem größeren Budget stieß ich immer wieder auf taube Ohren: »Mach halt nicht so viel, dann bleibt mehr für dich übrig«, sagten sie bei der Filmförderungsanstalt. Ich war sprachlos. So eine Einstellung passte nicht zu mir, vor allem nicht zu dem, was ich schon alles erreicht hatte. In den 80ern war man als Deutsche nicht unbedingt beliebt in Hollywood. Und ich war mit Leidenschaft dabei, das Klischee der Deutschen und die Vorurteile wegen unserer Geschichte zu durchbrechen, damit Hollywood den neuen deutschen Filmemachern offener begegnete. Film ist schließlich ein perfektes Medium, um Vorurteile abzubauen.

Was blieb mir anderes übrig – ich arbeitete weiter an den Kampagnen für den deutschen Film. 1994 schafften wir die nächste *Golden Globe*-Nominierung für Hans Geissendörfers *Justiz*, und zwei Jahre später war Joseph Vilsmair mit *Schlafes Bruder* dran. Für diesen Film fand ich sogar einen amerikanischen Verleiher. 1998 war Caroline Link mit *Beyond Silence* (*Jenseits der Stille*) ganz knapp davor, den *Oscar* mit nach Hause zu nehmen. An die Aktivitäten um diesen Film erinnere ich mich am liebsten. Es war ein fröhlicher Event mit wunderbaren Menschen, die mich und meinen Einsatz schätzten. Leider konnte Luggi Waldleitner, einer der Produzenten und ein Mentor von mir, nicht mehr dabei sein, er war kurz vorher gestorben. 1999 kam die ganze Truppe von *Aimee und Jaguar* zum *Golden Globe* nach Hollywood, weil dieser Film nominiert war. Auf dem roten Teppich stellte ich Juliane Köhler ihrem Idol Meryl Streep vor.

2003 gelang endlich das, worauf wir alle so lange gewartet hatten: Caroline Link gewann den *Oscar* für *Nowhere in Africa* (*Nirgendwo in Afrika*). Es war ein gigantisches Gefühl. 23 Jahre nach Volker Schlöndorff und der *Blechtrommel* im Jahre 1980 hatte Caroline Link es geschafft, endlich wieder einen *Oscar* für Deutschland zu ergattern. Leider konnte sie die Auszeichnung nicht persönlich entgegennehmen. Caroline Link wollte lieber bei ihrer kranken Tochter Pauline in München bleiben und verfolgte ihren Triumph nur vor dem Fernseher. Viele Männer in der Branche konnten das nicht verstehen, aber sie sagte, es sei ihr nicht sehr schwer gefallen, zu Hause zu bleiben, weil sie den Trubel um den *Oscar* ja schon einmal in vollen Zügen miterlebt hatte.

Auch ich erlebte diesen triumphalen Abend nur vor dem Fernseher, weil ich offiziell nichts mehr mit dem deutschen Film zu tun hatte. Die Herren der Filmförderungsanstalt wollten mich nicht mehr haben. »Dein Vertrag wird nicht verlängert«, teilten sie mir kurz vor Weihnachten mit. Ohne Begründung. Ohne finanzielle Überbrückung. Ohne Abschied. Eine sehr schmerzhafte Erfahrung nach neun Jahren Einsatz.
Ich bekam zwar wohlwollenden Zuspruch: »Du machst eine *so* fantastische Arbeit in L. A. – da können dir die kleinkarierten Pfennigfuchser und Egomanen dieser Welt völlig wurscht sein«, schrieb mir Nina Ruge vom ZDF, und Marie Waldburg setzte sich in ihrer Kolumne in der *Abendzeitung* unter der Überschrift »Ohne Frances geht gar nichts!« für mich ein, aber den Job war ich los.
Es war an der Zeit, ehrlich zu mir selbst zu sein und nach vorne zu schauen. Ich war schließlich schon eine Weile unzufrieden mit meiner Tätigkeit, und der Bruch mit der »Export-Union« war auch eine Chance, mich weiterzuentwickeln. »Du warst in all den Jahren immer da, wenn ich etwas wollte oder brauchte. Immer mit Verständnis und guter Laune und der seltenen Gabe, zuhören zu können. So etwas ist ungewöhnlich in unserem Metier. Dein Vorteil ist aber gleichzeitig dein Nachteil: Du denkst manchmal zu viel an andere und für andere und zu wenig an dich und für dich. Dies gilt es, in den nächsten Jahren etwas auszugleichen.« Diese wunderbaren

Worte von Antonio Geissler, Thomas Gottschalks Manager, nahm ich mir endlich zu Herzen. Plötzlich verstand ich sie in ihrer ganzen Tragweite.

Diese Balance zu finden war ein jahrelanger Prozess für mich. Ich veranstaltete noch die eine oder andere *Oscar*-Party, mal vom *Stern*, ein andermal von Pro 7 gesponsert, die sogar live von meiner Terrasse sendeten. Henning Lohner filmte das ganze Drumherum für seine ARTE-Dokumentation »Deutsche in Hollywood«. Das Finale zeigt mich, wie ich in meiner langen Abendrobe mit einer Klobürste von einer verstopften Toilette zur andern renne ... Mein weißer Teppichboden war mit Zigarettenstummeln übersät und mit Rotwein getränkt. »Es tut mir Leid, Herr Schell«, sagte ich zu Maximilian, der erst spät erschienen war, »die Party ist vorbei!« Was damals noch nicht klar war: Es war auch mein letzter großer Empfang.

# 15
## Barfuß in Hollywood

Life goes on. Ich spürte, dass ich eine neue Lebensphase begann, dass ein neues Abenteuer auf mich wartete.

Es bewegt sich immer etwas in Hollywood, als wäre diese Stadt von einem Motor angetrieben, einer inneren, ewigen Unruhe. Es ist eine Stadt der Angst. Eine Stadt der Arbeit. Das hat Catherine Zeta-Jones schnell verstanden: »Ich bin mit vielen Vorurteilen nach Hollywood gekommen, mit einer altmodischen Vorstellung, die ich aus alten Filmen hatte: Partys am Swimmingpool, dunkle Sonnenbrillen, offene amerikanische Schlitten, Filmpremieren mit großen schwarzen Limousinen. Anfangs haben mir die vielen Partys Spaß gemacht. Aber dann wurde mir klar, dass man sehr schnell einsam wird, wenn man nicht arbeitet. Dann gehört man einfach nicht dazu. Ich suchte mir eine Wohnung in Palisades, einem stillen Stadtteil, wo nichts los war, damit ich keiner Versuchung mehr ausgesetzt sein würde.«

Alles ist Karriere-orientiert: das Golfspiel am Sonntagmorgen, die Einladung zu einer Hochzeit und sogar die Teilnahme an einer Trauerfeier. Auf Veranstaltungen bleibt man nie zu lange bei einer Person stehen. Sobald man Visitenkarten ausgetauscht hat oder gar feststellt, dass der Gesprächspartner unwichtig ist, entschuldigt man sich und macht sich aus

dem Staub. Und pirscht sich sofort an den nächsten erfolgs-
versprechenden Kandidaten ran.

Filmpremieren sind immer noch die Kernstücke des Geschäfts, aber mir machen sie mittlerweile keinen Spaß mehr.
Sie laufen immer nach demselben Schema ab: erst die Staus
vor dem Kino, dann eine Sicherheitskontrolle nach der anderen, so dass die Vorführung prinzipiell eine Stunde später
beginnt. Bei der anschließenden Party drängeln sich alle um
den Star des Abends. Jeder will von dem Glanz, der ihn umgibt, profitieren: der Agent, der Rechtsanwalt, der Studiover-
treter, der Nebendarsteller. »Ich liebe diesen Film«, sagen sie,
ganz gleich, wie sie ihn fanden. Und: »Du warst großartig!«
Allerwichtigster Kommentar: »Er wird viel Geld einspielen!«
Wenn die Filmemacher allerdings hören, ihr Werk sei »interessant«, dann wissen sie: Es ist wohl misslungen. Ihr Film
funktioniert nicht. »Die Leute in Hollywood sind alle krank
vor Unsicherheit, und das zeigt sich darin, dass sie nie sagen,
was sie denken«, stellt der Agent und Manager Gavin Palone
fest. Er gilt als Exot, weil er immer sagt, was er denkt. Leisten
kann er sich das nur, solange der Erfolg auf seiner Seite ist.

Sogar Steven Spielberg hat vor jedem Drehbeginn Magen-
krämpfe und Fieberanfälle. Als er mir das bei einem *Stern*-
Interview 1992 verriet, schaute ich den König von Hollywood
nur fassungslos an. »Meine Unsicherheit ist mein Kapital. Ich
arbeite am besten, wenn ich unsicher bin. Die Albträume werden von Film zu Film gewaltiger. Sie scheinen sich mit der
Höhe des Budgets abgesprochen zu haben«, sagt er. Wenn
er gute Drehtage hat, fühle er sich allerdings wieder wie ein
kleiner Junge: »Du bist wieder wie ein Kind, das im Garten
herumläuft mit einem Laken um die Schultern und sich vorstellt, es sei Superman.«

Partys in Hollywood sind ganz anders als in Europa. Immer

dienen sie einem ganz bestimmten Zweck, meistens geht es darum, einen Film zu verkaufen oder Kontakte zu Leuten zu knüpfen, denen man in Zukunft Filme verkaufen will. Und sie sind zeitlich begrenzt: Nach einer Filmpremiere ist man spätestens um Mitternacht wieder zu Hause. Der Trubel findet nur auf dem roten Teppich statt, ausschließlich für die Fernsehkameras und Fotografen. Die Stars gehen nämlich gar nicht ins Kino und sehen sich ihren Film an, sie verschwinden durch einen Seitenausgang und kommen erst gegen Ende wieder, um sich beklatschen zu lassen. Durchfeiern gibt's nicht. Empfänge finden zwischen 17 und 19 Uhr statt. Das wird schon auf der Einladung deutlich gemacht. Zum Lunch trinkt man keinen Alkohol, bei Cocktailpartys gibt's nichts zu essen, und nach dem Dinner geht man gegen zehn Uhr nach Hause. Sofort nach der Nachspeise verabschieden sich die Gäste. Kein Wunder, dass Bernd Eichinger anfangs verunsichert war, als er Amerikaner zum Abendessen einlud und die ganz schnell wieder verschwunden waren – denn in Deutschland wird's erst gemütlich, wenn abgeräumt ist.

Bei Veranstaltungen trinkt man kaum. Schließlich muss man Auto fahren und braucht am nächsten Morgen einen klaren Kopf – sonst sitzt jemand anders auf deinem Stuhl. Außerdem fängt der Tag früh an, was bei dem schönen Klima nicht schwer fällt, und beginnt meist im Fitnessstudio oder zu Hause mit einem Privattrainer, und nach der Dusche geht es ab ins Büro.

»Wir gehen nicht nur über rote Teppiche und verstecken uns hinter Sonnenbrillen«, sagte Arnold Schwarzenegger einmal zu mir, als er noch Filme drehte. »Wenn du morgens früh um fünf Uhr im Studio mit irgendeinem giftigen Zeug schwarz und silbern eingesprüht wirst, sieht das keiner.« Er spielte auf seine Rolle in *Batman* an, wo er als quecksilberfarbener

Bösewicht »Mr. Freeeeze« auftrat. »Oder denke an *Jingle all the Way (Versprochen ist versprochen)*. Wir haben den Film im Juli gedreht, es hatte 43 Grad Celsius in Los Angeles, und ich steckte stundenlang in diesem Plastik-Turbo-Anzug. Es war irrsinnig heiß da drin. Das ist die andere Seite von Hollywood.«

»Hollywood ist eine ›working town‹, genau wie Detroit, wo Autos hergestellt werden, oder Washington, wo sich alles um Politik dreht. Der Konkurrenzkampf ist brutal«, sagte Robert Dowling zu meinen Besuchern aus Deutschland, die mir mein Bild von Hollywood nie glauben mochten. Dowling ist der Verleger und Chefredakteur vom *Hollywood Reporter*, der so genannten »Bibel von Hollywood«, die jedermann beim Frühstück durchforstet, um zu erfahren, wer was macht, mit wem und wann. Es geht immer nur ums Geschäft, ums Showbusiness – wer welchen Agenten verlassen und wer welchen Deal ausgehandelt hat, welcher Film in Produktion geht.

»Es ist eine Industrie wie jede andere. Nur viel übertriebener. Unglaublich, wie die Leute verheizt werden. Die meisten sind nicht wegen der Filme, sondern wegen des Geldes hier. Alles läuft über Beziehungen. Und alles dreht sich um Macht«, meint auch Roland Emmerich. Er weiß, wovon er redet. Er gehört dazu, zu den Großen von Hollywood. »Aber das Gute an dieser Stadt ist, dass man immer wieder eine Chance bekommt. Und wenn du dir mal einen Namen gemacht hast, hast du zehn Jahre Ruhe. Wenn ich eine Idee für einen Film habe, muss ich jetzt nicht mehr überlegen, wer soll das bloß kaufen? Die Frage ist jetzt: Was mache ich als Nächstes?«

Die gleiche Frage stellte ich mir selbst, nachdem ich nicht mehr für die *Export-Union des Deutschen Films* arbeitete. Ich begann, mich wieder auf amerikanische Filme und meine Tätigkeit als Korrespondentin zu konzentrieren. Als *Gol-*

*den Globe*-Mitglied werde ich nicht nur automatisch zu jeder Filmvorführung eingeladen, auch zu Pressekonferenzen, Dreharbeiten und Premieren. Was ich bei diesen Besuchen an Film-Sets und bei meinen Gesprächen mit Filmschaffenden gelernt habe: Es geht immer um die Karriere. Entweder hat man sie noch nicht gemacht, oder man hat Angst, wieder von der Karriereleiter herunterzufallen. Sich »zwischen Projekten« zu befinden, klingt verdächtig – als würde man nicht mehr gewollt, als wäre man arbeitslos. Man sollte nie erwähnen, dass man noch kein neues Projekt in Aussicht hat! Aber das Warten auf die nächste Chance ist brutal. Regisseure, Drehbuchautoren, am meisten leiden die Schauspieler darunter. »Wer sagt, man könne seine Karriere steuern, spinnt«, sagt Meryl Streep, die immer ehrlich und realistisch geblieben ist. »Man hat keine Kontrolle darüber, es sei denn, man leitet ein Filmstudio oder hat eine eigene Produktionsfirma.«

Dass nicht mal das eine Garantie ist, wurde mir erneut klar, als Steven Spielberg einen kleinen auserlesenen Kreis von Journalisten zu Dreharbeiten von *Catch Me If You Can* mit Leonardo DiCaprio einlud. Er wollte uns miterleben lassen, wie mühsam und langwierig das Filmemachen eigentlich ist. Während einer kurzen Drehpause sagte er: »Ihr seht bestimmt Hunderte von Filmen im Jahr, nicht wahr? Keiner der Beteiligten hat sich vorgenommen: Das wird jetzt ein schlechter Film. Jeder Regisseur steckt Jahre seines Lebens in diese Arbeit, und leider lohnt es sich am Ende nur für wenige«. Wie Recht er hat, dachte ich erschrocken. Wir verbringen höchstens zwei Stunden unseres Lebens mit einem Film, die kreativen Macher haben mindestens zwei Jahre dafür gegeben.

Kevin Costner fragte mich 1992 bei einem *Stern*-Interview: »Wissen Sie, wie Erfolg in Hollywood aussieht?« Er gab die Antwort gleich selbst: »Wir sitzen drin.« Damit meinte er die so genannten »Trailer« am Set, die Wohnwagen, in denen Schauspieler, aber auch Techniker und die Ausstattung untergebracht sind. Wir trafen uns bei den Dreharbeiten zu *Bodyguard*. Wo? In seinem Trailer natürlich. »Mein Wagen ist der größte auf dem Set. Der von Whitney Houston ist schon ein paar Zentimeter kürzer, dann kommen die Nebenrollen mit Einachsern, und für die Statisten bleibt nur das fahrbare Klo. Wenn wir uns mal wieder in einem kleineren Wagen treffen sollten, werden wir über den Niedergang meiner Karriere reden.« Mit diesem Interview landete Costner auf dem *Stern*-Titel. Die Schlagzeile lautete: »Weltstar Kevin Costner – Hollywoods neuer Mann«. Heute spricht keiner mehr über ihn. Und es hat sich nicht mal die Gelegenheit ergeben, ihn in einem kleineren Wohnwagen zu treffen …

In Hollywood bleibt niemandem die Erkenntnis erspart, dass Sicherheit eine Illusion ist. Der Absturz kann jeden treffen, den Superstar, den Studioboss, den Superagenten. Dann beginnt die Angst, den Ruhm oder das Geld wieder zu verlieren. Verlassen kann man sich nur auf eines: Es kommt immer alles anders, als man denkt. Nicole Kidman wurde erst ein Superstar, nachdem sie von Tom Cruise getrennt war und alle ihr prophezeiten, dass ihre Karriere nun vollends vorüber sei.

»Träumst du nie davon, am Arm eines Prominenten im Scheinwerferlicht zu stehen?«, fragte mich Sandra Maischberger für ein *Spiegel-TV*-Porträt. »Nein«, antwortete ich, »nicht am Arm eines Mannes, ich will selbst den Erfolg!« Im Kino verlieben sich ständig steinreiche Märchenprinzen in ganz »normale« Mädchen und bieten ihnen ein Leben in Saus und Braus. Da kann man leicht auf die Idee kommen, ein Märchenleben sei ohne eigene Anstrengungen zu haben – man braucht nur den richtigen Mann zu finden, dann folgt sogleich das Happy

End. In all meinen Jahren in Hollywood hat sich allerdings nie das Gerücht bewiesen, dass man sich »hochschlafen« kann. Als Freundin oder Freund, Geliebte oder Geliebter wie als Ehepartner eines Stars wird man nicht ernst genommen, man ist nur ein Anhängsel. Was zählt, erklärte mir Walter Matthau einmal knapp, sind »Talent, Ausdauer und Glück«.

Anjelica Huston war jahrelang die Lebenspartnerin von Jack Nicholson. An seiner Seite traf sie die talentiertesten und mächtigsten Männer Hollywoods, von Warren Beatty über Mike Nichols bis Roman Polanski. Doch ihr Leben mit dem Superstar war nicht immer leicht. »Bei jeder Tischrunde dreht sich das Gespräch automatisch um Jack. Bei den Filmfestspielen in Cannes zum Beispiel haben mich die Leute einfach weggeschubst, um näher an ihn ranzukommen. Man drängte ihm Mädchen auf, in der Erwartung, er würde mit ihnen schlafen wollen. Und ich stand daneben … unglaublich. Das alles hat mich so deprimiert, dass ich mich ins Bett gelegt und drei Tage die Wand angestarrt habe. Ich bekam eine richtige Identitätskrise.« Sie zog bei Jack Nicholson aus und suchte sich ihr eigenes Haus in Los Angeles. Warum getrennte Häuser? »Alles drehte sich um Jack. Dabei ging ich irgendwie verloren. Ich brauchte Freiraum, um mich endlich um meine eigene Karriere kümmern zu können. Solange ich rund um die Uhr mit Jack zusammen war, konnte ich mich nicht auf meine berufliche Ziele konzentrieren, er zog ja alle Aufmerksamkeit auf sich. Wenn das Telefon klingelte, wollte ich einfach sicher sein, dass es für mich war.«

Anjelicas Offenheit und Ehrlichkeit imponierten mir sehr. Eigentlich sollte ich mit ihr über ihren Film *Prizzi's Honor* (*Die Ehre der Prizzis*) sprechen, aber ihr Leben interessierte mich viel mehr. Sie wich keiner Frage aus. Eine Klassefrau, wie sie da vor mir saß: langbeinig, kurzer grauer Rock, weiße Bluse, glatte, dunkelbraune Haare mit Pony, eine Frisur, die sie bis heute trägt. Ab und zu steckte sie sich eine Zigarette an. Mich interessierte, wie Jack auf ihre Klagen reagierte, dass sein Briefkasten mit Drehbüchern vollgestopft sei, sie aber keine Arbeit finden konnte: »›Nimm weiterhin Schauspielstunden‹, riet er mir. ›Tausch dich mit anderen Schauspielern aus, lies den *Hollywood Reporter*‹. Er hat mir immer wieder klar gemacht, dass Erfolg von der eigenen Willensstärke abhängt.«

Anjelica war 21 Jahre alt und Model bei der *Vogue*, als sie Jack Nicholson auf einer Party begegnete: »Er war ein hervorragender Gastgeber, der netteste Mann, den ich je kennen gelernt habe. Jack ist ein durch und durch guter Mensch, loyal, ehrlich, direkt, hilfsbereit und gutmütig.« Als sie sich vier Jahre später entschloss, Schauspielerin zu werden, fragte ihr Vater John Huston, der legendäre Regisseur: »Bist du nicht ein bisschen zu alt dafür?« Darauf verkroch sie sich in ihr Zimmer. »Trotzdem war die Bemerkung meines Vaters nicht unbedingt schlecht für mich. Genauso wenig wie der Satz des Regisseurs Tony Richardson, der meinte: ›Anjelica, du träumst zu viel, die Zeit verstreicht, du schaffst es nie.‹ Ich war am Boden zerstört und sagte mir: ›Ich werde es euch schon zeigen!‹«

Ein Name wie »Huston« oder gute Beziehungen machen es zwar leichter, einen Fuß in die Tür zu bekommen. Aber das ist auch schon alles, danach muss man sich beweisen. Kinder von Filmstars, die es geschafft haben, sind daher die Ausnahme: Henry Fondas Tochter Jane gehört dazu, ihr Bruder Peter Fonda, auch wenn er keine so pfeilgerade Karriere wie seine Schwester gemacht hat. Angelina Jolie wurde berühmter als ihr Vater Jon Voight. Goldie Hawns Tochter Kate Hudson dreht einen Film nach dem anderen. Von den vielen Tony Curtis-Kindern wurde nur Jamie Lee Curtis berühmt. Michael

Douglas wurde sogar erfolgreicher als sein Vater Kirk, doch Eric Douglas, sein jüngster Bruder, starb 2004 im Alter von 46 Jahren in einem kleinen Apartment in New York an Herzversagen aufgrund von Drogen- und Alkoholproblemen.

Träume, selbst berühmt zu werden, hatte ich nicht. Ich war realistisch. Jeder Mensch bekommt eine Gabe in die Wiege gelegt. Und wenn ich mich ehrlich frage, was eigentlich mein Talent ist, muss ich sagen, dass sich der Traum, den ich als Zwölfjährige hatte, irgendwie erfüllt hat. Damals sah ich mich mit einer Kamera um den Hals auf einer Vespa dorthin unterwegs, wo etwas los war. Fotografin bin ich zwar nicht geworden, aber ich war immer mittendrinn, wo »action« war. Eine Affäre mit einem Star interessierte mich auch nicht. Ich wollte nicht eine von vielen sein. Mir war wichtiger, mein eigenes Geld zu verdienen und unabhängig zu sein. In meiner Rolle als Beobachterin fühle ich mich bis heute wohl. Ich schätze mich glücklich und privilegiert, so vielen talentierten, interessanten Menschen in meinem Leben begegnet zu sein. Ich habe aus jedem Gespräch, aus jedem Interview gelernt und bin dadurch als Mensch gereift. Ich habe immer wieder erlebt, dass Reichtum, Erfolg und Ruhm nicht der Schlüssel zum Glück sind – sondern Selbstakzeptanz und Unabhängigkeit von der Meinung anderer. Ich habe gelernt, dass es keine Sicherheit gibt, sondern das einzig Konstante im Leben die Veränderung ist.

Wie schafft man es, sich in Hollywood nicht zu seinem Nachteil zu verändern, fragte ich George Clooney. Er grinste und antwortete trocken: »Einmal ein Arschloch, immer ein Arschloch.« Johnny Depp, der in der Filmbranche einerseits als Rebell gilt, anderseits von allen großen Studios umworben wird und von allen für seine Ausgeglichenheit und Gutmütigkeit geschätzt wird, antwortete auf die gleiche Frage: »Vor

18 Jahren habe ich mit dem Schauspieler Hector Elizondo den wirklich schlechten Film *Private Resort* (*Der Superaufreißer*) gedreht, den ich allerdings nicht bereue. Hector kommt vom Theater und ist schon seit Ewigkeiten in diesem Geschäft. Wir haben uns über Geld unterhalten. Ich konnte damals kaum meine Miete bezahlen und wollte von ihm wissen, ob Geld Menschen verändert. Er sagte: ›Nein, es verändert sie nicht, es zeigt sie wie unter einem Vergrößerungsglas. Wenn du ein Idiot bist, bist du es mit oder ohne Geld.‹ Ich habe oft erlebt, wie unglaublich unverschämt und von oben herab manche Hollywood-Größen ihre Mitmenschen behandeln. Mir schnürt es dabei die Kehle zu. Aber wer weiß«, fügt er mit einem schüchternen Lächeln hinzu, »vielleicht steckt auch in mir ein kleines Monster ...«

Als Sherry Lansing, Studiochefin von Paramount, sich in diesem Frühjahr mit 60 Jahren aus dem Berufsleben verabschiedete, gab sie als Grund an, sie wolle den letzten Abschnitt ihres Lebens genießen. Sie leide an einer Art »Roter-Teppich-Überdosis«, meinte sie scherzhaft. Sherry Lansing war der erste weibliche Studioboss der Hollywood-Geschichte. Nach vielen aufreibenden Jahren hatte sie genug davon, von einem Termin zum nächsten zu hasten. Sie möchte nun endlich mehr Zeit für Freundschaften, für ihre Familie und für sich selbst. Da ich mich schon seit einiger Zeit auf meiner Reise ins Innere befand, hörte ich genau zu, was Frauen in meinem Alter sagten. »Ich bin nicht mehr so ehrgeizig«, gestand mir Barbra Streisand, »am glücklichsten bin ich in meinem Garten und wenn ich nachts ungestört im Internet die neueste Ausgabe der *New York Times* lese.«
Ich bin weder mächtig wie die Lansing noch berühmt und talentiert wie die Streisand, aber ich habe die gleichen Bedürf-

nisse. Beruflich hatte ich mehr erreicht, als ich je zu träumen wagte. Ich gehöre zur ersten Generation Frauen, die sich in ihrem Beruf als Journalistin in der Männerwelt Hollywoods und in der Filmbranche behauptet haben und die Türen für nachfolgende Frauen geöffnet haben. »Es ist gesund, seine Identität zu verlieren«, sagte die Schriftstellerin Alice Walker einmal in einem Interview. »Ich bin mir selbst erst näher gekommen, als ich nicht mehr die Rolle der Pulitzer-Preis-Autorin spielen musste.« So ging's auch mir, ich war nicht mehr »Germany's First Lady of Hollywood«, ich war nicht mehr die *Stern*-Korrespondentin und auch nicht mehr »Daisy's Mom«. Meine Tochter ist inzwischen flügge geworden und nach New York übergesiedelt. Der Starrummel hat sie nie interessiert, aber da sie wie ich das Kino liebt, ist sie trotzdem ins Filmgeschäft eingestiegen und möchte selbst Filme produzieren.

Ich bin nicht traurig, keine Rolle mehr zu haben, ganz im Gegenteil. Ich fühle mich befreit. Endlich habe ich das, wonach ich mich immer gesehnt hatte: Zeit zum Nachdenken. Was will ich eigentlich, fragte ich mich. Mein Leben genießen, war Monate später meine Antwort. Ich will nicht mehr kämpfen, es geht nicht mehr ums Überleben. Ich möchte meine Erfahrungen vor allem mit jungen Menschen teilen und weniger Privilegierten unter die Arme greifen. Jeden Morgen bin ich aufs Neue dankbar, im sonnigen Kalifornien aufzuwachen und barfuß zum Briefkasten gehen zu können. Ich liebe weiterhin Filme – bei Privatvorführungen. Premieren meide ich, am liebsten reise ich zu entfernten Filmfestivals nach Buenos Aires oder Sansibar oder Hongkong. Ich bin wie eh und je an Menschen interessiert und mache gerne Interviews – aber endlich kann ich wählerisch sein. Ich bin dabei, meine Träume zu erfüllen, und dazu gehört die Freiheit zu entscheiden, wie und mit wem ich meine Zeit verbringe. Langweilige Abendessen in steifen Restaurants gehören der Vergangenheit an. Ich überlege mir genau, wen ich zu mir nach Hause einlade. Endlich habe ich Spaß, wie ihn mir meine kleine Daisy als Fünfjährige zu vermitteln versuchte: »Mama, fun are the things you like to do and not what you have to do!« – Spaß ist das, was du machen willst, nicht, was du machen musst! Ich bin meinen ersten Marathon gelaufen und habe Afrikas höchsten Berg, den Kilimandscharo, bestiegen. Mal sehen, was noch alles in mir steckt …